佛性论

中国佛学经典宝藏

72

龚隽 释译

星云大师总监修

人民东方出版传媒

東方出版社

图书在版编目（CIP）数据

佛性论／龚隽 释译．—北京：东方出版社，2020.4
（中国佛学经典宝藏）
ISBN 978-7-5060-8584-7

Ⅰ.①佛…　Ⅱ.①龚…　Ⅲ.①佛教—研究　Ⅳ.① B948

中国版本图书馆 CIP 数据核字（2015）第 249153 号

佛 性 论
（FOXING LUN）

释 译 者：龚　隽
责任编辑：王梦楠　杨　灿
出　　版：东方出版社
发　　行：人民东方出版传媒有限公司
地　　址：北京市朝阳区西坝河北里 51 号
邮　　编：100028
印　　刷：北京市大兴县新魏印刷厂
版　　次：2020 年 4 月第 1 版
印　　次：2020 年 4 月第 1 次印刷
开　　本：880 毫米 ×1230 毫米　1/32
印　　张：15. 75
字　　数：218 千字
书　　号：ISBN 978-7-5060-8584-7
定　　价：92.00 元
发行电话：（010）85924663　85924644　85924641

《中国佛学经典宝藏》
大陆简体字版编审委员会

总序

星云

自读首楞严，从此不尝人间糟糠味；

认识华严经，方知己是佛法富贵人。

诚然，佛教三藏十二部经有如暗夜之灯炬、苦海之宝筏，为人生带来光明与幸福，古德这首诗偈可说一语道尽行者阅藏慕道、顶戴感恩的心情！可惜佛教经典因为卷帙浩瀚、古文艰涩，常使忙碌的现代人有义理远隔、望而生畏之憾，因此多少年来，我一直想编纂一套白话佛典，以使法雨均沾，普利十方。

一九九一年，这个心愿总算有了眉目。是年，佛光山在中国大陆广州市召开“白话佛经编纂会议”，将该套丛书定名为《中国佛教经典宝藏》[①]。后来几经集思广

① 编者注：《中国佛教经典宝藏》丛书，大陆出版时改为《中国佛学经典宝藏》丛书。

益，大家决定其所呈现的风格应该具备下列四项要点：

一、启发思想：全套《中国佛教经典宝藏》共计百余册，依大乘、小乘、禅、净、密等性质编号排序，所选经典均具三点特色：

1. 历史意义的深远性
2. 中国文化的影响性
3. 人间佛教的理念性

二、通顺易懂：每册书均设有原典、注释、译文等单元，其中文句铺排力求流畅通顺，遣词用字力求深入浅出，期使读者能一目了然，契入妙谛。

三、文简意赅：以专章解析每部经的全貌，并且搜罗重要的章句，介绍该经的精神所在，俾使读者对每部经义都能透彻了解，并且免于以偏概全之谬误。

四、雅俗共赏：《中国佛教经典宝藏》虽是白话佛典，但亦兼具通俗文艺与学术价值，以达到雅俗共赏、三根普被的效果，所以每册书均以题解、源流、解说等章节，阐述经文的时代背景、影响价值及在佛教历史和思想演变上的地位角色。

兹值佛光山开山三十周年，诸方贤圣齐来庆祝，历经五载、集二百余人心血结晶的百余册《中国佛教经典宝藏》也于此时隆重推出，可谓意义非凡，论其成就，则有四点可与大家共同分享：

一、佛教史上的开创之举：民国以来的白话佛经翻译虽然很多，但都是法师或居士个人的开示讲稿或零星的研究心得，由于缺乏整体性的计划，读者也不易窥探佛法之堂奥。有鉴于此，《中国佛教经典宝藏》丛书突破窠臼，将古来经律论中之重要著作，做有系统的整理，为佛典翻译史写下新页！

二、杰出学者的集体创作：《中国佛教经典宝藏》丛书结合中国大陆北京、南京各地名校的百位教授、学者通力撰稿，其中博士学位者占百分之八十，其他均拥有硕士学位，在当今出版界各种读物中难得一见。

三、两岸佛学的交流互动：《中国佛教经典宝藏》撰述大部分由大陆饱学能文之教授负责，并搜录台湾教界大德和居士们的论著，借此衔接两岸佛学，使有互动的因缘。编审部分则由台湾和大陆学有专精之学者从事，不仅对中国大陆研究佛学风气具有带动启发之作用，对于台海两岸佛学交流更是帮助良多。

四、白话佛典的精华集萃：《中国佛教经典宝藏》将佛典里具有思想性、启发性、教育性、人间性的章节做重点式的集萃整理，有别于坊间一般“照本翻译”的白话佛典，使读者能充分享受“深入经藏，智慧如海”的法喜。

今《中国佛教经典宝藏》付梓在即，吾欣然为之作序，并借此感谢慈惠、依空等人百忙之中，指导编修；吉广舆等人奔走两岸，穿针引线；以及王志远、赖永海等大陆教授的辛勤撰述；刘国香、陈慧剑等台湾学者的周详审核；满济、永应等“宝藏小组”人员的汇编印行。他们的同心协力，使得这项伟大的事业得以不负众望，功竟圆成！

《中国佛教经典宝藏》虽说是大家精心擘划、全力以赴的巨作，但经义深邈，实难尽备；法海浩瀚，亦恐有遗珠之憾；加以时代之动乱，文化之激荡，学者教授于契合佛心，或有差距之处。凡此失漏必然甚多，星云谨以愚诚，祈求诸方大德不吝指正，是所至祷。

一九九六年五月十六日于佛光山

原版序

敲门处处有人应

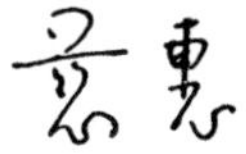

《中国佛教经典宝藏》是佛光山继《佛光大藏经》之后，推展人间佛教的百册丛书，以将传统《大藏经》精华化、白话化、现代化为宗旨，力求佛经宝藏再现今世，以通俗亲切的面貌，温渥现代人的心灵。

佛光山开山三十年以来，家师星云上人致力推展人间佛教，不遗余力，各种文化、教育事业蓬勃创办，全世界弘法度化之道场应机兴建，蔚为中国现代佛教之新气象。这一套白话精华大藏经，亦是大师弘教传法的深心悲愿之一。从开始构想、擘划到广州会议落实，无不出自大师高瞻远瞩之眼光，从逐年组稿到编辑出版，幸赖大师无限关注支持，乃有这一套现代白话之大藏经问世。

这是一套多层次、多角度、全方位反映传统佛教文化的丛书，取其精华，舍其艰涩，希望既能将《大藏经》

深睿的奥义妙法再现今世，也能为现代人提供学佛求法的方便舟筏。我们祈望《中国佛教经典宝藏》具有四种功用：

一、是传统佛典的精华书

中国佛教典籍汗牛充栋，一套《大藏经》就有九千余卷，穷年皓首都研读不完，无从赈济现代人的枯槁心灵。《宝藏》希望是一滴浓缩的法水，既不失《大藏经》的法味，又能有稍浸即润的方便，所以选择了取精用弘的摘引方式，以舍弃庞杂的枝节。由于执笔学者各有不同的取舍角度，其间难免有所缺失，谨请十方仁者鉴谅。

二、是深入浅出的工具书

现代人离古愈远，愈缺乏解读古籍的能力，往往视《大藏经》为艰涩难懂之天书，明知其中有汪洋浩瀚之生命智慧，亦只能望洋兴叹，欲渡无舟。《宝藏》希望是一艘现代化的舟筏，以通俗浅显的白话文字，提供读者遨游佛法义海的工具。应邀执笔的学者虽然多具佛学素养，但大陆对白话写作之领会角度不同，表达方式与台湾有相当差距，造成编写过程中对深厚佛学素养与流畅白话语言不易兼顾的困扰，两全为难。

三、是学佛入门的指引书

佛教经典有八万四千法门，门门可以深入，门门是无限宽广的证悟途径，可惜缺乏大众化的入门导览，不易寻觅捷径。《宝藏》希望是一支指引方向的路标，协助十方大众深入经藏，从先贤的智慧中汲取养分，成就无上的人生福泽。

四、是解深入密的参考书

佛陀遗教不仅是亚洲人民的精神归依，也是世界众生的心灵宝藏。可惜经文古奥，缺乏现代化传播，一旦庞大经藏沦为学术研究之训诂工具，佛教如何能扎根于民间？如何普济僧俗两众？我们希望《宝藏》是百粒芥子，稍稍显现一些须弥山的法相，使读者由浅入深，略窥三昧法要。各书对经藏之解读诠释角度或有不足，我们开拓白话经藏的心意却是虔诚的，若能引领读者进一步深研三藏教理，则是我们的衷心微愿。

大陆版序一

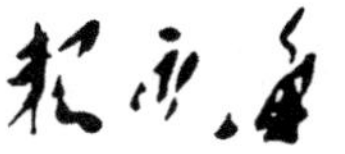

《中国佛教经典宝藏》是一套对主要佛教经典进行精选、注译、经义阐释、源流梳理、学术价值分析，并把它们翻译成现代白话文的大型佛学丛书，成书于二十世纪九十年代，由台湾佛光文化事业有限公司出版，星云大师担任总监修，由大陆的杜继文、方立天以及台湾的星云大师、圣严法师等两岸百余位知名学者、法师共同编撰完成。十几年来，这套丛书在两岸的学术界和佛教界产生了巨大的影响，对研究、弘扬作为中国传统文化重要组成部分的佛教文化，推动两岸的文化学术交流发挥了十分重要的作用。

《中国佛学经典宝藏》则是《中国佛教经典宝藏》的简体字修订版。之所以要出版这套丛书，主要基于以下的考虑：

首先，佛教有三藏十二部经、八万四千法门，典籍浩瀚，博大精深，即便是专业研究者，穷其一生之精力，恐也难阅尽所有经典，因此之故，有“精选”之举。

其次，佛教源于印度，汉传佛教的经论多译自梵语；加之，代有译人，版本众多，或随音，或意译，同一经文，往往表述各异。究竟哪一种版本更契合读者根机？哪一个注疏对读者理解经论大意更有助益？编撰者除了标明所依据版本外，对各部经论之版本和注疏源流也进行了系统的梳理。

再次，佛典名相繁复，义理艰深，即便识得其文其字，文字背后的义理，诚非一望便知。为此，注译者特地对诸多冷僻文字和艰涩名相，进行了力所能及的注解和阐析，并把所选经文全部翻译成现代汉语。希望这些注译，能成为修习者得月之手指、渡河之舟楫。

最后，研习经论，旨在借教悟宗、识义得意。为了将其思想义理和现当代价值揭示出来，编撰者对各部经论的篇章品目、思想脉络、义理蕴涵、学术价值等所做的发掘和剖析，真可谓殚精竭虑、苦心孤诣！当然，佛理幽深，欲入其堂奥、得其真义，诚非易事！我们不敢奢求对于各部经论的解读都能鞭辟入里，字字珠玑，但希望能对读者的理解经义有所启迪！

习近平主席最近指出：“佛教产生于古代印度，但传入中国后，经过长期演化，佛教同中国儒家文化和道家文化融合发展，最终形成了具有中国特色的佛教文化，给中国人的宗教信仰、哲学观念、文学艺术、礼仪习俗等留下了深刻影响。”如何去研究、传承和弘扬优秀佛教文化，是摆在我们面前的一个重要课题，人民东方出版传媒有限公司拟对繁体字版的《中国佛教经典宝藏》进行修订，并出版简体字版的《中国佛学经典宝藏》，随喜赞叹，寥寄数语，以叙因缘，是为序。

二〇一六年春于南京大学

大陆版序二

依空

身材高大、肤色白皙、擅长军事的亚利安人，在公元前四千五百多年从中亚攻入西北印度，把当地土著征服之后，为了彻底统治这里的人民，建立了牢不可破的种姓制度，创造了无数的神祇，主要有创造神梵天、破坏神湿婆、保护神毗婆奴。人们的祸福由梵天决定，为了取悦梵天大神，需要透过婆罗门来沟通，因为他们是从梵天的口舌之中生出，懂得梵天的语言——繁复深奥的梵文，婆罗门阶级是宗教祭祀师，负责教育，更掌控了神与人之间往来的话语权。四种姓中最重要的是刹帝利，举凡国家的政治、经济、军事、文化等等都由他们实际操作，属贵族阶级，由梵天的胸部生出。吠舍则是士农工商的平民百姓，由梵天的膝盖以上生出。首陀罗则是被踩在梵天脚下的土著。前三者可以轮回，纵然几世轮转都无法脱离原来种姓，称为再生族；首陀罗则连轮回的因缘都没有，为不生族，生生世世为首陀罗，子孙也倒霉跟着宿命，无法改变身份。相对于此，贱民比首陀罗更为卑微、低贱，连四种姓都无法跻身其中，只能从事挑粪、焚化尸体等最卑贱、龌龊的工作。

出身于高贵种姓释迦族的悉达多太子，为了打破种姓制度的桎梏，舍弃既有的优越族姓，主张一切众生皆平等，成正等觉，创立了佛教僧团。为了贯彻佛教的平等思想，佛陀不仅先度首陀罗身份的优婆离出家，后度释迦族的七王子，先入山门为师兄，树立僧团伦理制度。佛陀更严禁弟子们用贵族的语言——梵文宣讲佛法，而以人民容易理解的地方口语来演说法义，这就是巴利文经典的滥觞。佛陀认为真理不应该是属于少数贵族、知识分子的专利或装饰，而应该更贴近普罗大众，属于平民百姓共有共知。原来佛陀早就在推动佛法的普遍化、大众化、白话化的伟大工作。

佛教从西汉哀帝末年传入中国，历经东汉、魏晋南北朝、隋唐的漫长艰巨的译经过程，加上历代各宗派祖师的著作，积累了庞博浩瀚的汉传佛教典籍。这些经论义理深奥隐晦，加以书写的语言文字为千年以前的古汉文，增加现代人阅读的困难，只能望着汗牛充栋的三藏十二部扼腕慨叹，裹足不前。

如何让大众轻松深入佛法大海，直探佛陀本怀？佛光山开山宗长星云大师乃发起编纂《中国佛教经典宝藏》。一九九一年，先在大陆广州召开“白话佛经编纂会议”，订定一百本的经论种类、编写体例、字数等事项，礼聘中国社科院的王志远教授、南京大学的赖永海教授分别为中国大陆北方与南方的总联络人，邀请大陆各大学的佛教学者撰文，后来增加台湾部分的三十二本，是为一百三十二册的《中国佛教经典宝藏精选白话版》，于一九九七年，作为佛光山开山三十周年的献礼，隆重出版。

六七年间我个人参与最初的筹划，多次奔波往来于大陆与台湾，小心谨慎带回作者原稿，印刷出版、营销推广。看到它成为佛教徒家中的传家宝藏，有心了解佛学的莘莘学子的入门指南书，为星云大师监修此部宝藏的愿心深感赞叹，既上契佛陀“佛法不舍一众”的慈悲本怀，更下启人间佛教“普世益人”的平等精神。尤其可喜者，欣闻现大陆出版方东方出版社潘少平总裁、彭明哲副总编亲自担纲筹划，组织资深编辑精校精勘；更有旅美企业家鲁彼德先生事业有成之际，秉“十方来，十方去，共成十方事”之襟怀，促成简体字版《中国佛学经典宝藏》的刊行。今付梓在即，是为序，以表随喜祝贺之忱！

二〇一六年元月

目　录

题解

《佛性论》四卷，原无作者，自《开元释教录》始题为世亲所造。为陈真谛三藏所译，无别译本。由于《佛性论》宗致在讲佛性实相，与法相唯识之义不甚相契，且译文有许多可疑之处，所以后来唯识学者并不太重视此论。在中土有关此论的注疏与阐释之作亦很少，遍查各藏，唯存贤洲所记《佛性论节义》一文。

《佛性论》破显两存，以破显正，既节节破斥外道、小乘及大乘空宗之执，又广摄法相唯识、般若空宗与如来藏之义，取精用宏地融铸佛性实相，表现了论者不偏局于一宗的学识与心量。此论宗依《涅槃》《胜鬘》等如来藏经，不仅以如来藏来说佛性之体，更提出一切染净诸法“皆以如为本”的思想[①]，这显然与唯识学主张阿赖耶识为一切法的依持不同，所以近世有学者，如印顺法师，疑此论非世亲所造。尽管此论不像《摄大乘论》《唯识三十论颂》等论那样，为后世广为引述、发挥，但从学理上说，其也成为中国佛学发展史上不可或缺的一环，这至少可表现为以下两点：

（一）折衷调和了魏晋南北朝中国佛学史上的“佛性当现”之争，即佛性是本有还是始有的歧义。《佛性论》从“应得”和“至得”两方面来说，如来性为一切众生所共有，只是其处修道前的因位之时，尚为烦恼无明所障蔽，故不得现，并非本来没有，因而谓之“应得”。而假借修习证道之后，则佛性始能彰现，谓为“至得”。所谓“至得”，非指佛性通过修道而生，而是通过修道而至，《佛性论》卷三中云：“此法必须因道得至，非道能生，是故未修时不得言无。”[②]所以佛性既是本有，又须修习而始得。

（二）直接提示了对中国佛学有深远影响的《大乘起信论》。《起信论》的是非真伪问题历来就有异议，但其题为真谛所译，至少暗示其与真谛思想间，存在某些学理上的关联性。细观《起信论》与《佛性论》二论旨趣，不难发现二者的相似性，甚至可以说，《起信论》的许多思想是《佛性论》的深化。如二论皆以如来藏或真如为本，而又结合唯识之义来讲佛性实相与生灭现象的关系。《佛性论》调和了南北朝以来的“佛性当现”之争，而《起信论》不仅更进一层，以“本觉”与“始觉”不二这一对特殊概念予以折衷，而且还对南北朝以来的佛性与心识关系问题作了理论上的圆融。更为明显的是，《佛性论》从“体”与“相”两个方面来讲佛性实相，而《起信论》则更以“体”、“相”、“用”三大来讲真如的无上妙义。从这些角度来看，我们不妨认为《佛性论》对于中国化佛学的形成与发展，起到了推波助澜的作用。

《佛性论》的作者世亲（Vasubandhu），亦有译为天亲，是印度佛学史上才华杰出而又著述丰富的人物。他与其兄无著一起为印度佛学开创了一个新的纪元，创造了大乘唯识学的理论。关于世亲生活的年代，近人多有研究，但仍异说纷纭，疑议丛生，如日本渡边海旭在《陈那及其出现的年代》一文中，以为世亲是公元五世纪人，约出生于公元四二〇年，卒于五〇〇年。宇井伯寿在《印度哲学史》中，则以世亲为四世纪人，约生于公元三二〇年，卒于四〇〇年。其彼此相差，竟至一个世纪。我国印顺法师曾在其《印度佛教》中，提出近于宇井之说法，而后来又专著《世亲的年代》一文，折衷诸说，认为世亲应生活在公元三六〇年至四四〇年之间。西方学者对此问题亦多有考订，说法不一，我们姑且假定他为五世纪左右的人。

世亲的历史，在中国古典文献中，有真谛译的《婆薮盘豆法师传》，与玄奘大师《大唐西域记》中有关世亲的片段事迹。据这些材料来看，世亲一生可大致分为二个时期。第一个时期为归宗有部时期，第二个时期为大乘时期。

据《大唐西域记》所说，世亲为西北印度之犍陀罗(Gandhāra)国人，生于佛灭后九百至一千年间。其初于“说一切有部”出家受业，由于聪慧颖悟，博闻强识，不久便通达有部的全部法义，成为一个典型的有部学人。但他并不以此自满，旋又深研经部法义，作为取舍抉择的宗本。后为了学习婆沙法义，又到西北印度的迦湿弥罗，师从悟入（Skandhila）论师，研讨婆沙三藏，历数年始去。世亲回到犍陀罗后，广采众义而着《阿毗达磨俱舍论》一书，并时而会通经量部思想来批评有部，致使有部学者怒而反驳。有部学者众贤（Samghabhadra）论师，为了维护有部正统思想，破斥《俱舍论》，历十二年写成一部八十万言的《俱舍雹论》，对世亲详加批评。后来众贤亦深有所悟，自知理有不足而悔。世亲未再著论驳斥众贤，同时将其《俱舍雹论》改题为《顺正理论》，使之流播于世。世亲晚年，接受其兄无著化导，“感悟追悔”，舍小乘而归宗于大乘。他研精覃思，对无著所开创的大乘唯识之学，进行了系统而又饶有深义的阐释与弘扬，造大乘论，凡百余部，被誉为“千部论师”。

世亲大师并不偏局一学，他所著论释，除唯识系外，亦旁及中观等大乘空宗之系，《婆薮盘豆法师传》中云：“天亲方造大乘论，解释诸大乘经。《华严》《涅槃》《法华》《般若》《维摩》《胜鬘》等诸大乘经论，悉是法师所造。又造《唯识论》，释《摄大乘》《三宝性》《甘露门》等诸大乘论。凡是法师所造，文义精妙，有见闻者靡不信求。”世亲所造诸论中，以其晚年所著《唯识三十论》一书最为精熟，成为印度唯识思想史上最脍炙人口的一部论典。此论虽仅有短短三十个偈颂，但它所含摄的法义，却是“约千训于一字，含万教于一言”。故而此论成为当时及后世许多唯识学者群起为之注释的一部论典。各家注说，各引一端，形成众多唯识学流派。后世研究唯识学的学者，也多以此论为宗本。

世亲之学上承弥勒、无著之唯识诸义，并使之更臻系统。玄奘大师所译《摄大乘论》卷上，论及赖耶缘起的起源，远自小乘经典为发端，而后导致部派佛教化地部与经量部等唯识思想的萌芽。无著至此，才举经证，成立阿赖耶识说。从赖耶缘起史上看，无著为此说真正的创导者。然真正成立阿赖耶识思想体系，并集其大成者，则为世亲。无著在《瑜伽师地论·本地分》的“五识身相应地”与“意地”里，虽然讲唯识思想，但尚未说明阿赖耶为何物，到了《摄大乘论》中，无着才以经证与理证来分别说明阿赖耶识成立的理由。尽管他举出阿赖耶识的名义，其三相、熏习义及其与种子和前七识的关系，但这些在世亲的《唯识三十论》中，不出初能变的三相门与三性分别门，二能变的心所相应门与三性分别门。至于对整个唯识思想的体系问题，无着尚未论及，而这却是在世亲唯识学思想中才得以完成的。

世亲造论的方法往往是破立双融，他一方面破斥各种外道、小乘及大乘非了义说，同时又正面建设自己的学说。在世亲著作中，破斥外道的主要论典，计有《唯识二十论》《佛性论》《涅槃论》以及《俱舍论》的《破我品》等。如《唯识二十论》中，驳斥了僧们学派与吠世师迦学派的思想谬说。《佛性论》也对小乘之分别部、毗昙萨婆多部的佛性思想、外道鞞世师学派以及僧们学派的一切法皆有自性的偏执，乃至大乘空宗真、俗二谛的学说一一加以批判。不过，世亲在对各学派批判的同时，并不一概加以刊落，而是在各学派间相互抑扬，相互会通。如其《佛性论》在批判外道执有的过程中，就广引《中论》等中观空宗学说，提出一切法无自性。在讲佛性体相时，又泛摄《涅槃》《胜鬘》等如来藏系经典之义，加以诠说。世亲正是在各大思想汇合交流的激荡中，推一本以贯万殊，扬榷百家而孕育出伟大的思想。

真谛，梵名波罗末陀（Paramārtha），又名亲依，梵名拘那罗陀（Gunarata），西天竺优禅尼国人。其少游诸国，历事众师，“群藏广部，罔不措怀，艺术异能，偏素谙练。虽遵融佛理而以通道知名”③。可见真谛是一位对印度各派哲学都十分熟悉，而又倚重佛教的学者。

真谛以弘道为怀，曾泛海南游，止于扶南国（今柬埔寨）。梁武帝大同年间（公元五三五—五四五年），派直后（官名）张汜送扶南国使者返国，访求名德和大乘诸论、《杂华》等经。真谛即应邀来华，并携带经论梵本二百四十夹，于中大同元年（公元五四六年）八月到达南海（今广州）。太清二年（公元五四八年）八月到建业（今南京），深受梁武帝礼遇，使住宝云殿从事译经。后逢侯景之乱，乃步入东行，于太清四年（公元五五〇年）到富春（今浙江省富阳县）。县令陆元宅迎住私宅，为招集沙门宝琼等二十余人，共事译经。是年十月始译《十七地论》《中论》等，不久因乱中止。太宝三年（公元五五二年），真谛应侯景之请回到建业，住于台城。梁元帝即位后，迁住正观寺，和愿禅师等二十余人，翻译《金光明经》。从承圣三年到敬帝绍泰三年（公元五五四—五五七年），他又历住豫章（今江西南昌）宝田寺，新吴（今江西奉新县）美业寺，始兴（今广东曲江县）建兴寺，还到过南康（今江西赣县西南）。陈武永定二年（公元五五八年），他又再还豫章，转临川（今江西抚州西），停于晋安（今福建省晋江县）。这一时期，真谛虽飘游各地，难以安定，但仍随方译经讲习，不曾中止。文帝天嘉二年（公元五六一年），又从晋安到梁安郡（今广东省惠阳一带），住建造寺讲《解节经》等。第二年九月，本拟泛海还国，因风转变，于十二月飘至广州。天嘉四年（公元五六三年），他应慧恺、欧阳顾等之请，译讲"大乘唯识论"（即《唯识二十论》）和《摄大乘论》等。天嘉五年又译讲《俱舍论》。后又重治《俱舍论》《摄大乘论》，可见其对此二论之重视。光大二年（公元五六八年）六月，真谛有厌世之意，本欲往南海北山自尽，因弟子慧恺等力劝方免。同年八月，慧恺病卒，真谛为之大恸，惟恐《摄论》和《俱舍》无人弘传，乃邀集道尼、智散等十二人，誓弘二论，勿令断绝。宣帝太建元年（公元五六九年）正月十一日入寂。弟子法海收集他的文稿，编为部轴。僧宗为他作《行状》，曹毗作《别历》，智散撰《翻译历》，惜皆不传。

关于真谛译述，据道宣《续高僧传》中本传记说，真谛来华二十三年，共译出经、论、记、传六十四部，合二百七十八卷。《历代三宝纪》所载共四十八部，二百三十二卷。《开元录》刊定其译籍为三十八部，一百一十八卷。其间有如此大差别，除收录标准不同，尚有许多误讹脱漏的问题。记载多部多卷者，把真谛自己的义疏也包罗于中，而记载部卷少者，则往往只限于他的译籍，据近代学者考订，现存真谛译述共有二十六部，八十七卷。

真谛译述传学的特点可简要归约为以下几点：

（一）以弘扬唯识学系的无著、世亲之学为主。像《决定藏论》，即是《瑜伽师地论·抉择分》的一部分，《三无性论》相当于《显扬圣教论》的《成无性品》，《解节经》勘同《解深密经》的《序》和《胜义谛相》二品，《转识论》相当于《唯识三十论》，《唯识论》《中边分别论》《摄大乘论》等一系列唯识学系的主要经论，他都已译出。中土唯识学的规模应该说是由他开创的。在真谛所传唯识学各经论中，他尤其推重《摄大乘论》，“自谛来东夏，虽广出众经，偏宗摄论”④。《摄大乘论》经他及其弟子的努力，遂遍及南北各地，并形成一批与地论师相并传的“摄论师”。

（二）译述广泛。真谛虽学宗唯识，但他曾泛滥各家学说，以“通道知名”，所以亦能不拘一宗而广纳博采。如他介绍了关于早期印度佛教史《部执异论》，关于“翻外国语”的《杂事》(已佚)，属于小乘正量部律的《律二十二明了论》，属于印度数论派的《金七十论》等。此外，关于佛教逻辑的思想介绍，也散见于他的有关论籍之中，现存的有《如实论反质难品》等。至于本书所说之《佛性论》，由于涉及如来藏的思想，许多学人认为与真谛所传学说厘然有别，故不予重视，并致怀疑。此种做法不免门户之见，真谛虽宗唯识，却也善于广泛会通各种学说，故不可以此疑《佛性论》。

（三）译讲并进。真谛翻译文字虽然有些艰涩，但他总是加进自己的解释，这即所谓“行翻行讲”。据《续高僧传》卷第一中的《拘那罗陀传》说他“讨寻教旨，通览所译，则彼此相发，绮缋辅显，故随处翻传，亲流疏解”。可见他不仅是著名的翻译家，而且是极渊博的义学大师。如《大乘唯识论》译本一卷，其解释本论之文就有两卷。《俱舍论》偈一卷，论本二十二卷，其所作义疏则有五十三卷。《摄大乘论》论本三卷，释论有十二卷，义疏有八卷。这些“义疏”都表达了真谛自己的思想与见解。其他比较重要的译文，也有类似的情况，如《律二十二明了论》，论本只有一卷，注记解释则多达五卷。据《开元录》真谛录后记所载，属真谛所撰的经论义疏，总计为十九部，一百三十四卷，其数量殆与其译籍相等。但其大多早已亡佚，从残存于某些释论中的片断来看，其义疏除了对佛教的名相概念进行诠解外，还对佛教内部的大小乘各派以及外道论师的思想，作了批判性的介绍。这为研究印度思想史和佛教史，提供了相当珍贵的史料。

真谛在华期间，虽处乱世，不遑宁处，但他不畏艰苦，随方译讲，所出经论疏记，为同时诸译师所不及，他不仅开创了中国唯识理论的先河，且其节俭知足的生活风范与朝夕不懈的弘教精神，也造就了一代刻苦笃实的学风，至今仍弥久愈芳。

注释：

① 见《佛性论》卷一。

② 见《佛性论》卷二。

③《续高僧传·拘那罗陀传》卷第一，（唐）道宣撰。

④ 同上。

经
典

1　卷一

造论缘起

原典

天亲[1]菩萨[2]造[3]

陈天竺[4]三藏[5]真谛[6]译[7]

缘起分第一[8]

问曰：佛何因缘说于佛性？答曰：如来为除五种过失，生五功德[9]，故说一切众生悉有佛性。除五种[10]过失者：一、为令众生离下劣心[11]故。二、为离慢下品人[12]故。三、为离虚妄执[13]故。四、为离诽谤真实法故。五、为离我执[14]故。

一、为令众生离下劣心者。有诸众生，未闻佛说有佛性理，不知自身必当有得佛义故，于此身起下劣想，不能发菩提心[15]。今欲令其发心，舍下劣意故，说众生悉有佛性。

二、为离高慢心者。若有人曾闻佛说众生有佛性故，因此发心。既发心已，便谓我有佛性故能发心，作轻慢意，谓他不能。为破此执故，佛说一切众生皆有佛性。

三、为离虚妄执者。若人有此慢心，则于如理、如量正智[16]不得生显故，起虚妄。虚妄者，是众生过失。过失有二：一、本无；二、是客。一本无者，如如理中，本无人我[17]，作人我执。此执无本，由无本执故，起无明[18]等，由无明起业[19]，由业起果报[20]。如此三种，无实根本，所执是无故，知能执皆成虚妄故[21]。由于此执所起无明、诸业、果报，并是虚妄故，无受者[22]、作者[23]，而于中执有是[24]虚妄故，言本无。二是客者，有为诸法，皆念念灭，无停住义，则能骂、所骂[25]二无所有。但初刹那为旧，次刹那为客[26]，能骂、所骂起而即谢。是则初刹那是怨，次则非怨，以于客中作于旧执，此执不实故，名虚妄。若起此执，正智不生，为除此执故，说佛性。佛性者，即是人法二空[27]所显真如。由真如故，无能骂、所骂，通达此理，离虚妄执。

四、为除诽谤真实法者。一切众生过失之事，并是二空。由解此空故，所起清净智慧功德，是名真实。言诽谤者，若不说佛性，则不了空，便执实有，违谤真如，净智功德皆不成就。

五、离我执者。若不见虚妄过失，真实功德，于众生中，不起大悲。由闻佛说佛性故，知虚妄过失，真实功德，则于众生中起大悲心，无有彼此，故除我执。

为此五义因缘，佛说佛性生五种功德。五功德者：一、起正勤心[28]。二、生恭敬事[29]。三、生般若[30]。四、生阇那[31]。五、生大悲。由五功德能翻五失。由正勤故，翻下劣心；由恭敬故，翻轻慢意；由般若故，翻妄想执；由生阇那俗智能显实智[32]及诸功德故，翻谤真法；由大悲心慈念平等故，翻我执。翻我执者，由佛性故，观一切众生二无所有[33]，息自爱念。观诸众生二空所摄，一切功德而得成就，是故于他而生爱念。由般若故，灭自爱念；由大悲故，生他爱念。由般若故，舍凡夫执[34]；由大悲故，舍二乘执[35]。由般若故，不舍涅槃；由大悲故，不舍生死。由般若故，成就佛法；由大悲故，成熟众生。由二方便[36]，住无住处[37]，无有退转，速证菩提，灭五过失，生五功德。是故佛说，一切众生皆有佛性。

注释

① **天亲**：梵文 Vasubandhu，又译为婆薮盘豆、世亲等，是生活在大约五世纪印度的大乘学者。其生卒年虽不详，一般学者认为他是北印度犍陀罗人。天亲曾随佛教有部出家，信仰小乘，后又改宗大乘，弘扬弥勒学说，造《俱舍》《唯识》等大小论千部，成为大乘有宗理论的主要创始人。关于其生平，现存较可信的传记有真谛译的《婆薮盘豆法师传》。

② **菩萨**：全称为菩提萨埵，梵文 Bodhisattva 的音译，旧译为大道心众生、道众生等，新译为大觉有情、觉有情等。菩萨通常指悲智双运，自觉觉他，自利利他的上求下化之人。他虽已分证佛觉，尚有情识未尽，另一方面，他又具有广行善巧方便，觉悟一切有情的大乘精神。

③"造"，碛砂本作"说"。

④ **天竺**：地名，印度之古称，旧译为身毒、贤豆等。

⑤ **三藏**：梵文 Tripitaka，指佛教经典的经、律、论三部分。通达经、律、论三藏的学者，亦称三藏。

⑥ **真谛**：梵文名为 Paramārtha，又称 Gunarata，西印度优禅尼国人。其于梁代大同十二年（公元五四六年）来华，受梁武帝礼遇，时逢国难，往北齐，赴

东魏。此间译有《金光明经》《摄大乘论》《唯识论》《俱舍论》等二百七十八卷经论。陈太建元年（公元五六九年）正月圆寂，生年七十一岁。真谛为我国佛教史上著名的佛典译家，精通三藏，尤契大乘，潜心译出大量经论。关于真谛事迹，可参考《续高僧传》中之《真谛传》。

⑦ 陈天竺三藏真谛译，碛砂本作“陈三藏法师真谛译”。

⑧“第一”，碛砂本无。

⑨ **功德**：功为福利之功能，通过修习此功，能获得善行之德，故曰功德。在佛教中，功德与福报不同，功德指超出三界轮回的大善行；福报则是指三界以内的，有限的人、天善行。

⑩“种”，碛砂本无。

⑪ **下劣心**：指没有认识到自身本有的佛性，而对自身产生轻鄙的想法。

⑫ **下品人**：此指智慧道德低劣之人。

⑬ **虚妄执**：由于不能正确理解佛说教理而产生的种种不真实的错误成见，此文主要指我执与常见等。

⑭ **我执**：梵文Ātma-grāha，又名我见。由于不解我身本由因缘和合而成，元无真实常住的我存在，认有我身之执念，名为我执。佛教认为，我执是一切烦恼的

根本。

⑮ **菩提心**：菩提，旧译为道，求真道之心曰菩提心。新译为觉，求正觉之心曰菩提心，此二释义无有二致。

⑯ **如理、如量正智**：亦即分别为如理智与如量智。如理智，即指认识诸法真理的真智、实智，也名根本智、无分别智等。如量智，通于诸法事相之俗智，又名后得智、有分别智等。如理智为如量智之根本，先有如理智，方有如量智。

⑰ **人我**：我执。

⑱ **无明**：梵文Avidyā，谓愚暗之心，不能照了诸法事理，即痴之异名。

⑲ **业**：梵文Karma，为造作之义，指由身、口、意等所造的各种行为活动，其可招致各种不同的果报。

⑳ **果报**：为对应于过去业因之结果而招致之今日境界。

㉑"故"，碛砂、金陵本均无。

㉒ **受者**：指果报的承受者。

㉓ **作者**：指业因的造作者。

㉔"是"，碛砂、金陵本均无。

㉕ **能骂、所骂**：亦名能、所，能缘、所缘，能见、所见等，此二概念为一对待范畴。能骂，指能动的主

体；所骂，指被动的对象。

㉖ **客**：指后起之义，非本来固有。

㉗ **人法二空**：又分别名为人空、法空。人空者，指人我空无之真理。一般凡夫执我为实有，因而产生种种烦恼，佛为破此，说人为五蕴和合而成，无实有常存的我，二乘之人能证到此理，谓之人空。法空，即指五蕴之法本身自性皆空，也不是真实的存在。二乘之人不能照了此义，唯有菩萨能了达此理。故人空为小乘所证境界，人法二空方是大乘所行境界。

㉘ **正勤心**：精进修习之心。

㉙ **恭敬事**：指对佛法产生尊敬之心。

㉚ **般若**：梵文Prajñā，佛教所指的能契真理的无上智慧。

㉛ **阇那**：梵文ācārya之简译，义指高僧。在此泛指阇那俗智，即发愿上求菩提的正当行为。

㉜ **实智**：根本智、如理智。

㉝ **二无所有**：指能缘之心与所缘之境二者皆因缘和合而生，本非实有。

㉞ **凡夫执**：又名人执、我执，执我为实有而生种种烦恼。

㉟ **二乘执**：又名法执，即执五蕴之法为实有。

㊱ **二方便**：方便即真实、真理之义，二方便，又

称二种方便，分别指体外方便，即佛教以外经典所说之真理；同体方便，即佛教经典所阐之真理。

㊲**住无住处**：义指不住一切处，既不住生死，也不住涅槃。这是一种自在、无执着的生存方式。

译文

有人问曰：佛由何因缘而说佛性之奥义？回答曰：如来世尊为了遣除人们的五种过失，长养人们善行的五种功德，才说一切众生都有佛性。所谓的遣除五种过失，分别指陈：一、为了使那些还没有认识自身中本有佛性的众生，远离轻鄙自我的想法。二、为了众生能远离轻慢智、德低劣之人的想法。三、为了远离种种不真实的错误成见。四、为了远离对真理的诽谤。五、为了远离虚妄的我执。

一、所谓为使众生远离自我轻鄙的想法，是指有的众生，因未闻佛说一切众生皆有佛性之理，不能了知自身中亦有佛性，将来必定成佛，所以对自己缺乏信心，轻鄙自己，不能发起求正觉之心。现在为了令他们发起求正觉之心，舍弃自我轻鄙的念头，故说一切众生皆有佛性。

二、所谓远离轻慢之心者，是指如果有人由于闻听佛说一切众生皆有佛性，因此发起求道之心。既已发心求道，便自认为自己有佛性，才能发心求道，产生骄慢的想法，认为别人不能发心求道。为了遣破此种虚妄的执着，佛陀才说一切众生皆有佛性。

三、所谓远离不真实的错误成见，是指有人因骄慢之心，而不能生显出如理智与如量智，产生种种虚妄的执着。虚妄是众生的过失，这种过失可分为两种：一、"本无"过；二、"是客"过。所谓"本无"，是说真如实理之中本来没有人我，却产生人我执的想法。这种人我执缺乏存在的根据，由此人我执生起无明，由无明起惑造业，从而招致各种果报，展转相生，循环无穷。无明、业、果报三者，都缺乏实存的根据，因为生起这三者的我执，本身就是虚幻不实的存在，所以由之产生的种种现象也皆成虚妄。由于我执及所生起的无明、业、果报都虚妄不实，所以没有什么果报的承受者，也没有什么业的造作者。如果于此虚妄执为实有，就名之为"本无"。所谓"是客"，是指一切有为的现象都是不断生灭，没有永恒存在的。所以能缘之心和所缘之境，都不是永久不变的存在。初刹那为一状态，转眼间又变为另一状态，能缘之心与所缘之境亦是如此，起而即谢，永无停住。所以一切有为存在刹那变灭，如果不能随顺迁流，固执一种状态，以为永恒不化，这种执着也是虚妄。如果生起这种执着，则不能彰现无上真正智慧。为了破除这种执着，所以佛说佛性奥义。所谓佛性，即是破除了我执与法执所显现出来的真如本来面目。因为如果了达了真如实理之后，就不再有能缘之心与所缘之境的对待关系，于是也就远离了虚妄的执着。

四、所谓破除对真理的诽谤，是说由于人法二空，一切众生所造的过失，都是因不了解人、法二空的道理。如果理解了这一层意义，就会生起清净圆满的智慧，这种智慧就是所谓的真理。之所以产生诽谤，乃由于不能了达佛性的本义，因此也不能理解空的意义，便把一切虚妄的现象执着为实有，与真如本性相违背，不能成就清净圆满的智慧。

五、所谓远离我执，是说如果不能了解一切现象都是虚幻而无实性，不能了达真理的本义，就不会对众生生起慈悲之心。通过闻听佛法，了解佛性的奥义，就能了知一切现象的虚妄不实和真理的无上妙谛，也就会生起慈悲之心，消除我与众生间的彼此差别，因而也就破除了我执。

为了上述原因，佛才说佛性的奥义。所谓产生五种功德，这五种功德分别指：一、对佛法精进修习。二、对佛法生起尊敬之心。三、产生契悟真理的无上妙慧。四、践履正当行为，了达世间诸法。五、彰显大慈大悲之心。通过五种功德可以消除五种过失。即通过精进修习大乘佛法，可以消除众生自我轻鄙的看法；通过对佛法生起尊敬之心，可以消除众生的傲慢之气；通过般若的妙慧，可以消除众生的虚妄与执着；通过佛法轨持自己的行为，能彰显究竟智慧和各种功德，可以消除对真理的诽谤之心；通过慈悲的心怀，了解一切众生彼此无二平等，可以消除我执。所谓消除我执，是指通过了达佛性的奥义，观察一切众生的能缘之心与所缘之境俱非实有，从而止息对自我的执着之情。观察一切众生为五蕴和合而成，本无实有，五蕴自身亦自性皆空，从而成就一切功德，对于他人生起慈爱之心。通过般若妙慧，消除对自我的执着；通过大悲的心怀，彰生对他人的慈爱。通过般若妙慧，舍弃凡夫的我执；通过大悲的心怀，舍弃小乘佛教的法执。通过般若妙慧，契入涅槃极境；通过大悲的心怀，生起下化众生的菩萨愿望。通过般若妙慧，成就大乘佛法；通过大悲的心怀，下化众生。通过了达各种经典的真谛，达到心无所住的自在境地，从而永不生退转之心，迅速证悟无上妙慧，消除五种过失，生起五种功德。为此佛说，一切众生皆有佛性。

遣破执着

遣破小乘执着

原典

佛性论[①]破执分第二中[②]破小乘执品第一

复次，佛性有无成破立义[③]，应知破有三种：一破小乘执[④]。二破外道执[⑤]。三破菩萨执[⑥]。

初破小乘执者。佛为小乘人，说有众生不住于性[⑦]，永不般涅槃故，于此生疑，起不信心。释曰：所以生疑者，由佛说故，小乘诸部解执不同。若依分别部[⑧]说，一切凡圣众生，并以空为其本[⑨]，所以凡圣众生皆从空出故，空是佛性。佛性者，即大涅槃。若依毗昙萨婆多[⑩]等诸部说者，则一切众生，无有性得佛性，但有修得佛性[⑪]。分别众生凡有三种：一定无佛性。永不得涅槃，是一阐提[⑫]犯重禁[⑬]者。二不定有无。若修时即得，不修不得，是贤善[⑭]共位以上人故。三定有佛性。即三乘[⑮]人：一声闻[⑯]从苦忍以上即得佛性。二独觉[⑰]从世法以上即得佛性。三者菩萨十回向[⑱]以上是不退位时[⑲]，得于佛性。所以然者，如经说，有众生不住于性永无般涅槃故。又《阿銗[⑳]》说，佛十力[㉑]中，性力所照众生境界有种种性，乃至粗妙等界不同，故称性力。所以者何？一切众生有性、无性异故。有佛性者，则修种种妙行；无佛性者，则起种种粗恶。是故学小乘人，见此三[22]说，皆有道理，未知何者为定，故起疑心。

复次，生不信心者，于二说[23]中，各偏一执，故不相信。何者？若从分别部说，则不信有无性众生；若萨婆多等部说，则不信皆有佛性故。

明有佛性者，问执无性曰：汝云何有无性众生，永不般涅槃？答曰：众生既有种种粗妙不同故，知理有有性、无性。汝若不信有无性众生永不涅槃，而信有众生有种种粗妙等界者，是义不然。何以故？执不平等故。

问曰：汝信有众生种种粗妙等界，即令信有无性众生者，亦应信有无根[24]众生耶？何以故？众生由有根、无根故，有种种粗妙等界。汝若不信有无根众生者，云何信有粗妙等界？若谓有粗妙等界，不关有根、无根者，我亦信有粗妙等界，不关有性、无性之义，有何过失？若汝言无有无根众生者，我亦说无有无性众生。

答曰：汝以有根、无根例我有性、无性，是义不然。何以故？汝谓无根者，为是众生？为非众生？若是众生，有二过失。一者[25]泰过过失。若无六根[26]而是众生者，则一切无情草、木、石等，皆是众生，同无根故。二者不及过失。本说六根以为众生，既无六根，更说何物为众生耶？而汝说无根众生，是义不然。故知不为有根、无根说粗妙等界，正为有性、无性说粗妙耳。

难曰：若汝谓我立无根众生有二过失者，汝立犯重一阐提人无有佛性，永不得涅槃，亦有二失：一者，泰过过失。众生本以我见、无明为凡夫法，寻此无明，由违人空[27]故起。既起无明，故有业报。若不违人空，则无无明、业报。既无无明、业报等三轮[28]，若尔，应是圣人，作于凡夫。若谓众生无佛性者，但圣为凡，无凡得圣，此成泰过。二者不及过失。若汝谓有众生无佛性者，既无空性[29]，则无无明。若无无明，则无业报。既无业报，众生岂有[30]？故成不及。而汝谓有众生无佛性者，是义不然。何以故？汝既不信有无根众生，那忽信有无性众生，以二失同故。

注释

①“佛性论”，金陵本无。

②“第二中”，碛砂本无。

③ **破立义**：佛教经典通常使用的论理方式，即通过两种对立观点的相互诘难，往复辨议，遣破错误的执着和成见，建立正确的思想。

④ **小乘执**：对小乘的执着。小乘，梵文 Hinayānā，

对大乘而言。大乘以求佛果为终究目的，小乘则以求阿罗汉、辟支佛果为究竟。其特点是以四谛、十二因缘为教，灰身灭智，归于空寂涅槃，不乐下化众生，广生慈悲。

⑤ **外道执**：对外道的执着。外道，指佛陀教说之外的教义。

⑥ **菩萨执**：对菩萨的执着。菩萨本为大乘佛法的修行果位，此指应进一步上求究竟圆满之佛果。

⑦ **性**：此指佛性。

⑧ **分别部**：又云毗婆阇婆提，梵文为 Vibhajya-vādin，为印度小乘佛教中的一个支派。

⑨ **以空为其本**：佛性的根本要义就是空。空，本指待缘而生，非本性实有。在此文中，空指一种本体，即佛性之义。

⑩ **毗昙萨婆多**：毗昙宗，印度小乘佛教之一支。此部以《发智》、“六足”等论为依据，主张我无而法有。

⑪ **修得佛性**：指佛性非是本来具有，而是通过后天修习而成，这是典型的佛性始有论。

⑫ **一阐提**：梵文 Icchāntika，指断绝一切善根无法成佛者，亦是不信佛法之人。

⑬ **重禁**：指佛为人制定的一些重要戒律。

⑭ **贤善**：指贤而行善者。

⑮ **三乘**：分别指声闻乘、独觉或缘觉乘以及大乘

或菩萨乘。

⑯ **声闻**：指依佛说四谛，即苦、集、灭、道四真理而修习，并得到阿罗汉果位者。

⑰ **独觉**：亦名缘觉，指不必亲闻佛陀之教说，系独自观察十二因缘而证得辟支佛果者。

⑱ **菩萨十回向**：指菩萨所具的十种下化众生的大悲心愿。分别为：（一）救护一切众生离众生相回向。（二）不坏回向。（三）等一切物回向。（四）至一切处回向。（五）无尽功德藏回向。（六）随顺平等善根回向。（七）随顺等观一切众生回向。（八）真如相回向。（九）无缚解脱回向。（十）法界无量回向。

⑲“时”，碛砂、金陵本均无。

⑳“鋡”，金陵本作“含”。

㉑ **佛十力**：又称如来十力，指如来所具有的十种力用。分别指：（一）知物之道理非道理之智力。（二）知三世业报之智力。（三）知诸禅解脱三昧之智力。（四）知一切众生种种知解之智力。（五）知众生种种境界之智力。（六）知一切至所道智力。（七）知天眼无碍之智力。（八）知诸根胜劣智力。（九）知宿命无漏智力。（十）知永断习气智力。

㉒“三”，碛砂、金陵本均作“二”。

㉓ **二说**：指上文中的分别部与毗昙萨婆多等部学说。

㉔ **根**：梵文Indriya，能生之义，此指众生心中固有的生善恶作业之力。

㉕“者”，碛砂本无。

㉖ **六根**：分别指眼、耳、鼻、舌、身、意之六种感觉器官。

㉗ **人空**：指人、我空无之真理。

㉘ **三轮**：有多种义涵，在此指惑、业、苦三者。依惑作业，依业感苦，更依苦起惑作业，此三者如轮转而不止，故名之三轮。

㉙ **空性**：佛性。

㉚ **众生岂有**：此义是说，众生乃由不同业因所感果报而有，若业报没有，也就不可能有众生存在的理由。

译文

关于一切众生是否皆有佛性的问题，我们必须遣破一些错误的执着。遣破的对象可分为三种：一破小乘执着。二破外道执着。三破菩萨执着。

首先破除小乘的执着。由于佛为小乘人说法时指出，有的众生不能住持于佛性之中，永远不能达到涅槃的境界。于是有的小乘学人对于一切众生皆有佛性的思想产生怀疑，不能坚定自己对这种思想的信心。释曰：

他们之所以产生疑惑，乃是由于小乘佛教的各部派对于佛说佛性义的理解与执着的不同而致。如果依小乘分别部的观点来说，一切凡圣众生都以空为自己的本性，所以一切众生都从空中产生，而空就是佛性，佛性就是涅槃极境，所以一切众生都有佛性。如果依毗昙等部的看法来说，一切众生并不是本来具有佛性，只有通过后天修习才能成就佛性。他们把众生分为三种：一种是一定没有佛性，永远不能达到涅槃境界的众生。这主要是指那些不信佛法、触犯佛教重要戒律的人。一种是不一定有佛性的众生。即是说，他们如果修习佛法就可以得到佛性，不修习则不能，这主要指贤而行善品行以上的人。另一种是一定有佛性的众生。即指声闻、缘觉、菩萨等三乘之人，所谓声闻之人，通过苦、集、灭、道等四谛的修习，可以证得佛性。缘觉之人通过修习十二因缘而证得佛性。菩萨通过修习十种慈悲救世的大愿，至证得不退转菩萨果位时，就能证得佛性。正因为如此，所以佛经上才说，有的众生不能住持于佛性，永远不能达到涅槃的境地。又《阿含经》中说，如来以其十大智慧中之性智力观照到不同众生有不同境界和等级，乃至有的粗陋，有的胜妙，所以称“性力”。之所以如此，乃在于有的众生有佛性，有的众生无佛性。有佛性的众生则修习种种善行；无佛性的众生则生起种种粗陋的恶念。所以修习小乘佛法的学人看到上述这些说法都有一定道理，不能了知哪一种说法正确，因而生起疑惑之心。

再次，不能坚定对一切众生皆有佛性义的信心，乃是由于上述小乘二部的不同说法，各偏向一个极端，所以不能相信。为何如此呢？如果照分别部的说法，就不能相信存在无佛性的众生；如果照毗昙等部的说法，则不能相信一切众生皆有佛性。

执众生皆有佛性义的人诘问执有的众生没有佛性义之说：你凭什么说有的众生没有佛性，永远不能达到涅槃？（对方）回答道：由于众生之间有粗陋与胜妙的等级差别，所以从道理上可以推知有的众生有佛性，有的则没有。你如果不相信有无佛性的众生永远不能进入涅槃，却又相信众生间有粗陋和胜妙的不同差别，这从道理上是站不住脚的。为什么这样说，因为你只是执着于众生粗妙的不同，而不能进一步推知众生本性的不同。

执众生皆有佛性义的人诘问道：你相信众生间有粗妙等境界的不同，纵使你相信有无佛性的众生，也同时应该相信有无根众生？为什么这样说？因为众生间存在有根与无根的差别，才造成其粗妙的不同境界。你如果不相信存在无根的众生，又怎么能相信众生间有粗妙的不同境界？如果说众生间粗妙境界的不同与众生的有根、无根之义毫无关系，那么我也相信众生粗妙境界的不同与有无佛性之义亦毫无关系。你如果说没有无根众生的存在，我也可以说没有无佛性的众生。

（对方）回答道：你以有根、无根的概念来比观我所说的有佛性、无佛性义，这是不妥当的。为什么这样说？你说的无根是指众生？还是指非众生？如果是指众生，那么你就犯了两种过错：一种是概念太泛的过错。如果没有眼、耳、鼻、舌、身、意等六根而能成为众生的话，那么一切无情草、木、石等自然物也都能成为众生，因为他们也同样是无根。另一种又犯了概念太窄的错误。本来应该是有六根才能成为众生，如果没有六根，还能说什么是众生呢？而你却说无根也能成为众生，这从道理上是说不通的。所以不能以有根还是无根来界说众生有粗有妙的不同境界，而应以有佛性还是无佛性来界说。

执众生皆有佛性义的人又诘难道：如果你说我立无根众生之义有两种过错，你以触犯佛教戒律，不信佛法的人没有佛性，永远不能证入涅槃境界，此说亦有两种过失：一为立义过分。众生本来是由于我执、无明才变成凡夫。无明产生的根源是由于不解人我因缘而成，本来空无的道理。无明既起，就自然引出业报。如果不陷于人我的执着，就不会有无明、业和果报的产生。既然不会有依惑（无明）作业，依业感苦（果报），依苦起惑三者间如轮转而不止的活动。这样的话，人在变成凡夫前本来应是圣人。如果说有众生没有佛性，只能由圣人变成凡夫，而不能由凡夫证得圣人，这未免太不符情理。二为立义不充分。如果你认为有众生没有佛性，既然没有佛性，那么无明也没有生存的依据。如果没有无明，也就不可能产生业和果报，既然没有业报，众生又从何而来？所以你的论理不充分。而你说有众生没有佛性的主张也于理有碍。为什么这样说？因为你既然不相信有无根众生，又怎么能相信有无佛性的众生，二者道理一样，你不可能肯定一个而又同时否定另一个。

原典

问曰：汝说有众生无佛性者，如刹底利[①]种，为具有四性[②]及地狱[③]、人、天[④]等性？为不具有？若言不具有者，人应常人，永无作诸道义[⑤]。若具足有者，则违经。如经中说，如来性力能了种种粗妙等界，此众生性既其平等，经不证故。

又若汝谓有众生永不般涅槃者，义亦不然。如人先为刹底利，后作婆罗门[⑥]，或人、或天，无决定相[⑦]故。若汝说不具足者，则与立譬相违。何以故？俱不具故。汝说无佛性众生永不得佛，如人无天性，则应永无天报[⑧]。

若无天性而得天报者，亦应有无佛性众生而得涅槃。

复次，若具足性与譬相似者，则无佛性众生应具有佛性。若有有无二性为相违？不若相违者，则应一有一无，是义不可。若无涅槃性众生，则不应有涅槃性。汝言具二性者，义亦不然。何以故？如刹底利无婆罗门性，二性相违，决定无故；后则不得为婆罗门，乖世道故。又若俱[9]有性义者，后时决得；若不具性义者，后决不得。若一人具此二义，定何所属？

又问：汝立无佛性众生始终定无，为不定无？譬如大地，初无金性，后时或有，有已更无。汝立无佛性亦如是不？若如此者，则应得二乘性竟后更不得，得大乘性竟后应更失，得定性已后更不定。虽修得通达解脱等功德后还更失，则修道无用，决定立性，并成无用故。

又问：汝立无定性众生，如地或时转为金宝等物。无佛性众生，住于下性，是人性不定故能转为涅槃者，为今生转？为未来转？若汝谓今生转者，云何得转？为值三宝[10]得解脱三善根[11]故转？为不值而能得转？若言修功德分故现在转者，何谓无佛性众生永住下性？是义自坏。若汝谓今世虽修善根，终不得转，未来方转故名住下性者。此性于未来中为修善故转？不修故转？若修故转，今修何故不转？若言未来不修善自然转者，现在未修何故不转？又若汝谓无佛性是定无者，如火定热性，不可转为水冷性，佛性亦尔，有无应定，皆不可转。若不可转者，汝立此定为由因故定？不由因故定？若由因故定，此定不成定。何以故？本时未是定，由因方定故。若说不由因而定者，则无穷过失。是故我说此性亦复不定，不由因故是义应成。如汝说定等共无因，若尔，非理之事，并应得成。二者不平等过失。如人谓石女生两儿，一白一黑；亦如兔有两角，一利一钝。若人不由因说，此不平等义亦应得成。如汝所说，此若不成，汝亦不立。三者失同外道。有本定有，无本定无；有不可灭，无不可生。此等过失，由汝邪执无性义生故。

问曰：此⑫尔，云何佛说众生不住于性，永无般涅槃耶？

答曰：若憎背大乘者，此法是一阐提因，为令众生舍此法故。若随一阐提因，于长时中轮转不灭，以是义故，经作是说。若依道理⑬，一切众生，皆悉本有清净佛性，若永不得般涅槃者，无有是处。是故佛性决定本有，离有⑭离无故。

注释

① **刹底利**：梵文 Kṣatriya，印度四种姓之一。其地位仅次于婆罗门，为王种，统治阶层。

②**四性**：亦名四性行。分别指：（一）自性行，即菩萨自性善良而具十善者。（二）愿性行，即菩萨发心愿成道作佛。（三）顺性行，即菩萨顺六波罗蜜而修行。（四）转性行，即因修行之功转凡成圣。

③**地狱**：梵文 Niraya，译为可厌、苦具等义。佛教所谓六道轮回中之一道。

④**人、天**：亦是指佛教六道轮回中的人道与天道。

⑤**永无作诸道义**：不会流转六道。

⑥**婆罗门**：梵文 Brāhmana，印度四种姓之一。其指净行者，或出家或在家修净行而求涅槃的人。

⑦**决定相**：指一种确定不变的身分。

⑧**天报**：生天的果报。

⑨“俱”，碛砂、金陵本均作“具”。

⑩**三宝**：分别指佛、法、僧。佛为完全了悟真理的人；法为佛所传的法脉与教义；僧为依法修行的团体。

⑪**三善根**：对于三毒而立三善根。其分别指：（一）无贪。（二）无瞋。（三）无痴。此三者皆为生无量善法之根本，故名善根。

⑫“此”，碛砂、金陵本均作“若”。

⑬**道理**：此指大乘佛法的真理。

⑭**离有**：佛性为众生本来固有，非是后天修习而成，故曰离有，此“有”乃后有之义。

译文

执众生皆有佛性之义的人继续诘问道：你说有众生没有佛性，那么像刹底利这样种姓的人，是具有菩萨的四善行以及地狱、人、天等种子，还是不具有？如果说他们不具有这些种子，那么他就应该永远像他现在一样地做人，而不会轮回六道。如果说他们具有这些种子，则与经典所说之义相违。因为佛经曾说，如来以其性智慧力观照一切众生有各种粗陋或胜妙的不同境界，而你这里则说众生常处一道，没有变化，这在经典中是找不到证据的。

又你说有众生永远不能达到涅槃境界，此义也有错误。如有的人前世作过刹底利，后世又变作婆罗门，或人或天人，并没有永久不变的固定身分。如果你说一个人不具有人、天等各种种子，则与理相违。为什么这样呢？因为同时都是不具有。你为什么偏说没有佛性的众生永远不能证入涅槃境界，就如同人没有天人的种子应永远不会达到天人的果报。如果说没有天人种子也可以得到天人的果报，如上文所谓人可以轮回诸道，那么无佛性的众生照理也可以证得涅槃境界。

再则，如果你认为一个众生可以同时具有多种不同属性的种子，那么无佛性的众生也可以具有佛性的种子。如果说一个众生同时具有两种性质不同的种子，这是否相互矛盾呢？如果说是相互矛盾，那么应该具有一种属性的种子就同时不能具有另一种属性相反的种子，因为这不合道理。如果有无佛性众生，则不应有佛性涅槃的存在。你说众生同时具有两种性质不同的种子，此义亦有碍于理。为什么这样呢？如刹底利无婆罗门的种子，因为这是性质不同的两种属性，决定不能互相并存，那么他后世也不应转世为婆罗门种姓，这与世间的道理是相违背的。再则，如果有佛性众生，后世必定证得涅槃；如果不具有佛性众生，后世必定不能证得涅槃。如果一众生同时具有性质相反的两种属性，那么其究竟属于何者？

执着众生皆有佛性之义的人再继续诘问道：你说有的众生没有佛性，是说他始终一定没有，还是说有时有，有时没有？就如同大地，最初并没有金宝的成分，后来才有，有了之后又没有。你说有众生没有佛性是否也是这样？如果是这样的话，那么修得了二乘果位后理应再度退堕成凡夫，修得了大乘果位之后也应再度丧失，修得禅定以后也应再度变得心神不定，不能专一。既使修得解脱一切烦恼的果位，之后还会再度失去。如此一般，则修习正道也无什么益用。你如果认为有的众生一定不会有佛性的话，那么修习正道也不会有什么利益，因为既然其注定不能成就佛性，那修行又能奈之如何呢？

执众生皆有佛性之义的人再继续诘问道：你说众生没有一定的种性，他有时有佛性，有时又没有，就像大地本来没有金宝，有时又会转生出金宝等物。没有佛性的众生，根性低劣，由于根性没有一固定状态，所以也能转胜到涅槃的极境。那么这种转胜是在这一世转，还是等到以后几世再转？如果你说这一世就可以转胜极境，那凭什么转？是因为值遇佛、法、僧三宝，修习无贪、无瞋、无痴三善根的功德而得到解脱，抑或不是这样？如果说是通过上述善修功德才在此世达到解脱境地，那又为什么说无佛性的众生永远根性低劣，不能转胜涅槃境界？你这不是自相矛盾吗？如果你说这一世虽修各种善行不能于此世转胜，要等到未来后世才能转胜，所以才说这些众生根性低劣。那么这种低劣根性在未来后世中，是通过不断修习善行才能转胜？还是未来不修，自然转胜？如果说在未来通过修习善行可以转胜，那么这世修习为何不能转胜？再则，如果你说有的众生无佛性是说其永远没有，就像火永远是固定的热性，不可能转变为像水一样的冷性。佛性也是一样，有就有，没有也不可能从无生有。如果你认为众生有无佛性都是固定不变的，那么你所谓的这个固定性是由某种原因造成的？还是没有原因自然如此的？如果说这种固定性是由某种原因造成的，那么这个固定性也就不能说是固定性。为什么这样说呢？因为其本来是不固定的，是由于某种原因才造成现在这个固定的状态。如果说这个固定性是没有任何原因促成，而是自然如此的话，那么又陷入无因的多种可能性的过失之中。所以我也可以说，正是由于没有任何原因促成，众生的本性是不可能固定的，就像你说的固定性没有原因可以解释一样，我说众生根性本来就不固定也没有什么原因可以解释。这样的话，那么任何没有根据的事物都可以成立了。其次，如果说事物的存在可以没有原因，那么就会犯所谓不平等的过失。如人们可以说石女会生两儿，一白一黑；也可以说兔子有角，一利一钝。这些说法，都是由于无因说的错误所致。就像你所说的一样，如果没有无因说，也就不会产生这些错误。再则，持无因说就会犯与外道邪说一样的错误。有本来就有，你不能说它会消无；无本来也就没有，你不能无中生有。你之所以失同外道，乃是由于你错误地执着于有众生无佛性的谬理所致。

有人问：既然如此，为什么佛说有的众生不能住于佛性，永远不能证得涅槃极境？

回答说：如果背离大乘佛法，就会导致对佛法的疑虑之心，种下一阐提的恶因。佛为了众生舍弃这种恶因才如此说。如果我们种下一阐提恶因，随顺沉沦，就会长时间地流转于六道轮回之中，不能解脱。为此，佛经才权且说有的众生没有佛性，永远不能达到涅槃的境界。如果按照究竟的实理来说，一切众生本来都有清净佛性，如果说其永远不能证入涅槃是一种错谬之见。所以佛性为众生本来固有，不是后天修习而有，更不是无有。

遣破外道执着

原典

佛性论[①]破执分第二中[②]破外道品第二

复次，为外道不识佛性故，彼立义应知。有外道说，一切诸法，皆有自性[③]，等有不空[④]，性各异故。若诸法悉空，无自性者，则水火、色心[⑤]、生死涅槃，并无自性。自性既无，应可转火为水，转于涅槃更作生死。何以故？等无自性故。现见火性定热，不可为水；水性定湿，不可为火。涅槃生死亦复如是，不可互相转作。如此二法[⑥]，并有自性故。若互可转，则修道无用。故知诸法，各有自性，是故不空。

复次，为破外道自性义应知。

难曰：汝说诸法各有自性不空，性定异者，是义不然。何以故？自性决定不可得故。[7]决定者，离此泰近泰远八种不可见因[8]外，若物定有，则应可见；若物定无，则不可见。譬如兔角及蛇耳等，以决定智[9]依道理[10]觅，决不可得，定永无故。诸法自性亦复如是，故知诸法无自性故空。

若汝说瓶等诸物更互各异，如瓶异衣等者，是义不然。何以故？瓶与色[11]等，为即自性？为离自性？若定即离者，义皆不可。若是一[12]者，则不应有八，瓶与数相违故，一义不立。若定异者，缘色则不应得瓶，如人缘牛曾不见马。故瓶等即离自性，皆不可得。

若汝说有性[13]有故，诸法有自性不空者，是义不然。何以故？有性无自性故。[14]，有性若是自性有者[15]，则不离空有二处[16]。若有中有者[17]，则二有[18]相并无能所用[19]。法既以有，何劳复须自性有耶？若无中有者[20]，那不能令兔角龟毛等有？故知二处不立[21]。

复次，问曰：汝说自性与瓶等为一？为异？若一者，则不应有八性[22]；若有八者，一数即乖。若言异者，则不通有[23]，便无言[24]智[25]。何以故？汝言由自性有故，有言说及生智慧。今既是异故，知无言说；无言说故，智慧不生。有、无[26]即离，皆不可得故，自性定无。

注释

①“佛性论”，金陵本无。

②“第二中”，碛砂本无。

③ **自性**：指永恒不变的常住之性。

④ **不空**：这里指自性不空，意指一切事物的存在都是真实不虚的。空的本义是指事物皆由因缘和合而成，没有常住不变的自性，所以虽然存在，却是不真实的。

⑤ **色心**：色与心是一相对应的概念。色，在此指质碍之义，即有形有质的事物，互为障碍，其由四大地、水、火、风等和合而成。心，有多种含义，在此指人的认识能力。

⑥ **二法**：指上文中水与火、色与心、生死与涅槃等两两相对之现象。

⑦ 此句是说，一切法或有为现象都不可能有永恒不变的本性存在。

⑧ **八种不可见因**：此为数论派等之说法，八因在《金七十论》中作：“最远及最近、根坏、心不定、细微及覆障、伏逼、相似聚。”说明此不可见之八种因缘是实在存在，因为微细故不可得见。而若以《佛性论》之观点来说，如果自性是实有，在现象界应是存在，一定可见得，譬如兔子的角、蛇的耳朵等，但事实上永远看

不到，所以以自性不可得驳斥自性实有之说法。（此八种不可见因也于《十二门论》中出现）

⑨ **决定智**：正确了达事物本性的实智。

⑩“理”，碛砂、金陵本均作“现”。

⑪ **瓶与色**：瓶指瓶的实体，色指由瓶的实体所显现出来的可见可感的色相。

⑫ **一**：此处指瓶之自性与其所显现出的色相是一样的，无差别义。

⑬ **有性**：泛指一切法的存在，与“自性”是不同层面的两个概念。“有性”指存在的现象，“自性”指现象赖以存在的永恒不变的根本或实体。

⑭ 此句义指，“有性”的现象与永恒的“自性”既然是两个不同层面，那么就不能因有“有性”的现象存在，就说这个现象的“自性”也存在。

⑮ **有者**：指“有性”的现象存在。

⑯ **不离空有二处**：空指自性，有指现象的存在。此义为，既然混淆“有性”的现象与“自性”的实体不同层面，视二为一，那么“有性”的现象就同时既是实体的自性，又是现象的有性。

⑰ 此句应理解为，“若有中有自性者”，即如果说现象的存在中有恒常不变的自性。

⑱ **二有**：分别指“有性”与“自性”。

⑲ **无能所用**：本来“自性”与“有性”是不同层面的概念，“自性”是“有性”的根本，故为能生；“有性”为“自性”的现象，故为所生。这里既然把“有性”与“自性”混为一性，所以也就把能生与所生的关系取消了。

⑳ **若无中有者**：此接上文义而成，即是说，既然“有性”与“自性”是一，那么“有性”的现象存在就是自己而有，并不是由另一个具有“自性”的实体衍生出来。那么如果要说有性的现象存在，只能说是从无中生有了。

㉑ **二处不立**：指如果说“有性”的现象存在是自有，而不是由“自性”实体，即所谓空衍生出来，所以一切法只是“有性”的现象存在，不能同时又是空性（自性）的存在，它不可能同时兼有“有性”（有）与“自性”（空）两种性质。

㉒ **八性**：指有为法色、香、味、触四微与地、水、火、风四大等八法。

㉓ **不通有**：有作“有性”解，即一切法的现象存在。不通有，指“自性”实体与其“有性”的表象之间相互割离。

㉔ **言**：语言名称。

㉕ **智**：由语言名称等概念而生起的认识事物现象

之间关系的俗智。由于有表象才可能有指称表象的语言名称，由此而有识别表象的智慧，所以如果无相的“自性”，不与有相的“有性”表象结合为一体，则不能生起语言、俗智的产生。

㉖**有、无**：有指“有性”的表象。无指“自性”的实体，因“自性”无形无相，故谓之无。

译文

由于外道不能了达佛性奥义，所以要阐扬佛性之义，须了解外道诸说。有外道认为一切现象，都有永恒不变的常住之性，所以其存在都是真实不虚的。只是不同现象、事物之间有不同的本性来相互区别而已。如果说一切现象都虚假不实，没有永恒的本性，那么水与火、色与心、生死与涅槃等也都没有常住的本性，如果这样的话，那么火可以转变为水，生死转胜为涅槃之后又可再变为生死，为什么这样呢？因为一切现象都没有固定不变的本性。但我们现在所能看到的现象是，火的本性是热，不会转变成水；水的本性是湿，也不会转变成火。涅槃与生死的关系也是这样，由于各自本性不同，所以不可以互相转化。这样看来，无论是水与火，还是生死与涅槃二法，都有各自不变常恒的本性。如果说它们之间可以互相转作，那么修习正道也就没有益用，因为修习到涅槃，还会转成生死，所以应知一切法都有永恒的本性，不能说它们虚假不实。

再次，要破除外道上述一切法都有自性的思想，必须了解如下道理。

我们可以诘难外道说：你说一切法都有常恒不变的本性，真实不虚，只是各种现象的本性有所不同，这种说法不对。为什么不对呢？因为一切法的永恒本性是决定不可能存在的。说其决定不可存在，除了最近及最远、根坏、心不定、细微及覆障、伏逼、相似聚等八种不可见的因缘外，如果我们说一个事物一定存在的话，那么我们应该可以看见。如果说一个事物一定不存在，那我们也看不见。就好像我们说兔角与蛇耳一样，因为我们通过智慧和道理可以明白，这些是根本不可能见到的，一定永远不会存在。一切法的本性，依智慧和道理来看，也是不可能见到的，所以同样是不存在的。既然一切法都无永恒不变的本性，所以其存在是虚假不实的。

我们以瓶来举例说明。如果你说一个瓶子自身生灭变化的不同色相之间的差别，与其和衣服等不同属性事物间的差别是一样的话，这是不对的，为什么呢？瓶子与它的不同色相，是有永恒不变的本性于其中呢，还是没有永恒本性于其中？如果你说它一定有又一定没有，这是矛盾的。如果你说有，即瓶子与其本性可以相互统于一体，那么瓶子就不应该有色、香、味、触四微与地、水、火、风四大等这八种特征（相状），而应始终保持不变的一种性质与相状。所以你说瓶中有永恒之本性，与瓶子本身迁流不息的变灭现象是不符的，故此说不成立。如果你认为瓶子的色相与瓶子的永恒本性之间一定是不同的话，那么通过瓶子的色相就不能说有瓶子的自性存在，就如同人通过牛不能见到马一样，因为二者根本不同。所以如果说瓶子的色相与其本性相疏离的话，那么瓶子的自性也就无从可得。

如果你说一切现象是因为首先有固定的本性存在，才有色相的存在，所以透过一切现象的色相，可以反过来证明其本性存在，不是虚假不实，这种说法不对。为什么呢？因为有色相的存在不一定能说明其本性的存在。色相如果与本性的存在毫无二致的话，则色相本身就同时具有本体与现象两重性质。如果色相之中有固定不变的本性存在，则本体与现象二个不同层面的存在之间，本有的能生与所生关系也就不可能存在了。因为既然一切现象本身就可以独立存在的话，还需要什么本体来缘生它的存在呢？如果说现象的存在是无中生有，那为什么不能无中生出兔角与龟毛这样的存在物呢？所以如果认为色相本身同时具有本体与现象的观点是不能成立的。

其次，继续诘问外道曰：你说自性与瓶是统于一体还是相互异体？如果说二者统为一体，那么瓶子就不应该有色、香、味、触四微与地、水、火、风四大等八种特性，因为自性常恒不变，若有八种特性，就与自性与瓶统为一体的说法相矛盾。如果说二者互为异体，那么自然本体就不能与瓶的现象存有相贯通，于是也就不能产生表达现象的语言名称，和识辨别事物的智慧。为什么呢？因为你前面说过，由自性的本体才能产生出现象的存有，有现象的存在才有语言名称和识别事物的智慧。现在既然自性与现象存有分处异体，相互疏离，所以不能产生语言名称，由此也不能产生识别事物的智慧。既然现象的存有与自性本体相互疏离，现象无自性不能彰生，自性无现象亦无从彰现，所以现象与自性皆不可得，因此说自性一定没有。

原典

又若汝说汝言亦空，是故一切诸法不法[①]者，此义不然。何以故？如是语言入诸法摄[②]故，语言亦空，故知诸法皆空。

若汝说语言可闻故不空者，是义不然。何以故？

语言自性不可得故，语言因缘种种异故[3]。异相者有八事：一觉[4]。二观[5]。三功用[6]。四风气[7]。五八处[8]，八处者，脐、胸、喉、舌根、项、齿、鼻、唇。六音声。七名字[9]。八开闭[10]。具此八义故[11]，言声得生，分别语言并入一切诸法摄，故知同皆是空。

又汝言若汝说空平等[12]者，云何于八种因缘但生语言，不生余法？是义不然。何以故？汝不识他义本[13]故。若有人立不从因缘能出语言，汝对此人可施此难：我今说因果决定不无因缘。因果定者，如从因生果，若果不从因生，则应本来有果。若因不生果，果何缘有？若因果俱无性[14]者，则自他同无[15]，云何自生，不生于他？为自果生，他果不生故，不得无性。由因生故，不可说有；从他生故，不可说无[16]。以是义故，我说因果决定，汝难不成。如《中论》[17]偈[18]言：

一切处诸法，从自不得生，
从他二亦尔，从无因亦然。

初言一切处诸法者，明处有三：一约四生处[19]，谓三界[20]生处及无流界[21]生处。此四摄一切内外[22]处尽，四中所有一切诸法摄法亦尽。二约内道[23]外道[24]，摄一切所有法处，通世出世[25]皆尽。三约有情[26]无情[27]，摄一切法皆尽处，通三世[28]摄有皆尽故，言一切处诸法。

次三句，以四种因缘觅诸法实生皆不可得。一从自[29]。二从他[30]。三俱从自他。四不从自他。寻此四句，皆无生义，故知诸法悉非性有[31]。

一不从自生者，若从自生，生则无用。自既以有，何劳复生？故文言从自不得生。

二若从他生，何不生于异果？同皆是无故，故言从他不得生。

三若俱从自他生者，亦复不然。前约异体[32]相续立自他义，如两物相望故，互为自他。以张望王，张即为自，王即为他；以王望张，王自张他，义亦如是。

此二他性[33]为一？为异？若两他性是一者，则无自他义，非两相望故。若彼他义异，此他义者，彼即不成他，以异他性故。彼他既非他，此他亦复失，本由他望我故，我有他义。他既非他，我他亦失，本由他故有自，他义既空，自性理失[34]。竟何俱从自他生耶？故言二亦然。

次约同类因果相望论自他者[35]，本由种子为因，能生芽果。芽必由因，故名为果；种必生果，故得名因。因之与果，为一？为异？若定一者，则无生义。本已是有，复何用生？若定异者，则应生异果。既俱是异，因何故但生自果，不生余果？既自、他、一、异俱不可得故，知不俱从自他生，所以文言二亦尔故。

四不从自他生者，是无因义。若汝谓诸法不从因缘而自有者，则一切诸法互能相生。火应生水，水能生火，等无因缘故。若不尔者，无因生义即不得成，故文言从无因亦然。

于四句中，求觅生相，并不可得，是故当知，决定无生。

注释

①“法”，碛砂、金陵本均作“空”。

② **摄**：摄受之义，此即是说语言名称也是有为的生灭之法。

③ 此句义谓：语言也是由各种不同的因缘和合而成，因缘散灭，语言亦随之灭，故无恒常不变之自性存在。

④ **觉**：在佛教中觉有觉悟与觉察二义，在此处觉指后义，即对现象之法的觉察、认知。

⑤ **观**：观照现象之义。

⑥ **功用**：谓身、口、意之动作。

⑦ **风气**：此指讲说语言时的出入呼吸。

⑧ **八处**：指与讲说语言相关的人体八种器官，分别为脐、胸、喉、舌根、项、牙齿、鼻、唇等。

⑨ **名字**：梵文 Nāma，佛教指用以标识事物的名称、概念。

⑩ **开闭**：指说话时口的一开一闭的运动。

⑪“故”，碛砂、金陵本均无。

⑫ **空平等**：是指一切法（现象）与语言一样都是因缘和合而成，故同样都是虚假不实的。

⑬ **他义本**：指语言之外的一切法的根本也是因缘而成，故本性空的。

⑭ **性**：此指自性。

⑮ **无**：指现象不存在。

⑯ **由因生故，不可说有；从他生故，不可说无**：此即佛教中观理论所说的般若空论。其义是说，一切法通过各种因缘而产生，所以从现象来看它是存在的；但从其自性来看，因为其是从其自性以外的各种因缘和合而有，所以这种有也可以说成无。无即指不真实，或空义。

⑰ **中论**：又谓《中观论》，四卷，由印度龙树菩萨所造，其着重阐释了般若空宗理论的中道观。

⑱ **偈**：梵文 Gāthā，又译颂，由固定字数，结成四句，用以表达某种见地。

⑲ **四生处**：指三界生处（欲界、色界、无色界）、无流界生处。

⑳ **三界**：凡夫生死往来的世界分为三种：（一）欲

界，有淫欲与食欲二欲的有情所住之所。(二)色界，有形之物质世界，此界在欲界之上，离淫食二欲，其中之物殊妙精好，故名色界。(三)无色界，此界又在色界之上，无一色、无一物、无身体，唯以心识住于深妙禅定，故谓之无色界。此三界均属世间法，尚有流转生灭。

㉑ **无流界**：流即迁流变灭之义。无流界，即指超出有生灭的三界以外之世界。

㉒ **内外**：分别指内界、外界。内界即三界以内有生死变灭；外界即三界以外，无生死变灭。

㉓ **内道**：指佛教之教义。

㉔ **外道**：指佛教以外之教派、教义。

㉕ **世出世**：世，即世间，其中之物皆有迁流变灭，既包括有情世间也包括器世间。出世，即出世间，对世间而言，指涅槃境界。

㉖ **有情**：梵文 Sattva，指有情识的动物之总称。

㉗ **无情**：无情识的自然之物之总称。

㉘ **三世**：过去世、现在世与未来世。

㉙ **自**：自生，从自己派生出自己。

㉚ **他**：他生，从其他存在物派生。

㉛ **性有**：自性有，其义是说一切法都是真实的存在。

㉜ **异体**：这是说把自、他看成两个不同的事物。

㉝ **二他性**：此指张以王为他，王以张为他二事。

㉞ **自性理失**：其义是说，自本来是与他相对应的一个概念，是要通过“他”的存在，才能说明“自”的含义，现在既然“他”的概念不存在，“自”的概念也就不可能存在。如没有高也就不可能有低，没有好也就不可能有坏，两个概念是相辅相成的。

㉟ 此句义谓：把自、他分别看成同一事物的因缘与果报。即以自为果报的存在形式，以他为因缘存在形式。

译文

如果你说语言虽然虚幻不实，但一切现象的存有还是真实不虚的，这种说法也不对。为什么呢？因为语言本身也就属于一种现象存有的范围。如果语言虚幻不实，那么也意谓着其他一切现象的存有也都是虚幻不实。

如果你说语言由于可以为人们所听闻，所以它是真实的存在，这种说法也不对。为什么呢？因为语言根本没有什么不变永恒的自性可言，语言是由种种不同的因缘和合而成。所谓不同因缘，分别指八种因素：一、觉察事相。二、观照事相。三、身、口、意之动作。四、讲话时的出入呼吸。五、八处。所谓八处，系指讲话时涉及的人体八种器官，其分别为脐、胸、喉、舌根、项、牙齿、鼻、唇等。六、说话时发出的声音。七、标识事物的概念名称。八、说话时口的开合运动。只有同时具足这样八种因素，语言声音才能够产生。由于组成语言的上述八种因素也分别归属于不同的现象存在，可以和一切现象一样，都是虚幻不实的。

如果你又说，既然语言与其他一切现象都同样虚幻不实，那么为什么由上述八种因缘只能和合成语言，却不能彰生其他的现象呢？你这种看法不对。为什么呢？因为你还没有了解其他现象存在的组合因缘。如果有人说语言不是从因缘和合而成，你对于这种看法可以如是诘难：我们现在如果要讲因果之义的话，一定不能撇开因缘之义不说。所谓因果决定的说法，是说果须从因而生。如果说果不从因产生，那么就是说无因本来就有果的存在。如果因不产生果，那么果又依靠什么而产生？如果说因果都不存在的话，那么一切现象的彼此之间也就没有差别，都不存在了。为什么说此种现象如此而不同于其他现象？这都是因为每种现象都有其各自不同的因果所致，所以不能说因果不存在。一切现象既然是由一定因缘而产生，并不是自性而有，故不可说其是真实的存在；因为一切的现象已由因缘产生出来，又不可以说它不存在。根据此义，我才说一定有因果，你的诘难不能成立，如《中论》中的偈语说：

一切处诸法，从自不得生，

从他三亦尔，从无因亦然。

首先解释“一切处诸法”义。所谓一切处诸法，主要从三方面来说：一、从四生处说，包括三界及超三界一切生处。此四生该摄一切内界和外界的生处之法。二、从内道和外道角度说，其该摄一切内外道所说之现象，通括在世与出世间一切现象。三、从有情与无情两方面该摄一切有情识和无情识的存在，可以通括过去、现在、未来三世的一切存在现象。

下面三句，是分别从四种因缘来说一切现象虽然缘生而有，但无自性可得。一、从自生的因缘立说。二、从他生因缘立说。三、同时从自生与他生两种因缘立说。四、既不从自生，也不从他生因缘立说。仔细玩味这四句偈言，其说明的，皆是一切现象因缘而生的道理，以此了知一切现象都不是自性的存在，而是虚幻假有。

一、所谓不从自生，是说若一种现象自己派生出自己，那么这种派生就显得多余无用。因为既然自己本来存在，还何必要再派生自己呢？所以偈言“从自不得生”。

二、所谓不从他生，是说若一种现象都从其他事物派生出来，那么其他事物为何偏偏派生此种现象而不派生他种现象？因为此他二物本来都不存在，所以偈言“从他不得生”。

三、如果说一种现象既从自己派生，也从他物派生，此说亦不正确。首先我们把自他分别理解为不同的事物，有各自不同的事体。如果从这一角度看，自他关系就如同两种事物相互对待，互以对方为他物。从张的角度来看王，则张是自体，王是他体。从王的角度来看张，则王是自体，张是他体，这道理是一样的。

以张看王之所谓他和以王看张之所谓他这两种他性是相同还是相异呢？如果说这两种他性相同的话，即说明王、张间无区别，因而也就没有所谓自体与他体的分别。如果说这两种他性彼此相异的话，那么其中一种称他性，另一种就不能称他性，因为两者相异，不可能同为他性。如果其中有一个不能作为他性，则另一个也长失作为他性的根据。因为他性是在双方相互对待的关系中才能建立起来。既然对待的一方没有他性，那么对待的另一方也就无所谓他性可言。因为只有对待的一方存在，才说得上自他的区别。对待的对方既然不存在，则所谓的自性也就没有存在的道理了。这样的话，怎么还能说一切现象既从自生又从他生呢？所以偈言才说“从他二亦尔”。

其次，把自他分别看成是同一事物的缘因与果报。这样的话应先有事物的种子为缘因，才能生出相应了根芽。根芽由种子才能产生，所以名之为果。种子一定会生出相应的果实，所以名之为因。这缘因与果报的关系是同还是异呢？如果说他们一定相同，那么也就没有所谓因生果的生义，因为果与因没有差别，说明因中本来已有果，还何必去再生果呢？如果说他们一定相异，那么同一事物的缘因应生出其他事物之果，而不应同因生同果。因为既然二者完全相异，为什么只能生此果而不能生他果？如上所述，无论从因果间相同或是相异关系来看，此说均不成立，所以偈言“从他二亦尔”。

四、所谓既不从自生，也不从他生，其义是说一切现象的存在是没有缘因的。如果你说一切现象没有缘因就可以自然而然地存在，那么一切现象之间理应可以相互生化。火可以变成水，水可以变成火，因为火与水都是没有缘因而成。如果不是这样，则无因能生义就不能成立。所以偈文说“从无因亦然”。

从上述四句偈语中，要求得一切现象缘生的情况，都不能实现，所以应当了知，一切现象从根本上说一定无生。

原典

复次，若汝难即与证量[①]相违，若诸法无实性[②]者，则能、所[③]皆不可得。声不至耳，耳不得声。我现见声、耳相对[④]，所以得闻，故知不空者，是义不然[⑤]。何以故？是能所及证量自性，皆不可得故。汝言由自性得成，故不空者，是义不然。何以故？此自性于根、尘[⑥]、证量中一异、有无等，皆不可得，故自性不成。

若汝说云何不可得？由多因成故。若法有自性，即不由因得成。以成物者，更生无用故。[⑦]若汝言多因各生声自性，譬如鼓声必由手桴等因缘，随此手等各自分有得声义者，是义不然。何以故？前自他等四句[⑧]中，觅生不可得，由性空以显故。若一性不成者，多性云何成？若汝立自性者，是因不劳立。何以故？自性自是有，何复用因为？

若汝说一果由一因得成，果以因为体故。若尔，但应一人[⑨]得闻。何以故？由一人击鼓，但一人应闻，余人那并得闻？若多人共闻，则知因果不得一体。

若汝说有多果即从多因生，随至而取，如人散种田中，人田是一，而种子众多，所生芽等，亦复不少。亦如一人打鼓，鼓声众多，故人闻亦多者，是义不然。何以故？本[⑩]不可取故。若本已有自性，何得称言现见因打鼓，已后方闻声。若汝说声自性本有，由八种不了[11]故未得者，是义不然。何以故？虽近远等亦不得闻，故知本无自性。

若汝说一声转作多声者，是义不然。何以故？一多数相违故，倒义应成，汝义本坏。一多数相违者，汝所立义，声有三种：一、但与果相违。二、双与因果相违。三、但与因相违。初刹那声但与第二刹那声相违，最后刹那声[12]但与因[13]相违，无更有别果。中间无数[14]声前后相望，有无量因果自俱相违。以是义故，一声生无量声者，是义不可。何以故？一时俱闻故。若前后生多声者，则应前后而闻，不前后闻，一时俱闻者，故知非一声生无量声。

复次，倒义得成故者。若汝谓一能生多，我亦言多能生一。汝若不信多能生一，我亦不信一能生多。

复次，汝义本坏故者。汝义云有物、德、事[15]等三种，唯于物中，可说有德[16]、有事，不于德中更复立德[17]。而汝今于声德中分别有数量德[18]，宁不自乖本执耶？[19]

若汝说是数量但依名句味[20]，不依于声，譬如劫来[21]烧屋，实是火烧，以[22]火与劫相应故[23]，非是劫烧。由火依劫故，故云劫烧。数量亦尔，实是名句味家德[24]。此名句味与声相应故，数量德[25]依声而说，故我义本不失者，是义不然。何以故？名句味，耳根所得故[26]。此名句味为是声？非声耶？若是声者，不应有德[27]，诸德[28]无体故[29]。若非声者，闻声之时，则不应得于名句味。若一时得，云何复言名[30]句味等，有于数量而声无耶？故知汝义自乖于本。

此前破鞞世师[31]。

注释

①**证量**：现量，以眼识见色，从耳识闻声等，表示认识六根亲自察觉，与之相应的是比量，即通过推理而了解事理。如见烟知有火，以已知之法比推未显未知之法。

②**实性**：自性。

③**能、所**：能，指能缘、能生；所，指所缘、所得。

④相对：指由所缘的声音与能缘的耳相互对待而有，缺一不可。

⑤此句义谓：既然我所闻听到声音是由外在的声（缘）与内在的耳（因）和合才能形成，缺一不可，所以闻听没有自性，是靠其他条件撮合而成，故其本性应空。这也是佛教中观之义。

⑥**根、尘**：根，指能闻之耳根；尘，指客尘，此即指声音。

⑦ 此诸句义谓：如果物有自性，即应该自生自成，而不依赖因缘和合而成。如果说物有自性，又说它由因缘和合而成，此自相矛盾，故有自性，因缘之义殆成无用。

⑧ **前自他等四句**：指上文《中论》中之四句偈。

⑨ **一人**：此指击鼓之人。

⑩ **本**：此指声音的自性。

⑪ **八种不了**：上文中的八种不可见因，即最远及最近、根坏、心不定、细微及覆障、伏逼、相似聚等八种因缘。此八种不可见因之论述可参考《十二门论》。

⑫“声”，碛砂本作“生”。

⑬ **因**：此指最初刹那声。

⑭“数”，碛砂本作“鼓”。

⑮ **物、德、事**：物，指存在之现象之法，此指声。德，指事物所具有之属性。事，指因缘而生有为法之事。此三者关系是由物方有得，由物、得方成事。“德”，碛砂、金陵本均作“得”。

⑯“德”，碛砂、金陵本均作“得”。

⑰“德”，碛砂、金陵本均作“得”。

⑱“德”，碛砂、金陵本均作“得”。

⑲ 此数句义谓：闻听之得本应从声物中而产生，现不说声物，而说闻听之得，这是舍因求果，舍本逐末。

⑳ **名句味**：此指由耳闻听到的声音，其为鼓所发

之声音而生，二者关系应是先有鼓声，而后有名句味。

㉑ **劫来**：“来”，碛砂本作“火”。劫火，指坏劫之火灾。

㉒“以”，碛砂本作“已”。

㉓ 此句义谓：由于劫火是随坏之到来而产生，故火依劫而有，有劫方有劫火，二者相应。

㉔“德”，碛砂、金陵本均作“得”。

㉕“德”，碛砂、金陵本均作“得”。

㉖ 此句义谓：名句味虽是由外来鼓声而有，但它必须由耳闻听方谓之名句，故说其由耳根所得。

㉗“德”，碛砂、金陵本均作“得”。

㉘“德”，碛砂、金陵本均作“得”。

㉙ 此二句义谓：声音本是由鼓产生，由耳根闻听方有，故其没有独立的本体或自性。

㉚“名”，碛砂本作“多”。

㉛ **鞞世师**：又名胜论师、卫世师、鞞崽迦等，为佛教所破外道之一。其主要思想是执积聚说，执外境与内心为实有，不解因缘而空之理。

译文

再则，如果你诘难我上述所说，认为我所说的道理与感官所亲自察觉的现象有出入，如果真的认为一切现象都虚假不真，没有自性，那么能生与所生的关系就不能成立。因为能生的自性不存在，也就无所谓所生的现象。如果声音不传至耳根，耳根就不能闻听到声音。但是我现在所能亲自察觉的现象是声音与耳根都对待而有，于是产生出闻听的现象，所以从证量的观察，可以得出结论，现象的自性是存在的，现象并非虚假不实，你的这种诘难是不对的。为什么呢？你所说的能生与所生，所谓的亲自觉察到自性的存在，都是不可得的。你说耳能闻听到声音是由于声、耳都有实存的自性才能成办，所以声、耳等现象真实不虚，此义不对。为什么呢？因为你亲自觉察到的耳根与声音，无论其中是否有自性，或其自性是一是异，都是不可能存在的，所以自性之义不能成立。

如果你要问为什么自性之义不能成立，那么我告诉你，是由于这些现象都是由多种不同的因缘而促成。如果一种现象有自性的话，它就不应该由其他因缘促成，而应从自性中生成，因为若有自性自成，因缘所生之义就无所措用。如果你说各种不同的因缘都各自产生声音的自性，就好像打鼓的声音必须借由手与鼓槌这样多种因素的配合，才可能产生，那么手与鼓槌都应各自分有声音的自性，你的这种看法不对。为什么呢？上文所说自他等四句偈中，已解释了由于一切现象自性本空，所以现象不得缘生。如果一种因缘不能分有声音的自性，那么多种因缘又怎么能分得声音的自性呢？如果你认为一切现象都有恒常不变的自性，那么就无须再别立因缘之义。为什么呢？一种现象若有自性的话，说明现象本来就存在，还何必要假借因缘而成呢？

如果你说一因生一果，果以因为本体，这样的话，则只应有一人才能闻听到鼓声。为什么呢？因为一人击鼓，可以也只能这一人才能闻听到鼓声，其他人怎么能闻听得到呢？如果其他人也能闻听得到鼓声，那么因果一体的说法就不能成立。

如果你说多因生多果，如人散种于田中，人与田虽是各自为一，而种子众多，所生长的根芽也理应不少。这也正如一人打鼓，人与鼓虽各自为一，但鼓声众多，所以闻听鼓声者也理应不少，你这种说法不对。为什么呢？因为声音本来就没有自性存在。如果说声音有自性存在，为什么还要通过说由于见到有人打鼓，才闻听到鼓声这样的因缘之义来说明呢？如果你说声音的自性本来就有，只是由于声音由最远及最近、根坏、心不定、细微及覆障、伏逼、相似聚等这样八种原因，才不能了见其自性，你这种说法不对。为什么呢？正是由于声音与其他现象一样，都是生、住、异、灭，不断迁流的，所以才说其没有永恒的自性。

如果你说一个声音可以展转生出多个声音，这也不对。为什么呢？一与多是相互矛盾的，所以你的立义不能成立。所谓一多相互矛盾，是说你所说的一声生多声犯了三种矛盾：一、只与果相矛盾。二、与因与果都相矛盾。三、只与因相矛盾。具体解释如下：这是说最初刹那声是第二刹那声的因，第二刹那声是最初刹那声的果，同时又是第三刹那声的因，如此类推。那么每一刹那的声音都是由其前一声音之因产生出来，而并不直接由最初刹那声之因生出，所以要说最初刹那的声是诸多声音的因，或说诸多声音是最初一声的果，都是矛盾的。中间无数的刹那声因果同体，既是前一刹那声的因，又同时是后一刹那声的果，而这也是矛盾的，所以你说一声产生无量声，从道理上是说不通的。为什么呢？因为你说过，一人打鼓，多人同时共闻，如果像上述那样前后声音直线式地展转相生，那么不同的人应前后不同时间听到声音。但现在的实际状况是多人同时共闻，所以你说一声可以生无量声，此义不能成立。

其次，如果你说一声能生多声，那么我也可以说多声能生一声。如果你不信多声能生一声，那么我也可以不信一声能生多声。

再则，我之所以说你立义不能成立，可以从你所说的物、得、事三者关系来分析。应该先有事物的存在，才可能有事物的属性与造作，而不应该是舍弃物的存在这一根本而于属性中别立一种属性。你正是舍弃声音本身，而从声音的属性中去分别一声与多声的关系，这难道不是本末倒置、空洞无物呢？

如果你固执地认为你所谓的一多数量关系只是从耳闻之声这一角度而言，并不是依于声音本身。譬如你说坏劫之时，劫火烧屋，实际上是火烧屋，由于火与劫数是相应的，有此坏劫故有此火，所以虽然不是劫烧，由于火依于劫数而有，故也可谓之劫烧。上述一声与多声的关系也是如此，是从耳闻听的声音这一角度来说的。此耳闻之声与声音本身是相应的，耳闻之声依于声音本身而有，所以从耳闻之声立说，并不是舍本空言，你这种说法不对。为什么呢？所谓耳闻之声，是依靠耳根才能听得到，那么它是声音本身，抑或不是？如果你说耳闻之声就是声音本身，那么也就无所谓闻听的功能存在，因为闻听功能没有自己的本体。如果你说耳闻之声不是声音本身，那么耳闻的声音，与所发的声音本身就毫无关系，你又凭什么说声音发出的同时，你能闻听到？又凭什么说，你闻听的声音有种种不同，而所发的声音本身又不存在这种种不同呢？所以你立义不能成立。

上面已经遣破的，是外道鞞世师的思想。

原典

复次，破僧佉义[①]应知。内[②]曰：汝义云声有自性，与自性不异故者，是义不然。何以故？若声有自性，则声应为耳本故。若说声是耳，耳即是声，可说自性即声，声即自性。若不许耳即是声者，亦不许汝声即自性。若汝说声是所闻，耳不尔者，是义不然。何以故？汝声与耳为一？为异？若汝说声是所闻，与耳异者[③]，已[④]所闻故与自性[⑤]亦异。若说声与耳不异者，何故不说声能闻耳？若汝说德[⑥]如耳[⑦]者，是亦不然。何以故？若声灭时，耳应俱灭，声耳是一故。如耳声一物不成，例余成不成亦尔。故知诸法决无自性，悉皆是空。

若汝说证量[⑧]云何成者，是义不然。何以故？今我立证量，显了二空。诸法空故，自性不可得，如见幻事；幻物者，证量所见，不如实有[⑨]。诸法亦尔，不如所见，而有所见[⑩]。由体不实故不有，由[⑪]证量故不无。由体无故，空义得成；以证量故，假有不失[⑫]。

复次，一切诸法无有自性。何以故？依因缘生[⑬]故。譬如火依他而生，离樵即不可见。亦如萤火，若火有自性，则应离樵，空中自燃[⑭]。若自燃[⑮]有，则应离于燃[⑯]具，为更生事[⑰]，则无有用，火成无事[⑱]，一切诸水所不能灭。若汝说有自性故，是故可灭。若无自性，如幻化火，无有实性[19]，无对治故，水不能灭者，是义不然。何以故？责汝此火为本有性[20]？为是无性？若本有性者，末[21]亦是有。本末既有，则应是常，不应可灭。

复次，自性各各自不同，可相坏故[22]。譬如作事，后作事成，前事则坏，如火为水所灭。若一切法各有自性，何能相灭？若汝说若无自性，则火与樵不得异者，是义不然。何以故？多有过失，能所不异[23]故。若一不异者，有何能所？火、樵二物亦可说言樵为能照，火为所照。若不尔者，则汝义本立一不成。

外[24]曰：若汝说火离一异[25]者，云何说火从因缘生耶？

内曰：如樵中色等五尘[26]，是时不成樵，即于一时[27]并成热性故。四大四微[28]等八物，皆不一不异[29]。若言冷热[30]等八物一异者，是义不然。何以故？若是一者，冷应至热，即堕常见[31]。若言异者，简空而生[32]，即是断见[33]，缘冷生热故。若异者[34]，应有八火，火若有八,一火[35]不生，并如前说。是故诸法悉依缘生。何以故？相续[36]不度[37]故。相续故不断，不度故不常。以是义故，断常见灭，不一不异，随世间故，亦说一异。

注释

① **僧佉义**：数论学派观点，此为印度婆罗门正宗六论之一。其义认为一切现象均从自性演变而来，现象虽有变灭，而自性恒常不坏。其说分别从二十五谛来细说一切现象与其自性的关系，故名之为数论。

② **内**：内教，即大乘佛教的法义。

③ **与耳异者**：其义说，声是所闻，耳应是能闻，能闻与所闻一主一客，故谓之异。

④“已”，金陵本作“以”。

⑤ **自性**：此处指耳与声之实性。

⑥“德”，碛砂本作“得”。

⑦“耳”，碛砂本作“尔”。

⑧ **证量**：现量，感官所能感觉之义，其以诸根为具，以尘为对象。此句义谓：如果说一切法空，那么我们所现量到的许多现象，如山、河、大地等物，又是如何能成立呢？

⑨ **实有**：真有、自性有。此数句义谓：大乘空宗之论，其义为，现量所见之现象虽然存在，但此存在如梦幻泡影，没有实性，故其虽有，却是假有。

⑩ **不如所见，而有所见**：不如所见，是说现量所见之一切现象并非如其所见的那样，是真实存在，而是

没有自性的幻有。而有所见，是说现量虽不能见实有，但其毕竟还是见到现象的假有，从假有这一角度，说其有所见。

⑪“由”，碛砂本作“自”。

⑫ 此句义谓：由于现量的缘故，能见现象的假有，所以从这一现象角度不能说现象无，但现象虽有，其为因缘和合而成，没有自性实体，所以从本体层面而说一切现象皆空。

⑬ **依因缘生**：佛教认为一切现象事物均由因缘和合而成，若因缘散尽，则现象亦从之变灭，故无恒常不变的自性实体。

⑭“燃”，碛砂本作“已”。

⑮“燃”，碛砂本作“已”。

⑯“燃”，碛砂本作“已”。

⑰ **更生事**：此指火由樵以外之原因而产生。

⑱ 此句义谓：既然火可以不由樵燃，而自我燃烧，那么火也就应该不会有因樵尽而熄灭的情况。

⑲ **实性**：自性。

⑳ **性**：自性。

㉑ **末**：此喻指火的不同状态，其意谓：如果说火本有自性，那么火的不同状态，也就都应一样分有同一自性，则不应有熄灭的情况产生。因为自性即恒常不灭义。

㉒ **自性各各自不同，可相坏故**：此指不同事物有不同的本性，有的事物因此而相互克制。如水与火，本性不同而又相克，以水可以灭火，故说可相坏。

㉓ **能所不异**：火为能燃，樵为所燃，二者有异，混同二者区别，故谓之能所不异。

㉔ **外**：外道，此指僧们义说。

㉕ **离一异**：一，指火与樵一，没有区别。异，指火与樵异，截然无关。此二均为佛教所破斥，故曰“离”。

㉖ **五尘**：分别指色、声、香、味、触等五境。此五境能污染真性，故名为尘。

㉗ **一时**：与上句“是时”对应。“是时”指五尘各自独立分散，尚未和合之时；“一时”，则指五尘聚合一体，因缘成熟之时。

㉘ **四大四微**：四大，指地、水、火、风四种造作一切色法的基本元素。四微，指色、香、味、触之四种，其极微难知，故谓四微。四微也是色法之基本元素，依四微而成地、水、火、风四大，再依四大而成色法。四微四大，合称八物。

㉙ **不一不异**：一切现象事物均由八元素组合而成，八元素各自属性不同，如风为冷性，火为热性，故谓之“不一”；然八元素又均统一于一物，同有一物之性，故谓“不异”。

㉚ **冷热**：冷，指四大元素中之风性；热，指四大元素中之火性。

㉛ **常见**：又名有见，固执一切现象常住不变，无间断之妄见。此句义谓：若执着于八种元素之间统一一物，自性无别，则冷性与热性亦无差别，可以互生，其间无断，故堕常见之妄。

㉜ **简空而生**：简，选择之义；空，此指虚无之义。此即谓从空无中产生。此数句义说，若八种元素自性各异，不能和合一体，则一切事物无从产生，那只能说从虚无中产生。

㉝ **断见**：亦名无见，指固执一切现象断灭，不续生之义。

㉞ **若异者**：此处是说，如果八种元素自性各异，则不能缘合为一体，而是各自为一物。

㉟ **一火**：指同一种性质的火。此数句义谓：如果八种元素皆有自性，各各不同，则应有八种不同性质的火，这样的话，那么性质同一的火就不存在。但实际上，世间只有一种性质同一的火，而并不存在各种性质各异的火，所以真正的火，应该是由不同元素缘合而成。

㊱ **相续**：指四大四微等八种元素总是不断地和合缘生各种现象或事物。

㊲ **不度**：现象虽有八种元素缘合而成，但八种元

素间不同组合又缘成性质各不相同的事物或现象，故一切现象迁流之中，虽均由八种元素缘合而成（不断），然前后性质各异(不常)，没有同一不变的自性存在于其中。

译文

再次，要遣破外道数论学派的观点应该了知如下内涵。按照大乘佛教的法义来看，数论所谓的声有自性，与自性无二的说法是不对的。为什么呢？如果说声有自性，那么声理应为能闻之耳的根本。如果说声即是耳，耳即是声，两者殊无二致，才可以说声即是自性，自性即是声音。如果耳与声为异，那么也不能说声与自性是同。如果说声是所闻，耳不如此，是为能闻，此义不对。为什么呢？你所谓的声与耳是同一抑或殊异？如果你说声是所闻，与能闻之耳相殊异，那么所闻之声亦理应与自性相殊异，声无自性。如果说声与耳不相殊异，为什么不说声是能闻，耳是所闻？如果你承认可以如是推论的话，此说还是不对。为什么呢？如果说声耳无有差别，那么声灭之时理应耳应随之一起灭，但现量所观的现象并非如此，所以说能闻之耳与所闻之声是同物无别，此义不成。如果此义不成，其他所谓一切现象与其自性同体不二的说法也同理不成。所以可以了知，一切现象决无自性，从根本上说都是假有不实的。

如果说一切现象俱空，那么我们现量所见到的许多存在的现象又如何解释呢？之所以提出这个问题，乃是由于不解空义的根本所致。现在我们就从所谓现量的角度来说明空的真义。我们说一切现象是空，无有自性，就好比我们所见到的幻象之物。所谓幻象之物，是我们现量所见的。由于其为虚幻之物，故不是实际的真实存在。一切现象亦是如此，它们并非像我们所见的那样是真实的存在，而是没有自性的幻有。其虽不是真实的存在，但其毕竟还是有所谓假相的存在可供现见。从其体性不实的角度，我们说一切现象不存在；从现量所见的假相，我们又说一切现象存在。由于一切现象的本体不存在，故谓之为空；由于一切现象为现量所见，故谓之为假有。

再则，我们说一切现象没有自性。为什么呢？因为一切现象都是依因缘假合而有。比如火必须依樵燃而后有；如果离樵就无所谓火。以萤火为例，如果火有自性，不假借外缘的话，那么火理应可以无樵自燃。如果火果真可以离樵自燃，则理应不假借于樵等燃具而自然而有，那么也就理应不会有因樵燃尽而火熄的情况发生，火也就不会被水所扑灭，如果说火有自性之体，才可能为水扑灭。如果火没有自性之体，如幻化之火，没有实际的体相，则没有可以对治的办法，因此也就不能为水所扑灭，这种说法不对。为什么呢?（我）责问你，你所说的火是本有自性呢?还是没有自性?如果是本有自性，那么火的不同状态也理应同样分有这相同不变的自性，这样的话，则火不应有熄灭的现象，因为自性是恒常不灭的。

再则，不同事物各有不同的自性，彼此间可以相互克制。比如造作之物，总是刹那生灭，后起之事成，前起之事则变灭，如火为水所熄灭。如果说一切现象都有恒常不变的自性，那么事物之间怎么还可能相互制灭。如果说一切现象没有自性，那么火与樵也就不可能有区别，这种说法也不对。为什么呢?因为此说多有过失。如果说火与樵没有区别，那么能燃之火与所燃之樵的能所关系之间也就没有区别。如果这样的话，那还有什么能燃之火与所燃之樵的不同呢?那我们不是也可以倒过来说樵为能照，火为所照，因为如果不这样的话，那么你所立的火、樵是一不异的说法就不能成立。

外道辩难道：你既然说火无自性，与樵是一不异的说法和火有自性，与樵等他物各不相同的说法均是错谬，为什么说火从因缘和合而产生呢?

以佛教的教义看可如是回答：如燃火之樵是由色、声、香、味、触等五尘缘合而成，但在五尘各自独立分散之时，尚未缘合成樵，只有在因缘成熟，五尘以某种方式聚合一体时，才成就能燃之樵。所以组成一切现象基本的四大、四微等八种元素，因其各自属性不同，故不一；因其和合成物，统于一体，故曰不异。如果说八种元素之间存在或一或异的单一关系，这种立义就不对。为什么呢？如果说八种元素是一不异，那么冷与热的属性就没有任何区别，可以互生，其间无断，此即堕入常见之妄。如果说八种元素是异不一，则一切事物又无从缘生，那只能说是从虚无中产生，此无续生之义，异性互生，故堕断见之妄。如果八种元素是异不一，理应有八种属性不同的火。若如此，则性质同一的火就无从缘生，此义前已论说。所以一切现象均从因缘和合而有。为什么呢？因为一切现象均由八种元素展转相缘而有。故相续不断；虽均由八种元素缘合而成，然其间前后迁流，八种元素又分别缘合性质各异的不同事物，故前后有异，不能混同一性，误以为常。由于此义，断常两种妄见都可遣除，一切现象均由八种元素缘合而成，故曰不异；然其间又性质各别，故曰不一，只是随从于世间的方便说法，才说一切现象有一、异的不同。

原典

复次，若汝说能量、所量[①]二法成就，所以诸法各有自性，故不空者，是义不然。何以故？量从自生故。不缘所量境，而能量智自成者，无有是处。既无所量，能量之名对何而立？则量何所量耶？若汝说由观所量故，得成能量者，是义不然。何以故？若前境未有，即量何所缘？所量者是所缘境，能量者是能缘智。若所量已成，能量何用？所本由能，故得所名。若能量未有，已成所量，则能量无用。若所量不关能量，自得成者，有何能所？

若汝说能量、所量更互相成，是二各有自性[②]，而更互相合故，一名能量，一名所量者，是义不然。何以故？若未相对时，两法已成，而后时得名者，有四过失。一者相对无用。何以故？一切诸法未被缘[③]时，已成所量。智亦如是，未能缘时，已成能量。既自性已成，何用相对？二者为何事未足，复须相对？若为立名须相对者，体既已立，何故无名？若汝谓体本自性是有，但未相对，故未有名者，是义不可。既未有名，云何有体？三者所量前成，能量后成者。若所量已成，故得所量；能量未成，复何所对，而名所量？四者若能所俱时成者，则能所义坏[④]。如牛角并生，则无能所。既前后俱时求觅自性，皆不可得故，知诸法悉空。

复次，若汝说譬如灯为能照，瓶为所照，灯、瓶二物本性是有，但相对时，名能、所照故，量义得成者，是义不然。何以故？灯譬未成故。与量不相似[5]，岂得为譬耶？若汝说云何未成者？灯中无暗故，故不照自体[6]。若照自体，体是所照。如瓶等譬，瓶既须别灯来照，灯亦应更有别灯照之，此则照照无穷过故。而不然者，汝谓证量相似[7]故，取灯为譬者。我明不相似，故不得为譬。何以故？灯但照他，决不照自。

若体有暗，可须自他[8]来照，体既无暗，何劳自他照耶？不如瓶等物体，暗不自显，故须灯照。若灯复须照，则应更有别灯来照，而不尔[9]者，定知灯但为能照，非是所照。量即不尔，是能是所。能缘前境[10]，名为能量，即自智缘；及为他智缘，故名所量，即自缘者。

如眼识为证量，直对前色，不能分别作是青意。若作是青意解，即是意识。[11]是则二心[12]俱起，眼识取色，不能自取[13]。意识分别青黄，即是取。眼识不能取自见色境故，但分别眼识所得者，即是所量[14]；分别眼识，即是能量[15]。是故证量由他分别[16]故得成立。灯则不尔，但是能照，非是所照。不由他照故得成立。以是因缘，不得举此譬于证量。

注释

① **能量、所量**：量，数论学说中一个重要的概念，量即指准绳之义，如尺如称，能知长短轻重，故名之。能量、所量为一相互对待而又相互对应之一组概念。所量即为能量所缘之对象；能量即所量为量之主体认知活动。

② 此句乃就前数句结义而成，前文既说能量、所量相待而有，故无自性。此处乃设问云，若能、所二量相待自有，即各有自性，独立成义，此义能否成立。

③ **被缘**：被作为能量认知活动的对象。

④ **能所义坏**：能与所虽相待而有，然能依所而有，如果说能所同时而有，那怎么能说能依所而有呢？故此义不能成立。

⑤ 此二句义谓：灯只为能照之义，未成所照之体，与量有能量、所量二义不同，故不可以灯譬来说明量义。

⑥ **不照自体**：不以自体为所照之对象。

⑦ 此句为外道之义，即说可以灯譬来喻证量。其不知证量有能、所之分，而灯只为能照，无所照之义，故不可相譬。

⑧ **自他**：意谓与自体性质相同的别灯。

⑨ **不尔**：为现量所证之现象，即谓我们所见之现

实为灯无须别灯来照。

⑩ **缘前境**：以境相为所缘之对象。

⑪ 此数句义谓：眼识只能摄取所缘之境的色相，但并不能对此色相之性质类别作判断，而意识则可以依据眼识所摄之色相，作出性质类别的不同判定。

⑫ **二心**：指眼、意等二识根。

⑬ 前一“取色”之“取”，意为摄取之义，后一“自取”之“取”，意谓判别之义。

⑭ **所量**：这个所量与眼识所缘之外境义涵不同。就眼识与外境关系来说，所量指外境，眼识为能量；然就眼识与意识关系来说，则眼识所取之境（与外境不尽相同）为所量，意识之了别为能量。这个所量正是从眼识所取之境义上而说的。

⑮ **能量**：指具有了别功能的意识。

⑯ **他分别**：指眼识之外的，具有了别功能的能量，亦即意识。

译文

再则，如果说由能量与所量二法的存在而推论出一切现象各有自性实体，因而不空，这种立义不对。为什么呢？如果说能量之量从自性中产生，而不假缘于所量的境相，此说无有是处。因为既然没有所量之对象，那能量之名又对待何物而立，能量之智又量何对象？如果说通过观照所量的对象而成就能量之义，此说不对。为什么呢？如果所观照的对象不存在，那么能量之智又缘何而照？所量的对象就是所缘的境相，能量的主观认知就是能缘的智识。如果所量之对象可以独立自成，那能量之立义就无所措用，因为所量与能量相待而有，本依能量，方有所量之名。如果未有能量，所量独立成义，则能量就无所用处。如果所量不关能量，独自成义，那还有什么能与所的对待呢？

如果说能量、所量相互相成，对待而有，但二者又各有自性，并且相互承合，成一对待，一名能量，一名所量，此义不对。为什么呢？如果说能、所二量未相对时，二法已自成义，而后二者对待，方有能、所二名，此种说法有四种过失：一、相对无用。为什么呢？一切诸法未被作为能缘之对象前，已独自成就所量之义。能量之智亦是如此，未能缘对象之前，已独自成能量之义。既然能、所二量各有自性自成，还何必别立二量相对之义呢？二、因为何事未足，须别立二量相对待之义？如果只是为了名称而须别立对待之义，那事体已成，何故无名？如果说能量、所量各本其自性而有，彼此尚未相互成一对待，故未有名称，此义不对。为什么呢？既未有名称，何有事体？三、先有所量之义而后有能量之义。如果所量独自先成，而能量未成，那么能量、所量怎样成一对待？所量之名又缘何而成？四、如果说能量、所量同时俱有，那么能、所之义就不能成立。好比牛与牛角的关系，如果牛与牛角同时并生，则无能生之牛与所生之牛角的关系。既然从能量与所量的前后和同时等二个时间维度来说其自性所生之义皆不成立，故知一切诸法自性是空。

再则，如果你说以灯为譬来喻量义，即以灯为能照，瓶为所照，灯、瓶二物各有自性实体，只是二物相对待时，方有能照与所照的关系。能量、所量的关系也是如此，二者各有自性，相对待时方成能所，此种譬喻于理有碍。为什么呢？灯仅为能照之义，未成所照之体，与量有能量、所量二义不同，故不可以之为譬，如果你问为何灯未成所照之义？这是因为灯本来是光明通彻，无黑暗之故，所以不以自体为所照之对象。如果说灯也要以自体为所照之对象，照明自体，就如同瓶子一样，自体不明，须别灯来照。那么灯也理应依靠别的灯来照明自体，而不能自体自明。如此类推，灯灯都须他灯来照，以至无穷，那便犯了无穷推理的过失。之所以不能如此，是因为你认为证量与灯有相似的能、所关系，故以灯来譬喻证量。而我则认为灯与证量二者之间没有任何相似性，故不可以灯来譬喻证量。为什么呢？灯只有照他而绝对没有自照之义。

如果一个灯体自身暗昧，可以借助于别灯来照。而实际上，灯体本来无暗，还何必要多此一举，借助他灯来照呢？灯与瓶子等物不同，瓶等自暗不明，所以须借助灯来照明。如果说灯也须照明自体，则理应借助于别灯来照，而实际上，灯不须借助别灯来照，故知灯只是能照而无所照之义。而所谓的量却非如此，量具能、所二义。能缘境相为认知对象的名之为能量，也就是所谓自智缘；为能缘智所缘之境名之为所量，亦即所谓自缘。

以眼识为例来说证量。眼识虽能摄受所缘之境的色相，却不能对此性质作判别，能了别色相者即是意识。所以眼识与意识同时起用，才能成就证量。眼识摄受色相但不能自我了别，须借助于意识的了别功能来判别对象是黄或青色。正是因为如此，我们称眼识所摄受的色相为所量之对象，能分别色相之意识为能量。所以证量须借助于眼识之外的意识了别功能，才能成就。而灯则不是这样，其唯是能照，不是所照，不须借助于他灯来照自体，这就与证量须借他意识来了别之义不同，故不能以灯譬喻证量。

原典

若灯能自照，不更须别灯照者，瓶等亦应自照，不更须别灯来照。若灯体暗故，应照自体，而不须别灯照者，瓶亦应尔。瓶体有暗，则应自照自体，亦不劳别灯来照，瓶应自照故，是则瓶灯一种①，俱应自照，并不由他，则瓶与灯复有何异？若灯不应照②者，云何能照自体？若体无暗，不须照者，复何劳照？若照自体者，则有二失：一者体应有暗③，故须照者，此则与瓶为一。瓶有暗故，既不能自照，灯亦有暗，云何能照？二者能所照一④。既是一体，竟谁为能所照耶？汝灯譬既不成，证量义亦坏。

又不但用一色为瓶，而合八物⑤为瓶者，唯见一色，云何得瓶？若见一色即是瓶者，唯色是瓶故，知证色不证于瓶。⑥又色亦不可证。何以故？邻虚色不成就故。⑦汝谓邻虚微尘当不可空故，聚众多成尘，色义则尔者，为当就一尘中有六方⑧不？若有六方，即成六分⑨。若无六方，非谓为色。⑩既有六分，即可分析，若有方无分，是则六尘⑪共入一尘⑫。无量诸尘，并应如是，则无成大义⑬。

又如一尘，日光照时，为照一边？为东西俱达？若唯照一边，则有六分⑭；若东西俱达，色则非有⑮。故知方分不实，悉并是空。有何证见[16]？既无有证量，比等诸量[17]理当自失。

又如自性离色等诸尘，不可得比，瓶亦如是。若汝云先须证见，后则比知[18]，如先曾证见火与烟相应，有火比烟。后时见烟，虽不见火，而由于前曾见火故，比度前时，知有火者，是义不然。何以故？汝谓由色等尘能比知自性，先来未见[19]，云何由色等而得比知？瓶亦如是，知先来未曾证见，云何见色能比知瓶？是则由证量，故有比量，此义不成，证既不成，比、譬、圣言等量皆失。

又有过失，因果无差别故，比智[20]不成。若汝谓自性生五唯[21]等，自性为因，五唯为果[22]，因中已有果，果时亦有因，至五唯时，自性终不失。五唯、自性即并本有故，自性、五唯其体则一。若尔，因果无差。云何说五唯能比知自性？此即自体以比自体，义何谓乎？

注释

①**一种**：性质相同，无有差别。

②**照**：此指所照之义，即说灯不应成为所照之对象。

③“暗”，碛砂本作“照”。

④ **能所照一**：能照与所照混为一体，无有分别，灯本为能照，若说灯复能自照，即是能照之灯又成所照之对象，这样就把能、所对对关系混淆为一。

⑤ **八物**：指地、水、火、风四大与色、香、味、触之四微。

⑥ 此数句义谓：如果说仅通过色的表象就可以证见瓶的实性存在，那么色就是瓶子的本身。但是瓶并非一色而成，而是由四大四微八种元素缘和而成，故知色并非瓶子本身，而仅是组合瓶子的一种元素，因而仅见到色的表象也并不能说明瓶子实性的存在。

⑦ 此数句义谓：色本身也要假缘于八物缘和的瓶子这一物象才能见到，而不能凭空而见。

⑧ **六方**：指东西南北上下。一尘本身微细无方，须假众尘缘和一物象，方有六方。但此六方非一尘之六方，而为物象之六方。

⑨ **六分**：析分为六尘。

⑩ 此二句义谓：色相须假借一定物质对象方能见到，没有六方就意味着没有缘和成的一定物质对象，故说没有六方，就无所谓色相。

⑪ **六尘**：指色、声、香、味、触、法之六境，此六境经由眼等六根入身，污染净心，故谓之尘。

⑫ 此数句义谓：有方则意味有物象，有物象则理

应可析分为六种不同的境缘，如瓶既有色境，亦有触等诸境。如果硬说有方无分，则无所谓六尘六境而言，而唯有一尘一境。

⑬ **无成大义**：不能成就物象之义。

⑭ **六分**：此指六方。日光仅照一边，意谓尚有五边未照，故可推知此尘有六方。

⑮ 此二句义谓：若日光能同时俱照一物六方，则说明此物无方，无方不成物，无物则不成色相，故说色之非有。

⑯ **有何证见**：此自立设问，以警人注意。

⑰ **比等诸量**：分别指比量与圣言量。所谓比量，乃依证量为根据，其以逻辑的方式推知事物与事物，或事相与其本性之间的关系。如人见黑云，当知必有雨。圣言量，指吠陀等讲阐真理的经典。此量非证、比二量所可通，唯依圣教乃可得知。

⑱ 此二句义谓：因比量依证量为根据，即先有证见之诸现象，后才能比知这些现象间之关系。

⑲ **未见**：指未见自性。比知的前提是先证见过所比之对象，如火与烟，而后方可比推。而自性非为证量所见，故不可以色去比知自性。

⑳“智”，碛砂、金陵本均作“知”。

㉑ **五唯**：数论派认为有情活动由物质身体与物质

世界组成。物质有粗细，粗者五大，为空、地、水、火、风；细者五唯，为香、味、色、声、触；五大为人类认知之对象，五唯则是人类认知的功能。

㉒ **自性为因，五唯为果**：数论认为一切现象均由自性产生，五唯亦由自性所衍生的大初我慢与炎炽我慢之助而成。故说自性为因，五唯是果。此衍变可参阅下图：

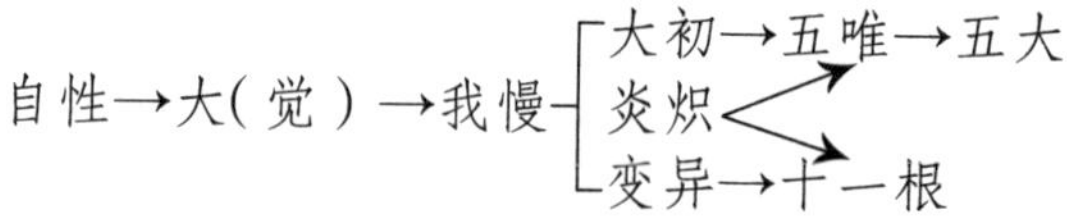

译文

如果说灯能自我照明，不须借助别灯来照，那么瓶子等物也理应自照，而不须借助别灯来照，因为如果说灯体暗昧，则可以自我照明，而不须借助别灯来照，那为什么不可以说瓶子等物亦可如此。瓶体有暗，也照推可以自我照明，而不须烦劳他灯来照。这样的话，则灯与瓶就没有什么差别了，都理应可以自我照明，而不须借助他物来照。这样则瓶与灯还有什么不同呢？如果说灯不应为他物所照，为什么它又可以自照自体呢？如果说灯体通明无暗，则不须照明，还为什么要多此一举，烦劳照明？如果说灯可以自照自体的话，则犯有两种过失：一、体须有暗才须照明，这就与瓶体一样，由于瓶体有暗，不能自照，须借灯照。如果说灯体也有暗昧的话，为什么又可以自照？二、如果说灯能自照，则灯既是能照，同时又是所照之对象。既然能照与所照混同一体，那么究竟谁为能照，谁为所照？所以你立灯譬，立义不成，你所谓证量之义也不能成立。

再则，瓶子是由四微四大八物和合而成，并非仅有一色元素单独成就。那么仅见到瓶子的色相，怎么说瓶有实性的存在？如果仅通过瓶子的色相来说明瓶的实性存在，那就把色相与瓶子的实性混为一谈，所以透过瓶子的色相不能说瓶的实性存在。况且，色相的自性亦不能证见。为什么呢？因为色也要假借于一定的物象才能见到，而不能凭空而见。如果说聚合众多微细色尘，尽管不假借一定物象，也可以见到色相，那是否说色尘本身就和物象一样，具有东西南北上下之六方？如果色尘有六方，即理应像一般物质对象一样，可析分为六尘。如果色尘不具六方，则无一定物象，故也无所谓色相可言。如果说一色尘有六分，则理应可析分为六尘，而色本为六尘之一，故不可析分为六。如果硬说具备六方的物象可以不由六尘缘合而成，则唯有一色尘便能成就物象，如是，则无成物之义。因为一切物象均须假借六尘众缘和合而成。

又以一尘为例，再加分说。如日光照一尘，是仅照一边，或同时各边俱照？如果说唯照一边，则意谓还有五边未照，故可推知此尘亦有六方；如果说各边同时俱照，则意谓此尘无方，无方不成物，无物则色亦非有。从上可以推知，所谓方、分均非实有，其自性是空。如何见得呢？因为证量不能现证方、分的自性，那么依证量而有的比量以及圣言量，理应不能推知自性是有。

再则，如果自性离开色相等诸境，就不可以比量的方法来比知，瓶亦是如此。如果说先有证见之诸现象，尔后根据这些现象的关系加以比知，如同曾经见到火与烟有相应的关系，通过火可以比知烟的存在。以后见到烟，虽不能直接见到火，而由于以前见火必有烟的缘故，与以前的情况相比较，就可以了知必有火的存在。如果以火烟之关系来譬喻尘与事物自性的关系就不对了。为什么呢？如果说通过事物的色相等境可以比知事物自性的存在，而以前从未见过自性，怎么能说通过色相等现象可以比知自性的存在呢？瓶亦如是，以前从未证见过瓶子的自性，怎么能说通过瓶的色相而可以比知瓶有自性呢？所以先有证量，尔后比量义能成，而上所谓自性诸义，证量不成，故比量及圣言量亦不能成立。

此说还有一种错误，即混淆因果差别，所以比量之义不成。如果说香、味、色、声、触等五唯是由自性展转生成，那么自性是因，五唯是自性所生之果。这样则可以说自性因中已有五唯之果的种子，五唯之果也涵蕴自性之因子于其中。自性之因展转生成五唯时，亦不丧失其因子，这样说，五唯与自性都可以说本来就存在，二者体性也不应有差别。如果这样，那自性作为因与作为五唯之果又有何差别？为什么还要通过五唯的存在来比知自性的存在？如果这样做，不就是以自己与自己相比较吗？这又有什么意义呢？

原典

复次，破鞞世师义应知。若汝谓瓶[①]等与色[②]等异者，云何得证？若离色等诸德[③]，是物可证者，应如石女有儿，用焰水浴，被龟毛衣，着兔角屣，戴空华[④]鬘[⑤]，入闼婆[⑥]城，共化女[⑦]戏，是等亦应可证。若此不可证者，瓶等亦尔。色等既无，瓶云何有？如瓶一切诸量[⑧]亦皆不成；如是自性悉不可得，故知诸法一切皆空。

复次，为破僧们执应知。若汝说因中有果故，诸量不成[⑨]，如诸法有自性者，是义不然。何以故？因果一体[⑩]故。汝谓自性因[⑪]中即有果，诸法中即有自性[⑫]，故得比知。若尔，因果为一？为异？若一者，一体无有异故，不可相比[13]。若汝说因果不一者，则自违汝义[14]。若因中定有于果，即成二失。一者以因即果，则失于因。自性一[15]故，只得是果，云何有因？二者若已有果[16]，因则何用？本由因生，果既已有，何复用因？若汝说是因有故，自性不失者，是义不然。何以故？自性处所无故。

若汝说由密空[17]处故，云何无处所者，是义不然。何以故？密空处并未有故。密者谓四大、四尘八物，空者谓空大、声尘二物。如此五大、五尘二处，并未有者[18]，自性云何得立？自性未变异时，五唯、五大并未有故。空大是空处，四大是密处，二处昔未有时[19]，汝立自性为在何处？

若汝说先自性未有空密者，是义不然。何以故？生因违本[20]故。若变异前未有空密，则无因用[21]。当变异时始有空密，方有因用者，是则变异应能生自性。[22]若汝说是时[23]此二[24]未有者，是义不然。何以故？因不成就[25]故，何物为先耶？

若汝谓无物先自性者，是义不然，自性无住处故。若无处所，则违汝圣言[26]故。迦毗罗仙[27]为阿修利[28]婆罗门说，昔初唯有一暗冥[29]，此中但有智[30]由处所。既无法引圣言，即自相违[31]。自性及我，并不成就，复以何譬得立自性？

若汝说第三[32]是其譬喻[33]者，亦复不然。何以故？有二过失故：一者自失本义[34]。二者因性不成[35]。若汝说无异即是譬[36]者，是义不然，第三不成[37]故。若汝说由无异故，第三得成者，是亦不然，但有数[38]故。若汝说数有，即乖义本[39]。

若汝所说义本若[40]有数[41]，数即义[42]者，是亦不然。何以故？数灭时义亦坏故。变异与自性则为无异，如[43]、不如[44]并皆不立。自性及变异无差别故，则因与果为一，并亦不成。[45]

注释

①**瓶**：此处指瓶之自性。

②**色**：此处指瓶之色相。

③**德**：指事物之属性，此为胜论、数论之一重要概念，均指诸法本体之属性。此处谓瓶之各种属性。另“德”字，碛砂本作“得”。

④**空华**：譬喻虚空无华，只是病眼所见。以此譬妄心所计之诸相无有实体。

⑤**鬘**：印度古人用以被戴装饰之璎珞。

⑥**闼婆**：天名，即干闼婆之略称。

⑦ **化女**：佛菩萨化自形为女者谓之化女。上文所列石女、焰水、龟毛、兔角、空华、闼婆城、化女等，均妄心所幻之相，无实际存在。

⑧ **量**：此指现量、比量、圣言量，因此三量均建立在可感的现象存有之基础上，故若色等现象不成，此三量亦无从成立。

⑨“成”，碛砂、金陵本均作“失”。

⑩“一体”，碛砂、金陵本均作“体一”。

⑪ **自性因**：数论认为自性为万物之本体，自性流转成万物，故谓自性为诸法之因，且因中有果。

⑫ **诸法中即有自性**：数论因主张自性生一切法，故一切法中均分有同一自性，可谓法中有自性。

⑬ **比**：比量。无差别故不可相互比知。

⑭ 数论认为因中有果，因果一体，若谓因果相异，即与其立义相违。

⑮ **一**：此指自性之因与所生之果是一，无有差别。

⑯ **已有果**：指自性因中本来有果的种子。

⑰ **密空**：密指地、水、火、风四大与色、香、味、触四微。空，指地、水、火、风、空五大中之“空”与香、味、色、触、声五唯中之“声”。

⑱ **并未有者**：数论认为五大、五唯（尘）均由自性展转生成，故在自性变异之前，并未存在，从时间上

说，不可成为自性之处所。

⑲ 此数句义谓：自性流转变化之前，五唯五大并未存在，所以作为五大中之“空大”与“四大”亦不能存在。

⑳ **生因违本**：此意谓生因与因中有果之义相违。此数句是说，若说自性变异之前，未有空、密二处，于理亦碍。因为照数论的观点自性因中本来有果，若如上说，无异于否定自性因中本有空、密二果之种子，故曰违本。

㉑ **因用**：指因中有果的作用。

㉒ 此数句义谓：若说自性因中本来无空、密二果，而是待变异时方有，这就无异说自性不能生二果，而是由变异本身生二果，而这与理有碍。

㉓ **是时**：指自性变异之时。

㉔ **此二**：指空、密二处。

㉕ **因不成就**：此意谓，若说自性变异之时，空密不存在的话，那么自性作为因中有果之因用之义，就无法说通。

㉖ **圣言**：指三量中的圣言量。其非证量、比量所可通，唯依圣教经典所说为依。

㉗ **迦毗罗仙**：相传为数论初祖，关于此仙事迹，见大博罗他记事诗等书，其中悉为神话难凭。

㉘ **阿修利**：迦毗罗仙所传弟子，又译为五顶，为僧们大师。其学说散见于大博罗他记事诗诸书中。

㉙ **暗冥**：数论认为，自性变异之前，原为浑沌之本体，故古称为冥谛，亦称不了。

㉚ **智**：数论所说之智田，其义与自性同源，为一切法之本体。

㉛ 此二句义谓：若说无物在自性之先，此义又与古代圣言所说暗冥之义相违，故此说亦不成立。上数文义，往复辨难，其旨均在勘破数论立自性有说。

㉜ **第三**：此义不详。然从上下文义看，似指自性变异时。未变异是第一时，变异前为第二时。

㉝ **譬喻**：喻自性是有。因自性不动时，非言语、思虑所及，故无从譬知。唯其变异之时，方可譬喻。

㉞ **自失本义**：自性本义是常，如如不动，若以第三变异，譬喻自性，则失自性本来不动义。

㉟ **因性不成**：上文所谓“因不成就”义。即说，若认为变异之时方有自性，那自性在变异前本有之因性就不能成立。

㊱ **无异即是譬**：与上文义相对，其义谓，若以如如不动来譬喻自性是有。

㊲ **第三不成**：若以无异譬喻自性，则上文所述以第三变异喻自性义就不能成立。因二者立义正反。

《中国佛学经典宝藏》目录

编号	书名
1	中阿含经
2	长阿含经
3	增一阿含经
4	杂阿含经
5	金刚经
6	般若心经
7	大智度论
8	大乘玄论
9	十二门论
10	中论
11	百论
12	肇论
13	辩中边论
14	空的哲理
15	金刚经讲话
16	人天眼目
17	大慧普觉禅师语录
18	六祖坛经
19	天童正觉禅师语录
20	正法眼藏
21	永嘉证道歌 · 信心铭
22	祖堂集
23	神会语录
24	指月录
25	从容录
26	禅宗无门关
27	景德传灯录
28	碧岩录
29	缁门警训
30	禅林宝训
31	禅林象器笺
32	禅门师资承袭图
33	禅源诸诠集都序
34	临济录
35	来果禅师语录
36	中国佛学特质在禅
37	星云禅话
38	禅话与净话
39	释禅波罗蜜次第法门
40	般舟三昧经
41	净土三经
42	佛说弥勒上生下生经
43	安乐集
44	万善同归集

编号	书名
45	维摩诘经
46	药师经
47	佛堂讲话
48	信愿念佛
49	精进佛七开示录
50	往生有分
51	法华经
52	金光明经
53	天台四教仪
54	金刚錍
55	教观纲宗
56	摩诃止观
57	法华思想
58	华严经
59	圆觉经
60	华严五教章
61	华严金师子章
62	华严原人论
63	华严学
64	华严经讲话
65	解深密经
66	楞伽经
67	胜鬘经
68	十地经论
69	大乘起信论
70	成唯识论
71	唯识四论
72	佛性论
73	瑜伽师地论
74	摄大乘论
75	唯识史观及其哲学
76	唯识三颂讲记
77	大日经
78	楞严经
79	金刚顶经
80	大佛顶首楞严经
81	成实论
82	俱舍要义
83	佛说梵网经
84	四分律
85	戒律学纲要
86	优婆塞戒经
87	六度集经
88	百喻经

编号	书名
89	法句经
90	本生经的起源及其开展
91	人间巧喻
92	大乘本生心地观经
93	南海寄归内法传
94	入唐求法巡礼记
95	大唐西域记
96	比丘尼传
97	弘明集
98	出三藏记集
99	牟子理惑论
100	佛国记
101	宋高僧传
102	唐高僧传
103	梁高僧传
104	异部宗轮论
105	广弘明集
106	辅教编
107	释迦牟尼佛传
108	中国佛教名山胜地寺志
109	敕修百丈清规
110	洛阳伽蓝记
111	佛教新出碑志集萃
112	佛教文学对中国小说的影响
113	佛遗教三经
114	大般涅槃经
115	地藏本愿经外二部
116	安般守意经
117	那先比丘经
118	大毗婆沙论
119	大乘大义章
120	因明入正理论
121	宗镜录
122	法苑珠林
123	经律异相
124	解脱道论
125	杂阿毗昙心论
126	弘一大师文集选要
127	《沧海文集》选集
128	《劝发菩提心文》讲话
129	佛经概说
130	佛教的女性观
131	涅槃思想研究
132	佛学与科学论文集

㊳ **数**：数论之数字，不知何解。其在白骑奥义书中，义为审择，因与瑜伽一名并列，有释者释为禅之异名。大博罗他诗中则屡言数即数算之义。《唯识述记》卷四中说："僧佉此翻为数，即智慧数，数度诸法，根本立名。从数起论，名为数论。论能生数，亦曰数论。"此中数即数度之义。数论共立二十五谛，每谛即为一义。在此处，"数"概指自性所变之二十三谛。即一觉，二我慢，三至七为五唯，八至十二为五大，十二至十七为五知根，十八至二十二为五作根，二十三为心根。

㊴ 此二句义谓：二十三谛本由自性变异展转生出，若说此数自性是有，即与自性不变之本义相违碍。

㊵ **义本若**：义本，概指自性。另，"本若"，碛砂、金陵二本均作"但唯"。

㊶ **数**：此喻指自性变异所生诸相。

㊷ **义**：此指义本，即自性。

㊸ **如**：不动，无变异义。

㊹ **不如**：动，有变异义。

㊺ 此数句义谓：如果说不变之自性与变异之现象没有差别，那么自性之因与所变之果也就同一无别，既然因果无有分别，还何必要别立因与果二义呢？

译文

再则，要破除胜论师的思想应有如下了知。如果说瓶子的自性与其色相完全不同，那么又通过什么来证实瓶子的存在？如果离开事物的色相等各种外在可感的属性，也可以证实该物的存在，那就无异于说石女可以生儿，用火水浴洗，被龟毛衣，穿兔角鞋，戴空华璎，入闼婆城，与化女游戏等之类荒诞不经的现象，也可以存在。如果石女生儿等妄心所计不能证实其存在，那么瓶等事物的证实亦同此理。既然瓶等色相都不存在，那么瓶之自性云何而有？如果瓶子等物的一切现象均不能成就，则其自性亦不能存在，所以可知，一切现象本性是空。

再则，要破除数论的偏执应该了知。如果说自性因中有果，一切量义方能成就，如一切诸法均有自性，此义不对。为什么呢？因为因果一体无二。如你所说，自性因中就有果，诸法中就有自性，由此可以推知一切所生之现象中亦同样分有自性。如果这样的话，自性因与所生果是一还是异？如果说二者是一，体无二致，又怎么可以相互比知呢？如果说自性因与所生果是异，则又与你自立的因果一体之义相违碍。如果说因中一定有果，就会造成二种过失。一是由于认因为果，则丧失了因的意义。既然说自性因与果毫无差别，那么只须得果即可，还何必要别立一个因？第二种过失是，如果说自性因中本来有果，那么因还有何用？果本来是由一定因展转生出，既然因中已有果，还何必要立一个因？如果你说只有立因之义，才能成立自性之义，此说不对。为什么呢？因为自性本来就无处所所依。

如果你硬说自性依凭于空、密二处而存在，为何自性无处所所依，此义不对。为什么呢？因为自性存在之前，空、密二处皆不存在，怎么还可以说自性依空、密二处而有呢？所谓密者，是指地、水、火、风四大与色、香、味、触四微尘；所谓空者，是指五大中之空大与五唯中之声尘二物。上述这些五大、五唯二处，在自性存在以前，皆未曾有，怎么能说自性依之而立？自性变异流转之前，五唯、五大皆未存有，而空、密二处又更属五大、五唯，故在自性变异之前，更未存有，那么你把自性立生于何处？

如果说自性存有之前，未有空密，这种说法也不对。为什么呢？因为照数论的观点，自性因中本来有果，若说自性变异之前无有空、密，那无异于否定自性因中本有空、密二果，与其本义相互违碍。如果说自性变异前未有空、密二果，则自性因中本来无果，如果说当自性变异之时，方有空、密二果，则是误认变异本身为自性。如果说自性变异时未有空、密二果，此义亦不对。为什么呢？若如此说，则自性之因就无生果之用，那还有什么在自性之先呢？

如果说自性存有之前无物存在，此说亦不对。为什么呢？因为这样，自性则无处依凭。如果说自性无处依凭，又于圣教经义相违碍。数论初祖迦毗罗仙曾对其大弟子阿修利说，造化之初，唯有一浑沌未分之本体，古称暗冥，此中为自性之处所。若说自性之先无物，岂不与此圣言相违。由上述辨难可知，一切现象皆无自性及恒常之我，还能以什么方式立自性是有义呢？

如果说自性变异时，方可譬知自性是有，此说也不对。为什么呢？此说有两种过失：一是以变异譬喻自性，丧失自性如如不动之本义。二是不能说自性本为万法之因。如果反过来说，即以不变异之性来譬比自性，此义亦不对，因为如此的话，则上文变异之时义就不能成立。如果你硬要说通过自性不变也可以说明其变异之义，即以不动来说动，此义亦谬。因为这样就混淆自性与现象万有的差别，以变异不居的现象之法为实有，这就违碍了自性不变之义。

如果把不变之自性视为变异之万有，万有即自性，此义不对。为什么呢？若这样的话，则万有灭时，自性理应随之而灭，变异与不变异之自性则无有差别，不动与动亦混然无二，这样那自性与变异现象二义之差别还如何成立？如果说自性与变异之现象没有分别，那么作为自性之因与作为现象之果也就毫无二致，又何必要别立因果二义呢？

原典

若汝说若因果一者，则无言语[①]故，汝难亦无。若因果异者，一义[②]不然。何以故？有三过失故：一自违汝义。二成自颠倒。三言语无因。

一自违义本者，云何如此？今我取汝义还难汝，汝为信？为不信？汝若信我难，汝义即坏[③]。若不信我难者，汝难亦非难[④]。何以知然？由我难故，汝语义得成者，我义亦立。汝所立义，是何时中，为在我难前？为后？为俱时？若在前者，我未有难，汝对破谁？若在我难后，我义已成，汝义那立？若俱时者，则无能所[⑤]。如江海水，一时和合，云何辩异？[⑥]汝我二义便无差别，即成我义。

二自颠倒者，汝取生义[⑦]难我显义[⑧]，此非难处。若我立生义，汝可以三时[⑨]为难，难我生者，不离三时故。若三时不立，是生不成可尔。显义者，由道理[⑩]故立。若有道理，则三时无异[⑪]。若无道理，则不能显义，是故不成，不由三时故。是故难生须依三时，今所难者须依道理。汝将时节难道理义故，自成颠倒。

三言语无因者，言语由义得成，若无义者，语言不立。因果一体，异义不成故[12]，无语言。若汝说是因是果者，是义不然。何以故？有无常过[13]故。果既无常，因亦应尔。若因无常，则违汝义本[14]。汝因是常，果是无常，果[15]色等变异，不可得[16]故。

注释

① **无言语**：此义谓，若因果同一无别，还如何能以不同概念言语来分别指谓呢？故说因果一则无言语。

② **一义**：因果同一无别之义。

③ **汝义即坏**：因汝义与我难为一相对立之观点，故一义成，则另一义则坏。

④ **非难**：汝难与我难虽相对，而亦相成，故对方不成立，自方亦无成难之理。如上与下，虽义相对，然亦相成，无上则无所谓下，反之亦尔。

⑤ **能所**：能、所在佛家理论中，本是一对概念，能为主动之能缘之智，所则意指被动之所缘之境，一为主观认知力，一为主观变现之对象之境。在此处，能喻指汝义，所喻指我难，照理来说，义难能成，应先有一

义立，方再有另一相对应之难起，故理应有时间之先后。即先有汝义，后有所难。

⑥ 此数句义谓：若说立义与所难俱时而立，则违背了义、难之能所先后关系，因而也混同了两者间的差异。

⑦ **生义**：上文中自性生万法之义，此为数论之重要观点。

⑧ **显义**：万法显自性之义。生义为动态地，缘生论地讲自性与万法之关系；显义则静态地、现象学地讲自性与万法的关系。

⑨ **三时**：指自性生万法之前、中、后三时。因生义为动态之关系，故其中应有时间之先后关联。

⑩ **道理**：此处指自性与万法静态的不二关系。即是说若从现象角度看，万法中皆分有自性。此为一真谛，故曰道理。

⑪ 此二句义谓：若从显义的角度立论，则不存在自性与万法间前、中、后之三时关系差别，而是仅有一时或共时的关系。

⑫ 此二句义谓：若谓因果一体，则二者无别，故因与果的差别之义不能成立。

⑬ **无常过**：此处指把因作为无常变灭之过错。照数论之义，因即自性，而自性本是不生灭，恒常不变之

体。若把因等同于万法之果，则把不变之自性与刹那变灭之万法混为一体，以自性为变异之体，故生谬见。

⑭ **义本**：自性不灭恒如之义。

⑮“果”，碛砂本作“异”。

⑯ **不可得**：指因，即自性不能通过变灭之万法果来说明。因自性无相，如如不动，言语道断，行思路绝，而万法则有色相、刹那变灭，故不可以万法拟比自性。

译文

如果说因果同一无别，则无法用因与果这样不同的语言概念来分别指谓，那么你对因果之义的上述各种诘难亦无从成立，因为诘难必假借语言概念。如果说因果相异不一，则因果同一之义就不能成立。为什么呢？因为如此将有三种过失：一是与你所立本义相违碍。二是文义颠倒。三是言语无凭。

一、所谓自违本义，为什么这样说呢？现在我根据你的意义反过来诘难你。你是相信还是不相信？如果你相信我难之义，则意味着你所立义不能成立。如果不相信我的诘难，则又表明你所设难不成立，因为二者间是互助互成的。为什么这样说呢？由于我难成立，作为相对应的你的立义才能成立，反之亦然。那么你所立义，从时序上说，是在我难之前、之后或同时呢？若你立义在我难之前，那么我难尚未成义，你所立义又是针对谁而勘破呢？若你立义在我难之后，那么我难义已成，你所立义又从何凭？若你立义与我立难同时，则无能立之义与所破之难的区别。如江水、海水，一时和混一体，还如何能分别其不同呢？既然你我二义没有分别，那从道理上也就肯定了我义存在的合理性。

二、所谓自我颠倒，你以自性生万法之义难我万法显自性之义，故你所立难已非难义。如果我从自性生万法的角度立义，你可以从自性生万法的前、中、后三个时间关系来诘难我。因为诘难自性生万法，不可能离开三时来立义。如果不立三时，则自性生万法亦无所依凭。所谓万法显自性，是依据一切现象皆有自性这一道理而立说的。如果从这一角度说，则不存在自性生万法的三位时间差别，而是共时性地说现象与自性的不二关系。如果不承认这一道理，万法显自性之义就无从成立。所以你以生义难我显义不能成立，因为显义不须假借三时来说明。因此，如果要难自性生万法，须假借三时来说，而现在你所诘难的，不是生义而是显义，故须假借一切现象皆有自性这一道理来立说。你以三时关系来诘难万法显自性，故自成颠倒。

三、所谓言语无因，是说言语必须假借一定意义才能成办。如果空洞无物，言语就无从成立。如果照你数论的说法，即因果一体，无有分别，因与果二者对照差别之义不存在，那还有什么分别指谓其义与关系的语言存在呢？如果说因就是果，此义亦谬。为什么呢？这样即把自性之因视同变灭之果，犯了以自性有生灭的过失。因为照你所谓因果一体之义，则所生之万法（果）既然刹那变灭，非恒常存在，那么自性之因亦应如此。若自性之因亦无常变灭，这就与你学说的根本立义相违碍。照你数论的说法，自性因是恒常不灭的本体，所生之万法之果则是变化无常的幻影。由于自性不同于刹那变灭的万法之相，故不能以变灭之万法色相来比说自性之因。

原典

若汝说由色所比故，非不可得者，义亦不然。所比无有故，并如前破。证量不成故，比量亦不成①。未有空密处故，因②无住所，故不得成。

若汝说若无可比，比量亦得成，如比有四句：一有③比无④。二无比有。三有比有。四无比无者。是义不然。石女儿、兔角等，并应可比。色等可证、非可证⑤，此义何用？是因无道理故，不可得成。

若汝说如邻虚空[6]尘以果[7]比因[8]，自性亦尔者，是义不然。以邻虚不成故，因果异故，离色等尘不可得故[9]，故譬不得成立。若汝说取非证[10]比非所证[11]，如地下水不可知见，比自性、我[12]亦如是[13]者，是义不然。何以故？若汝能因石女儿比龟毛者，我则信汝因邻虚尘得比自性。

若汝说如灯自成，比量亦尔者，是义不然。何以故？离色等八物，灯不可见故。如邻虚[14]尘离色等，亦不可得[15]，所比自性亦不可得[16]，故知无自性。

若汝说忆知[17]有[18]故，故证量、比量并成。若无证、比，复何所忆者？是义不然。

若离三种知[19]，外方有忆知，证、比不成故。三种知者：一异境知。二能别知。三一知。异境知者，如人见瓶，后时忆衣，此非谓忆。汝义亦尔，色[20]即异物[21]，已见色时，便忆于瓶，故义不可。二能别知者，譬如张即见瓶，王即后忆者，无有是处。汝义亦尔，觉[22]能取境，我[23]能忆知，此两别类不同，是觉前见，我后忆知，无是义故。三一知者，如人正看瓶时不得生忆。若有忆知，则二过失。一者两知[24]一时，不得俱起，以心是一故，心取色时不得取声。二者根[25]正对境未舍，那复得忆余境。汝觉亦尔，唯是一知，无念念灭。从变异初至解脱前际，恒是一故，是忆知中无有忆知[26]。若翻此三知，忆知得成。谓境界同类[27]，能知同类[28]，知念念灭不得一时[29]。备此三义，忆知得成。汝忆知不成故，证、比等量亦不得成。以是缘故，自性义坏。

若汝说忆知由自性[30]，所以得成，一异、有无等造[31]。初念[32]取境则备三义：一境[33]。二人[34]。三智[35]。并一时俱有。至第二念时，前三[36]已灭，后三[37]续起。前后同类[38]，是为一义。前后各一[39]，亦是一义。前无后有[40]，是为异义。前能生后，是其有义。前灭后生，是其无义。备此诸义，故有忆知。由自性故，忆知得成者。内[41]曰：若尔，我大欢[42]喜。翻成我[43]义，有何损失？我今由此义故，说无自性。譬如前种能生后谷，此前后谷，不一不二[44]，不有不无[45]。若一者，则无前后；若异者，则前谷后豆故[46]，无一异自性。不有不无者，因[47]灭果生故。因灭故，不有；果生故，不无。因时未有果，故不可说有。果[48]生时必由因，故不可说无[49]。以是义故，因果忆知，并得成就，故说无自性。如谷前后不一不异，能作种种诸事。忆知亦尔，前后不一不异，故能忆知种种诸境。[50]

注释

①**比量亦不成**：上文已分析，比量以证量为基础，

故曰无证量，比量义不成。

② **因**：自性。

③ **有**：可见之色相、万有。

④ **无**：不可见之自性。

⑤ **非可证**：指自性非可证量。

⑥“空”，碛砂、金陵二本均无。

⑦ **果**：泛指现象界中亦无存在之色等尘。

⑧ **因**：指自性，其为一切现象万法之源，故为之因。

⑨ 此句义谓：离开有形的现象，就不可能比量自性的存在。

⑩ **非证**：指上文之“邻虚空尘”。因其本来就无形无相，虚妄无证，非为现量所证，故谓之“非证”。

⑪ **非所证**：指自性因。自性不可现量，须假借他事比证，故谓所证，而现象万法亦无一事可比知自性是有，故又谓之“非所证”。

⑫ **我**：实性、自性之义。

⑬ **亦如是**：谓自性不可知如地下水一样是不可以比知的。

⑭“虚”，金陵本作“空”。

⑮ **不可得**：此谓邻虚空尘若说其存在，也须假一定色相来说明，现其本身无形无相，故不得谓之是有。

⑯ 此句义谓：邻虚空尘自身都不能说明是有，怎么还可以通过它来说明自性是有呢？故假借邻虚空尘不能比知自性的存在。

⑰ **忆知**：通过回忆以前所得之知识。

⑱ **有**：指自性存在。

⑲ **三种知**：指下文的异境知、能别知和一知。

⑳ **色**：所见之瓶色相。

㉑ **物**：谓瓶之自性。

㉒ **觉**：谓人身中摄取外境之觉官。

㉓ **我**：谓人身中之主宰。

㉔ **两知**：分别指看瓶时的现知与看瓶后的忆知。因两知前后有别，故不能一时。

㉕ **根**：此处指眼根。

㉖ 此句义谓：若觉为一知，无前后变化，则亦无所谓忆知之存在。你所谓忆知已非是忆知。

㉗ **境界同类**：与上文异境知相对。

㉘ **能知同类**：与上文能别知相对。

㉙ **知念念灭不得一时**：与上文一知相对。

㉚ **自性**：指自性所生之义。

㉛ 此句义谓：从而产生下文所说一、异、有、无等众多之义。

㉜ **初念**：自性本来不动，由无明妄念而动，此动自

性之妄念，谓之初念。念有取境之功，故谓有取境之义。

㉝ **境**：所缘境相。

㉞ **人**：能生能缘之智的认识主体。

㉟ **智**：能缘之智。

㊱ **前三**：指上文所说境、人、智三义。因境、人、智三者皆由妄念而生，而妄念是刹那变灭，迁流不停，故其所生之境、人、智亦随之变异，前灭后生。

㊲ **后三**：指由第二念所生之境、人、智三义。

㊳ **前后同类**：谓初二两念所生，均为境、人、智三义，故谓同类。

㊴ **前后各一**：谓初二两念各生一个三义，就其所生之数相同，故谓之一。

㊵ **前无后有**：此就第二念望初念言，谓前三义随初念灭而无，后三义又随二念生而有。

㊶ **内**：指大乘佛教之内典。

㊷“欢”，碛砂本作“欢”。

㊸ **我**：释尊自称之语。

㊹ **不一不二**：不同亦不异。

㊺ **不有不无**：不存在亦非不存在。

㊻ 此二句义谓：若说前谷种与其所生之谷相互不同，即是一因生异果，那又与谷种生豆果有何不同呢？

㊼ **因**：指自性。

㊽ **果**：指自性所生之果。

㊾ **无**：指因无。

㊿ 此数句义谓：若说前后相一，则现相同于前相，这样则无须对前相忆知；若前后相异，则二者毫无联系，故从现相亦无从忆知前相。唯有前后相异，又相互关联，方有忆知存在可言。

译文

如果说万法色相可以比知自性，此义不对。因为如上文所论，万法所比知之自性本来就不存在，不能以我们的感觉现证。既然证量不能成立，比量自然无从成立。由于上文所谓空、密二处皆非实有，故自性亦无处寄凭，所以不能比知。

如果你硬要说既使不可以色相比自性，比量之义仍然可成，并且认为有四种比量方法：一是以可见的存在比知不可见的存在。二是以不可见的存在比知可见的存在。三是以可见的存在比知可见的存在。四是以不可见的存在比知不可见的存在。这种说法不对。如果此义能成的话，那么说石女可以生儿，兔可以有角等这些荒诞不经的事都可以比知其存在。有色相的万法可以证量现见，自性则非证量所得，若如上说，此一区别还有何用？故知此说无有道理，不能成立。

如果说自性像无形无相，不可把捉的邻虚空尘一样，可以通过现象来比知，此种说法不对。因为邻虚空尘本来就不可能存在，而且自性之因不同于现象之果，若离开可见的色等尘缘，就不可能比知自性的存在，所以你上述譬喻不能成立。如果你要通过本身就不能证明的邻虚空尘，去比知本来也不可以比证的自性，就好比以本来就不可知见的地下水去比知，像其一样不可知的自性，这样做是不对的。为什么呢？如果你能够通过本来就不存在的石女生儿这类事，比知出本来也不存在的龟有毛，那我就相信你能通过邻虚空尘，去比知自性。

如果你说比量之义，如灯等物，自然而成，此义亦不对。为什么呢？因为离开色等四大四微八种元素，灯也不能存在。就如同邻虚空尘，离开有形的色相等缘，其亦不能存在。这样的话，那假借于自身都不存在的空尘去比知自性如何可能呢？故知自性亦无。

如果说通过回忆以前所得知识来比知自性是有，所以证、比二量皆可成立。如果没有证、比二量所蕴之内涵，怎么可能有回忆的知识？你这是倒因为果，故此义不对。

如果离开下文所说的三种知外，才有忆知的存在，那么证量、比量两义就不能成立。所谓三种知分别谓：一、异境知。二、能别知。三、一知。所谓“异境知”，如人曾见瓶，以后回忆的不是瓶而是衣，这就不能叫作忆了。你立义也是如此，色相等表象与自性之物本来不同，而你则通过事物，如瓶子的色相去推断忆知瓶子自性的存在，故义有不对。所谓“能别知”，譬如张氏见到瓶子，过后则王氏忆瓶，此义就不通了。你立义也是如此，觉官能摄取外境，尔后有忆知功能的不是觉官本身，而是人身中能忆知之主宰，能取境之觉官与能忆知之我本来就类别不同，而你则认为先有觉官所摄之境，后则能忆之我忆知，没有这样的道理。所谓“一知”，如人正在注意观看瓶子的时候，其不可能同时又在忆知瓶子。如果说看瓶同时亦有忆知活动，则犯两种过失：一是犯了现知与忆知同时的过错。看瓶的现知与忆瓶的后知本来是不可能同时起用的。因为心念必须专注于一境。如心取色时，不可能同时又取声。第二过错在于，当眼根正在一心一意摄取对象之境时，怎么可能同时忆知其余之境。你所说的觉官亦是如此，其唯有摄取境相的功能，而无忆知的功能，且其与心念不同，并非刹那生灭，前后变化，而是恒为一如，故非有所谓忆知之存在。只有把上述三知一一推翻，忆知之义才能成立。若推翻三知，则成所谓境界同类，能知同类，觉知刹那变灭等三义，如具备这三种反义，那么忆知之义方能成立。既然忆知之义不成，故证、比等量知亦不得成立，由此原因，自性是有之义不成立。

如果说忆知经由自性所生之义，方才有成，从而产生下文所说的一异、有无等众多之义。当妄念动性，摄取境相时，则同时具有了境、人、智三义。至第二念续生之时，由初念所生之境、人、智三义随之变灭，而随二念生起之三义则续起。前后三义均是同类，只是生时不同，故谓之义是一。且初二两念各生一个三义，从其所生之数相同，故亦说二者是一。前三义随初念变灭，后三义随二念生起。一无、一有，故谓之前后相异。前念展生后念，故说前念是有，前念变灭，后念方生，故又说前念是无。只有具备上述所谓前后既联系又有区别之义，忆知之意才能得成。从这层义上说，由自性所生之义，忆知才能成立。佛教经典上说：若这样的话，我（释尊）大欢喜。如此反倒证明了我的立义，对我又有何损？我现在就依据上述立义，来证明自性是无。比如种子生谷，前种与后谷的关系是不一不异，非有非无。如果说前后是一无异，则不存在前与后的差别；如果说前后有异，则又与一因生异果，谷种生豆果这样虚诞之事有何不同？所以没有绝对的一或异的自性存在。所谓非有非无，是说自性变灭，所生之果方能生起，自性变灭，故谓自性非有；所生之果生起，故谓果为非无。自性是因时果未生起，故不可说果是有；果必由自性因所生，又不可说自性为无。由于此义，因果忆知之义才能成立。而如上所述，因果间一异有无之关系皆相待而有，非绝对之存有，故说其无自性之存在。如同谷种与谷果，前后不一不异，相互依持，故能成就种种生义。忆知亦是如此，其前后不一不异，相互对待，方能成就忆知的种种忆相。

原典

若汝闻忆知若是无常[①]，云何修习者？答曰：已无常故，则有修习。譬如劫波婆[②]种子种植于地，以佉陀罗[③]汁而溉灌之，后时出生芽茎枝叶，是其自相[④]，无有异色。唯果熟时，即成佉陀罗色，为相红赤，异劫波婆自相本色。如是心[⑤]者，作法、非法[⑥]，是法次第，前心熏习后心[⑦]，如是方便熏习[⑧]不失，故不一异[⑨]。至果熟时，苦乐等果即各显现，是故从无自性心[⑩]诸业得生，如劫波种子后同佉陀罗色。

若作此执，有自性心是名忆知，或有人说，寿者[⑪]亦是忆知，若作此执，即无忆知心及寿者。有自性故，则无忘失[⑫]。若汝说有忘失者，有二过失：一者忆知若有自性，则无忘失。若有忘失，则无忆知[13]。如此忘失为有自性？为无自性？若有自性，与忆知性[14]为相违不？若不相违，于一物中便应一时俱有忆忘两心并起。若相违者，但有自性忘失，则无忆知，忆知既无，何所忘失[15]？若汝说是知[16]先生后灭，故说忘失。若尔者，自性则不成。[17]

若有忆知自性，作具[18]无用，忆知恒有故。若汝说由作具，故得成者，则无自性[19]，有过失故。若作者[20]与具[21]一体，则无忆知，知恒有故。[22]若知无者，心[23]或时无则无自性，心或时有则无忆知[24]。若无忆知，心则应灭[25]。

若汝说有别物故，心[26]得是常者，证知之时应不忆知[27]，即以证知当忆知处，是故不失忆知体者，是义不然。何以故？若物常住[28]，则无数习[29]。同类相似，乃可数习。若无自性，似义可成[30]。若有自性，则应恒守一物一事，故无相似[31]。无相似故，则无数习。无数习故，则无忆知[32]。

若汝立自性忆知者，比量等并不成就，以一体故。[33]一切疑心应是决智[34]，欲即离欲，偷即是施，即妇是母。是觉[35]若与自性不异，为当先有？为当后有？若先有者，所觉[36]既无，觉何所觉？若后有者，则因中果义即自坏[37]。

若汝说本有[38]者，所觉何物？若言我[39]是所觉者，是义不然。以证、比二量我不可得[40]故。物若是有，不离二量所得，譬如五尘[41]五根[42]。五尘者，智不重生[43]故，是名证量；比量者，智重生故[44]。先见识[45]生，后比知有根，以识不离根故。如先见烟，后知有火。我者则不尔，不如色等可证，过根境[46]故。不如诸根可比，无有相应事[47]故。故我非所觉，是故觉若在前[48]，则不成觉。故知一切法如实无自性，唯真实空[49]是其体性。

注释

① **无常**：此处义谓，由于忆知如上文所云，因念念变灭，前后展转方有，故谓之无常。

② **劫波婆**：印度的一种植物。其所生果实即为佉陀罗。

③ **佉陀罗**：又曰佉陀尼，印度用于饮食的一种食物。其由劫波婆种而生出。

④ **自相**：指劫波婆之色相。

⑤ **心**：心在佛教中有多种用义，在此处指集起之心，能生诸法现行。

⑥ **作法、非法**：作法，谓心生万法，心与法不一。非法，指一切诸法，本由妄心所生，从本质上说，法即

是妄心，而无自性别体，心法不异，故谓法为非法。

⑦ **前心、后心**：此喻心念妄动之前后不同状态。

⑧ **熏习**：身、口、意所造之善恶之业，其气分留于真如或心念之中，其作用现行，谓之熏习。如衣本无香气，若以香不断熏之，则衣亦染香之味。此文谓，前心所造业力气分，不断影响作用后心，故谓之前心熏习后心。

⑨ **不一异**：不一不异。不一，谓后心与前心不同，如人妄念恒动，念念不同。不异，指虽后心不同前心，然由前心所生，其中亦涵摄前心之义。如种子结果，果虽与种不同，然由种子生出，其间无根本之异。

⑩ **无自性心**：因此处心指集起之心，非自性清净心，其前后相生，展转不息，与恒常不变的自性之义相违，故谓之无自性心。

⑪ **寿者**：指未见正道的十六种知见之一。其指于五阴法中妄计有我受一期之报，命有长短者，故名为寿。

⑫ 此句义谓：因自性恒常不变，无前后之别，故理应无忘失之义。

⑬ 此二句义谓：忘失与忆知，性极相违，如其中一者存，则理应另一无。此从二者对立义上立说。

⑭ **忆知性**：此处指忆知之自性。

⑮ 此二句义谓：忆知与忘失虽性极相反，然亦极

相承，如上与下，一方不存，则另一方也失去存在之理由。此从二者统一义上立说。

⑯ **知**：指忆知。

⑰ 此数句义谓：若说忆知先生后灭，即无异于说忆知有生灭，如此，则忆知无有自性，而与上文所立有自性心方有忆知义相违，故说上文所立自性义不成。

⑱ **作具**：作，造作之义。具，指造作之结果。此二句义谓，若说忆知有自性，则理应恒常不变，而不应有造作所生之义。

⑲ 此二句义谓：自性本来不动，无造作所成，若言有造作生成之义，自与自性本义相违，故若立造作义，则自性义不成。

⑳ **作者**：外道所立神我，以我为作者。

㉑ **具**：此特指忆知，即神我所生之结果。

㉒ 此数句义谓：若说忆知乃由造作之神我所生，与其体无二，则无忆知，因为上文立义乃忆知有自性，有自性故，恒常不变，不可与造作之体为一。

㉓ **心**：此处指能有造作之功的神我。神我即外道所执之实我，与自性相对而相承之另一本体。数论认为，一切万法均由自性所变，自性本身不变，而其所能变，乃由于我意，我意即神我。故现象世间，是因由自性、神我相结合而生。若无神我，自性亦不存。故此文

说心或时无则无自性。

㉔ 此句义谓：因上文立义为忆知有自性，有自性故，不变不灭，无有变异，则与能变、能造作之神我二致，故心有时，则有自性之忆知不有。

㉕ 此二句，上顺二义而推出，其义谓：既然忆知也有无在之时，故其非常有，非常有故，理应有断灭。而此实际与上文所立有忆知自性义相违。心，即泛指忆知。

㉖ **心**：此处指忆知。

㉗ 此句之义，前文已述，即证知与忆知不可同时并有。先有证知，而后方有忆知。如先见物，以后方能忆想此物。

㉘“住”，碛砂本作“作”。

㉙ **数习**：习续之义，谓习续前念而起后念。

㉚ 此二句义谓：若一物无有自性，方有前后展转相生之义，如种结果，果虽与种色相不同，然亦是同类相生，其有相似之性，故谓同类相似之义可成。

㉛ **无相似**：因自性恒守一物，无前后续生之义，故前后相同，而不相似。相似与相同义殊。

㉜ 此二句义谓：若无前念后念相互习续，则后念何能忆知前念，故谓无忆知。

㉝ 此二句义谓：既然忆知前后无差别无相似，那比量之义就不能成立。一体，此指忆知自性恒为一物一

事，无有变异。

㉞ **决智**：决定不变之智。

㉟ **是觉**：指忆知之觉。

㊱ **所觉**：忆知所忆念之对象。

㊲ 此二句义谓：若说忆知在自性之后而有，那么所谓自性因中本有所生之果义就无法说通。

㊳ **本有**：此指忆知本有。

㊴ **我**：神我，外道所执之实有。

㊵ **我不可得**：因神我超言绝虑，非现量能证。现量不能证知，故比量亦不成。因比量以现量为基础。

㊶ **五尘**：指色、声、香、味、触五境。此五境能污染真性，故谓之尘。

㊷ **五根**：分别指眼、耳、鼻、舌、身五根，其分别能生眼、耳、鼻、舌、身五识。

㊸ **不重生**：指五尘不偏重于生生之义，多以静态之境相显，故易为证量所知。

㊹ 此二句义谓：比量须有相生相似之关系方能成立，故其偏重于事物间的相生性。

㊺ **见识**：眼识，其以能见为用，故名之。

㊻ **过根境**：指神我超过五根所缘之境，故不可以证、比二量知之。

㊼ **无有相应事**：指现象世间无有一事能比知神我，

与之相应。

㊽ **在前：** 指有一自性忆知存在。

㊾ **真实空：** 自性空。

译文

如果闻知忆知无有自性，前后变异无常，还怎么修习成道？回答曰：正是由于无常，才须要假借修习。譬如把劫波婆种子种植于地，用佉陀罗的液汁去溉灌，以后生出芽、茎、枝、叶，还是劫波婆自身的色相，不会有什么变异。只有到结果成熟之时，才变成佉陀罗的样子，色相赤红，与当初的劫波婆本样不同。心生万法也是如此。万法虽由心生，而法无自性，故又谓之非法。心生万法的次第为，前心念所造之业力气分，不断影响作用后念，如是展转不息，前后二心各自有别，故谓之不一；虽前后有别，而后由前生，二者无根本之殊，故又谓之不异。到果报成熟，苦、乐等不同果报也就各自显现，所以一切业果都从妄心展转生成，就像佉陀罗由劫波婆种子转生出来一样。

如果偏执地认为，忆知是由自性清净心而有，或由十六种外道知见所说的，生命长短之寿就是忆知，若执着此种邪见，就无忆知心以及寿者之存在。因为如执有自性，则无忘失之义。如果说有自性而又有忘失，则会产生两种过失：一种过失是，如果忆知有自性，就不可能有忘失的存在。如果有忘失，则忆知不能存在。这样的话，那忘失是有自性？抑或是无自性？若说其有自性，那与上文所说忆知有自性之义是否相违碍？若二者不相违碍，则二者于同一事物中便理应同时存在，忆知与忘失之二心也应同时并起。若说忘失有自性与忆知有自性二义相违碍，则二者不能并存，有自性忘失，则无忆知自性。忆知既无，那与之虽相违而又反相承的忘失之义又焉能存在？如果说先有忆知，待其变灭之后方有忘失，若这样的话，说忆知依自性而有的立义就不能成立。

第二种过失是，如果说忆知有自性，则应恒常不变，就不可能有造作生生之义。如果说由造作生生之义，仍可成就忆知之义，那此种忆知定无自性，若如此，则与上文立义有违。如果能造作之神我与忆知同一体性，则无忆知自性，因为忆知自性是恒常不动的。如果这样，那么能造作的神我若不存在，则与之相应承之自性也无存在之理；反之，如果能造作之神我或时存有，则本性不变的忆知自性又不能存在，（这一悖理，说明忆知自性根本无存在之理。）如果忆知或时不存，则能造作之神我必有生灭。

如果说假借其他事物来说明忆知有自性，恒常不灭。如现证某物之时，忆知不可能同时存在，如果以现证之知来说忆知，自然与理有碍。为什么呢？因为若一物恒常不变，则无前念、后念的习续变化。只有同类展转变化，前后相似而非相同，才有前念后念习续变化之可能。如果没有自性，一物前后才可能展转生化。如果有自性，则理应恒守一物一事，而不应有前后变更生化之理。如此，则无前念后念习续变化之义。无前念后念习续变化，则以后念忆前念之忆知之义就不能存在。

如果你立忆知有自性之义，那么忆知当恒为一物一事，而无有前后相变相似之关系，故此，比量之义也不能成立。（因为忆知比量是建立在同一事物不同阶段相似而非相同的关系之上的）这样，则疑心与决定之智，欲与离欲，偷盗与布施，媳妇与母亲等这些本来不同的事物差别也不存在了。忆知若与自性相统一，那么忆知为在自性之先存有？抑或在自性之后而有？如果说自性之先，忆知已有，忆知所念之境都不存在，忆知焉能独有？如果说自性之后，方有忆知，那么自性因中本有所生忆知之果的立义就不能成立。

如果说忆知本来就自有，那么其忆念之境又是何物？如果说神我是忆知所念之境，此义不对。因为神我是不能为证、比二量所能了知的。（故亦不能成为忆知所念之对象）境相如果存在，不能离开证、比二量所知之范围，譬如五尘与五根。五尘，不偏重生生变异之义，（能为五根所现量）所以为证量所了知。而比量须假借事物间相生之关系方能成立。通过眼识的能见功能，可以比知推断出有眼根的存在，因为眼识不能离开眼根而独存，这如同见烟可以比知推断出火的存在。而神我则不是这样，因其无任何色相可以证知，超过五根能缘的境相之外，不像五根能证见之境相，可以相互比量。因为神我没有任何可感知的事物可与之相应，故此其非能成为忆知所念之境相。所以，如果说存在一个忆知自性，此理不通。一切现象诸法，都没有自性，唯有自性空才是它们的根本。

遣破大乘执着

原典

佛性论[①]破执分第二中[②]破大乘见品第三

复次，为破大乘中学有偏执者应知。若汝说一切有皆由俗谛[③]，一切无皆由真谛[④]，应作此问：善友，何者是真实[⑤]？何者是俗谛？答曰：一切诸法无有自性，是为真实。于无自性法中说有自性，是名俗谛，以于无中假说有故。

问曰：是执无有自性，为当依世俗言故有？为当唯是语言？若依世俗言有此执者，此执[6]则不可说。何以故？执[7]是无故。若此执唯是语言，则无所诠[8]，世俗语言不成就故。若不成就是世俗者，是义不然。

又若汝谓，于无自性中执有自性，是名为俗。若执有者，云何是无？答曰：为颠倒品类[9]故，故无中说有，乃至于无常乐我等[10]诸法，说言皆有。常等诸德[11]，其体实无，但假说有。如此执者，为四倒[12]摄，是故虽执是有而得是无。

问曰：如此颠倒为有？为无？若是有者，一切诸法无有自性，是义不成。若是无者，此执颠倒，亦不得成。[13]

若无性中执有自性为俗谛者，是义不然。何以故？二谛不可说有，不可说无，非有非无故。真谛不可说有，不可说无者，无人法[14]故，不可说有；显二空[15]故，不可说无。俗谛亦尔，分别性[16]故，不可说有；依他性[17]故，不可说无。

复次，真谛不定有无。人法无不无[18]，二空有不有[19]。俗谛亦尔，分别性故，非决定无[20]；依他性故，非决定有[21]。

注释

①“佛性论”，金陵本无。

②“第二中”，碛砂本无。

③ **俗谛**：指迷妄之情所见世间之事相。其为凡俗现象的道理，故谓之谛。

④ **真谛**：指圣智所见一切现象真实之理，其见离虚妄分别，为究竟之真理。

⑤ **真实**：此即指真谛。

⑥“此执”，碛砂本无。

⑦ **执**：指俗谛所执自性之义。因俗谛所执自性之义，本来就是虚假不实的，故谓之无。

⑧ **无所诠**：语言要以一定对象为自己所诠之内容，既然其对象（自性）本来是无，那语言亦形同虚设，无有所指。

⑨ **颠倒品类**：概指以无常为常，以无为有等违反事物本来真实之理的人。一切颠倒，均由无明妄念所致。

⑩ **常乐我等**：指大乘涅槃所具有的常、乐、我、净四种德相。常，指涅槃之体恒常不变，无有生灭。乐，指涅槃境界寂灭永安，运用自在，所为适心。我，指如来法身自在无碍，为远离有我、无我二妄执之大我。净，指涅槃境界解脱一切垢染。

⑪ **常等诸德**：指常、乐、我、净四德。

⑫ **四倒**：指四种颠倒之妄见。即是以涅槃之体无常、乐、我、净而执有常、乐、我、净。

⑬ 此数句义谓：若说上述颠倒诸义本来就是无，那其颠倒之义又怎么可能成立。

⑭ **人法**：人谓人我执，即虚妄执着人身中有常一主宰之我，认之为实有。由于此执而产生种种过失。法，即法我执、法执，指执着一切色心等现象，误认有恒常不变之实法之体。

⑮ **二空**：指人、法二空。人空，又名我空，说明人我空无的真理。凡夫滥计五蕴等现象为我，强立一个主宰，从而引生出种种烦恼，佛为破除此执，故说五蕴无我之理，二乘人悟此道理，谓之人空。法空，是说明诸法空无的真理。二乘虽达我空，认为人皆由五蕴和合而有，但还未了解五蕴本身也是空，佛为之说五蕴自性亦是空，谓之法空。

⑯ **分别性**：遍计所执性，唯识法相宗所说三性之一。其指由凡夫妄情所迷，执虚妄之现象为实有之体。如见绳而误以为蛇，其实非有蛇之实体，只是妄情迷执所致。

⑰ **依他性**：依他起性，亦唯识法相宗所说三性之一。其指一切现象之法皆由因缘和合而生。他，即指因

缘义。如绳是由麻等因缘而成。此性能说明一切法现象是有（假有）。

⑱ **不无**：指真谛不无。因为我法二执俱破，所显之义，乃真谛，故说其是有，不无。

⑲ **不有**：指真谛实体不有。因真谛有义是借我、法二空所彰现，故其自身亦无实性。

⑳ **非决定无**：谓分别所妄计之现象不一定没有。因分别性的错谬只在误认现象都有一个实体。

㉑ **非决定有**：谓现象的自性或实性不一定有。因依他性虽能说明现象因缘而有，然此有是假有，而非实有。

译文

为了遣破大乘佛教中学有偏执的人理应了知如下：如果说一切存有皆依于俗谛，一切无皆依于真谛，那么可作如下设问：朋友，什么是真谛，什么是俗谛？（如果你）回答道：一切现象均无自性，这就是所谓的真谛。对于这些没有自性的现象而说其有自性的存在，这就叫俗谛，即俗谛就是从无自性的现象而假说其有自性。

（我）继续设问：这种执无自性为有自性，是从凡夫世俗的眼光来说其有？还是唯就语言上作如是说？如果依从凡夫世俗的眼光来说此种偏执，那么此种偏执根本就不能说。为什么呢？因为此执所执着的自性本来就不存在。（执又焉存？）如果唯就语言上来说此偏执，那么语言所说之对象（自性）本来是无，那语言亦无对象可以说，这样语言也就形同虚设，不能构成所谓语言。如果从世俗的眼光来说，其立义不成，所以说一切有皆由俗谛这种讲法不能成立。

再则，如果说把本来没有自性的现象偏执为有，这叫作俗谛的话，那么执有者，为什么是无呢？（如果你）回答道：只是为了针对那些颠倒事物真理的人，才从无自性中说有自性存在，以至于本来无常、乐、我、净诸德，而说它们存在。常、乐、我、净四德，其自性实际是不存在的，只是（为下根之人），假说其存在。这种把本来没有自性的常、乐、我、净而执为实有的做法，属于四种颠倒之妄见。所以，虽然执自性为有，而实际上自性是无。

（那么我继续）设问：上述所谓四种颠倒的现象是有？还是无？如果说真有这样四种妄见，那么一切诸法均无自性，又怎么可以说妄见这种现象为实在呢？如果说此妄见均不存在，那么其颠倒之义又焉能成立？

所以如果说执无自性为有自性，是为俗谛，此义不能成立。为什么呢？因为真俗二谛既不可说其有，也不可说其无，其非有非无。所谓真谛不可说有也不可说无，是指真谛没有人、法两种虚妄之执，故不可说其有；又因真谛能显了人、法二空之义，故又不可说其无。俗谛也是如此，就其遍计所执而言，所执皆为虚妄无体，故不可说其有；就其依他起性而言，一切现象皆因缘而有，故又不可说其无。

再则，真谛有无之性亦不能决定。因其俱破我、法二执，就其能破之义而言，不能谓其无；因其是假借人、法二空而显自义，二空既无实性，真谛焉能谓有？俗谛亦是如此。就一切现象皆由分别妄计而有，故其虽无自性，而不能决定说无现象之假有；就一切现象皆依他因缘而有，非自性有，故不能决定说现象为实有。

2　卷二

彰现佛性之体

佛性体之三因说

原典

天亲菩萨造[1]

陈天竺[2]三藏[3]真谛译

显体[4]分第三中[5]三因[6]品第一

复次，佛性体有三种、三性[7]所摄义应知。三种者，所谓三因、三种佛性。三因者，一应得因[8]。二加行因[9]。三圆满因[10]。应得因者，二空所现真如。由此空故，应得菩提心及加行等，乃至道后法身[11]，故称应得。加行因者，谓菩提心[12]。由此心故，能得三十七品[13]、十地[14]、十波罗蜜[15]助道之法，乃至道后法身，是名加行因。圆满因者，即是加行。由加行故，得因圆满[16]及果圆满[17]。因圆满者，谓福慧行；果圆满者，谓智、断、恩德。此三因前一[18]则以无为如理为体，后二[19]则以有为愿行为体。

三种佛性者，应得因中具有三性。一住自性性[20]。二引出性[21]。三至得性[22]。记曰：住自性者，谓道前凡夫[23]位。引出性者，从发心以上穷有学圣位[24]。至得性者，无学圣位[25]。

注释

①“造”，碛砂本作“说”。

②“天竺”，碛砂本无。

③“三藏”，碛砂本多有“法师”二字。

④“显体”，碛砂本多有“佛性论第三”诸字。

⑤“第三中”，碛砂本无。

⑥“三因”，碛砂本多一“如”字。

⑦ **三性**：此指下一节文所说三无性与三自性。

⑧ **应得因**：指由人、法二空方能显最高真如之境界。达此境，应假借人们发心修行尔后方得，故谓之应得因。

⑨ **加行因**：为证达究竟佛果而加力修行，故名之加行因。

⑩ **圆满因**：指通过加力修行而达到的究竟圆满的境界。

⑪ **道后法身**：法身，梵文Dharmakāya，即佛之真身。道后法身，指通过修行而成道，获得圆满无碍的法身。

⑫ **菩提心**：菩提，旧译为道，新译为正觉，求道、求正觉之心谓菩提心。

⑬ **三十七品**：又名三十七道品，概指为通达涅槃究竟之路而进行的各种修行准备，有三十七种之多。如四念处、四正勤、四如意足、五根、五力、七觉支、八正道等。

⑭ **十地**：指十种地位。又名十住。菩萨修行之过程，须经五十二位中之第四十一至第五十之位，即十地。菩萨初登此位之际，即生无漏智，见佛性，乃至成为圣者，长养佛智。并以其护育一切众生，故此位亦称地位、十圣。地位之菩萨称为地上菩萨；登初地（初欢喜地）之菩萨称为登地菩萨，初地以前之菩萨称为地前菩萨，即指十住、十行、十回向之地前三十心。据《十住毗婆沙论》称，“地”意为住处，故十地又译作十住。十地之名为：（一）欢喜地。（二）离垢地。（三）发光地。（四）焰慧地。（五）难胜地。（六）现前地。（七）

远行地。（八）不动地。（九）善慧地。（十）法云地。

⑮ **十波罗蜜**：为修行成道而进行的十种菩萨大行。

⑯ **因圆满**：指修行大乘佛法而应具备的福德、智慧与妙行。

⑰ **果圆满**：指达到佛果后而具有的三种德相。一为智德，指破一切无知而具无上菩提；二为断德，指断一切烦恼而具无上之涅槃；三为恩德，指具大悲而救济一切众生的利他之义。

⑱ **前一**：指应得因。因为人、法二空方能显真如境界，故谓无为、如理。

⑲ **后二**：指加行因与圆满因。此二因以发心修行证果为主，故谓之以有为愿行为体。

⑳ **住自性性**：指发心修行证理前所处之状态。

㉑ **引出性**：指从发心修行到通过修学所至圣果之状态。

㉒ **至得性**：指修行所到阿罗汉果之状态。

㉓ **凡夫**：对圣而言，指尚未断惑证理之人。

㉔ **有学圣位**：小乘修行四果中的前三果谓之有学。因其尚有可修学之道，还须假借修行各种方法方能到达。

㉕ **无学圣位**：谓小乘修行之第四果，即阿罗汉果。此果已断三界诸惑，已证真谛之理，不需要再修学，故名之无学圣位。

译文

再则，要了知佛性之体，应当了解其体有三种与三性。所谓三种，即指三因与三种佛性。三因包括一、应得因。二、加行因。三、圆满因。应得因，是指由人、法二空方能显之最高真如的本体境界。由于达此二空，理应假借求道之心以及加力修行的动力，乃至最后证得圆满无碍的法身，故称之为应得因。加行因，是指由求道求觉之正心而引发的三十七种、十地、十波罗蜜等各种帮助成道的方法，这些方法可以帮助修行人成道证法身，故谓之加行因。圆满因，是指通过修行的各种方法，获得圆满究竟的境界。这种境界分为因圆满与果圆满两种。所谓因圆满，是指为修习成道而必须具备的福德、智慧以及各种胜妙之行法。所谓果圆满，是指修达佛果后而具有的无上智慧、断破烦恼及大悲济世等三种德相。此三因中之应得因，重于人法二空，故以无为如理为根本；而加行及圆满二因，以发心修习成道为主，故以有为愿行为根本。

所谓三种佛性，是指应得因中所具有的三性。其分别为“住自性性”、“引出性”及“至得性”。记曰：所谓“住自性性”，是指佛性在修行证道以前，尚未断惑证理的凡夫状态。所谓“引出性”，是指佛性从发心修行到通过修学至圣的中间状态。所谓“至得性”，是指佛性在已断惑证道的至圣状态。

佛性体之三性说

原典

佛性论[1]显体分第三中[2]三性品第二

复次，三性所摄者，所谓三无性[3]及三自性。三无性者，一无相性[4]。二无生性[5]。三无真性[6]。此三性摄如来性尽。何以故？以此三性通为体故。无相性者，一切诸法但名言所显，自性无相貌故，名无相性。无生性者，一切诸法由因缘生故，不由自能生[7]，自他并不成就故，名无生性。无真性者，一切诸法离真相故，无更别有实性可得故，名无真实性。

复次，三种性者，一分别[8]。二依他[9]。三真实[10]。别有十种义应知。何等为十？一分别名。二缘成。三摄持。四体相。五应知。六因事说。七依境。八通达。九若无等。十依止。

一分别名者。为随名言假说故，立分别性。若无此名言，则分别性不成。[11]故知此性，但是名言所显，实无体相，是名分别性。依他性者，是十二因缘所显道理，为分别性作依止[12]故，故立依他性。真实性者，一切诸法真如圣人无分别智[13]境，为清净三性[14]，为解脱三[15]，或为引出一切诸德，故立真实性。是名分别名。

二缘成者。

问曰：分别性缘何因故而得显现？

答曰：由缘相名相应故得显现。

问曰：依他[16]性缘何因故得成耶？

答曰：缘执分别性故得显现。

问曰：真实性缘何因得成？

答曰：由分别、依他二性极无所有[17]，故得显现，故名缘成。

三摄持者。性有三种，法有五分。言三性者，所谓分别、依他、真实。五法者，一相[18]。二名[19]。三分别思惟[20]。四圣智[21]。五如如[22]。前三是世间智，圣智是出世智，如如是无为境。为明此五法摄前三性故。

问曰：于五法中几法摄第一性[23]？

答曰：五法并不可摄。何以故？为无体[24]故。

问曰：第二性[25]几法能摄？

答曰：有四法[26]摄。

问曰：第三性[27]几法能摄？

答曰：唯如如一法能摄。

问曰：若依他性为圣智所摄者[28]，云何说依他性缘分别性得成？

答曰：依他有二种：一染浊依他，二清净依他。染浊依他，缘分别得成；清净依他[29]，缘如如得成故。

注释

①“佛性论”，金陵本无。

②“第三中”，碛砂本无。

③ **三无性**：法相唯识之学针对遍计所执、依他起及圆成实三性之有法而说相等三无性之空义。其分别为相无性、生无性及胜义无性。

④ **无相性**：相无性。针对遍计所执性，而说一切现象皆假借概念、语言而显现，而自性没有形相可言，故谓之无相性。

⑤ **无生性**：生无性。针对依他起性说一切现象皆因缘假合而生，而说因缘生则无有实性，非自性生，故谓之无生性。

⑥ **无真性**：胜义无性。针对圆成实性说真如为圆为常，为一切有为现象之实性，而说一切现象离真如之性，无有实性，故谓之无真性。

⑦ **不由自能生**：指不由自性所生。

⑧ **分别**：分别性，亦名遍计所执性。

⑨ **依他**：依他起性。

⑩ **真实**：真实性，亦名圆成实性。

⑪ 此数句义谓：一切事物之现象都假借一定的概念名称才能显现，而此概念名称则正是人们分别计度现象的基础，人们误认概念名称为实有其性，故生分别。若无此概念名称，则分别性无从而起。

⑫ **依止**：依据。此句义谓，分别性假名言而有，而名言又必须假借因缘和合之现象而后有，故可推论分别性亦最终要假借依他缘起方能存在。

⑬ **无分别智**：又名无分别心，指体悟真如的智慧。因真如离一切有为之相，不可分别，故不能以分别之心去认识，而必借无分别无相之真智方能观照冥符。

⑭“三”，碛砂、金陵本均作“二”。二性，此指真实所具有的第二种性质。上文无分别智境为第一种性质。

⑮ **三**：指真实所具有的第三种性质。

⑯ **依他**：此指下文所说的“染浊依他”。

⑰ **极无所有**：此处指分别、依他二性，皆由虚妄执着，因缘假和而有，无有实性，故谓之无所有。

⑱ **相**：梵文为 Lakṣaṇa，指事物表于外而可感知的相状。

⑲ **名**：梵文为 Nāmān，指事相的指称概念，人们闻其声，则其相应事相必浮于心。

⑳ **分别思惟**：亦名分别智。此指凡夫虚妄计度，分别事相之智。

㉑ **圣智**：与虚妄分别智相反，其为如理智，能观照真谛。

㉒ **如如**：指真如及彼此诸法不二平等。

㉓ **第一性**：指三性中之分别性。

㉔ **无体**：指分别性本来虚妄，没有体相。

㉕ **第二性**：指三性中之依他起性。

㉖ **四法**：指上文中之相、名、分别思惟、圣智等四法。

㉗ **第三性**：指圆成实性。

㉘ 此句义，上文已说，即四法中有圣智，故谓依他为圣智所摄。

㉙ **染浊依他、清净依他**：此二依他之分，似为《佛性论》所有，其他经论不见。

译文

三性所包摄的内容，指三无性及三自性。三无性是分别指一、无相性。二、无生性。三、无真性。此三性之义可以包摄一切真如之性。为什么呢？因为这三性可以通括一切真如。所谓无相性，是说一切现象都是假借概念和语言来表现的，而自性则无形无相，不可言指，故名之“无相性”。所谓无生性，是说一切现象皆由因缘和合而生，而不是由自性派生出来，既非自性所生，又非他物所生，故名之“无生性”。所谓无真性，是说一切现象若离开真如之性，就不再有其他实性可得，故名之“无真实性”。

三自性分别指一、分别性。二、依他起性。三、真实性。另外还有十种三性之义理应了知。哪十种呢？一、分别名。二、缘成。三、摄持。四、体相。五、应知。六、因事说。七、依境。八、通达。九、若无等。十、依止。

一是所谓分别名义。是说分别性是通过一定概念和语言假说才能形成。如果不假借于一定的概念语言，则分别性无由得成。因而了知所谓分别性，只是通过概念语言所显示，根本没有实际的体相可言。依他性是依照十二因缘来显示一切现象，皆由缘生的道理，其是“分别性”得以成立的依据，故立“依他性”。真实性是指，圣人对待一切现象和真如无有分别之心所显现出的境界，其具有清净无染与解脱尘凡的性质。其也可引出各种胜妙善德，故立此为真实性。上面讲的是“分别名”。

二是缘成义。

问：分别性缘何因，方能显现？

答：分别性假借一定的概念语言，方能显现。

问：依他性缘何因，方能成立？

答：依他性假借对分别性的执持，方能成立。

问：真实性缘何因，方能成立？

答：真实性是通过分别、依他二性从根本上说没有实性，方能显现。上述即是缘成义。

三是摄持义。此义可从三自性与五法义来说。所谓三自性，分别指“分别性”、“依他性”与“真实性”。所谓五法，分别指一、相。二、名。三、分别智。四、圣智。五、如如。前三义是世间智，圣智是出世间智，如如是无为所涉之境界。下面说明此五法摄三自性义。

问：在五法中，有哪几法摄持分别性？

答：五法皆不能摄持分别性。为什么呢？因为分别性本来虚妄，没有体相。

问：依他性有几法能摄持？

答：有相、名、分别智和圣智四法可以摄持。

问：真实性有几法能摄持？

答：唯有如如一法能摄持。

问：如果依上说，依他性可以为圣智所摄持。那为什么前文又说依他性缘分别性，方能成立？

答：依他性有两种：一是“染浊依他”，二是“清净依他”。其中染浊依他缘分别性方能成立，而清净依他则缘如如方能成立。

原典

四体相者，有二：一通，二别。通者，由此三性，通能成就一切诸余真谛，或二、三、四、七谛[①]等法故。诸真谛不出三性，是以三性为诸真谛通体。

二别体者，于三性中各有实义。何者实义？一者分别性体，恒无所有，而此义于分别性中非不为实。[②]何以故？名言无倒[③]故。二者依他性体，有而不实[④]，由乱识、根[⑤]、境[⑥]故是有，以非真如[⑦]故不实。何以故？因缘义无倒故，是以对分别性故名为有。对后真性故非实有，是名有不真实。三者真实性体，有无皆真，如如之体，非有非无故。[⑧]

问曰：是三性实相云何？

答曰：分别性实相者，人法[⑨]增益及损减，由解此性故，此执不生。是分别相人法者，是分别所作。若依真谛观此人法为有，名增益执。[⑩]若依俗谛观此人法是无，名损减执。[⑪]若通达此分别性，则增益减损二执不生，是名分别实性相。[⑫]

复次，依他实[⑬]性相者，能执[⑭]、所执[⑮]增益及损减，由解此性故，故此执不生，是名依他性相。此能执、所执若见真为有[⑯]，则是增益，名为常见[⑰]。若见俗定无[⑱]，则是损减，名为断见[⑲]。若通此二性，断常二执并不得生，是名依他实性相。[20]唯有似尘识故，则无能所。无能所故，无增益执。由有似尘识[21]故，无损减执。

复次，真实性相者，有无及增益、损减执，由解此性故，执不得生。所以者何？若执空为有[22]，名增益谤。若执空为无[23]，名损减谤。若通达此性，则二执不生，是名真实性相。[24]

五应知等者。

问曰：是三性几应知，几不应知？

答曰：一切应知。何以故？由知三性能通达三解脱门[25]，能除三障[26]故。知分别性，能通达空解脱门[27]，能[28]除肉烦恼[29]。知依他性，通达无愿解脱门[30]，能[31]除皮烦恼[32]。知真实性，能通达无相解脱门[33]，能[34]除心烦恼[35]。又初解脱障[36]，次禅定障[37]，后一切智障[38]故。

问曰：三性中几性不可灭，几性可灭耶？

答曰：二性[39]不可灭，一性[40]可得灭。何以故？分别性本来是无[41]，故不可灭。真实性本来是真，故不可灭。依他性虽有不真实，是故可灭。以是义故，说应知等。

六因事说。

诸佛说法有二种：一了义经[42]。二不了义经[43]。不了义经者，由此三性是故，佛说不了义经。如缘有灯故，知物在暗中。后时因灯，能得了现暗中之物。如来亦尔，由有著[44]三性者故，说不了义经。达三性者，自然显了，名了义经。如经中说，若人已得无生法忍[45]，则不退堕。

问曰：此言云何成立？

答曰：由有三性故，则得成立。如来约分别性故，说本来无生忍[46]。约依他性故，说自性无生忍[47]。约真实性故，说惑、垢、苦本性无生忍[48]。

问曰：如来约何性说如此义，言一切诸法无生无灭，本来寂静，自性涅槃耶？

答曰：约无相性[49]说如是言。

问曰：如来约何法说一切诸法譬如幻化耶？

答曰：约无生性[50]说。

问曰：如来约何法说如是言，一切诸法譬如虚空？

答曰：约真实性[51]说，是故佛因三性说，故有了不了义经。

七依境者。

问曰：此三性为何智境？

答曰：分别性者，唯是凡惑境[52]，非圣智境。何以故？无体相故。依他性者，为圣凡俗智境[53]，是俗有故。真实性者，唯为无分别圣智境[54]，如量如理[55]故。如量则摄一切，如理则无颠倒，是名依境。

注释

①**二、三、四、七谛**：在《瑜伽师地论》卷四十六记载由一谛至十谛。今依此诠释，其分别为，所谓真谛是不虚妄谛，二谛是世俗谛、胜义谛，三谛是相谛、语谛、用谛，四谛是苦、集、灭、道之四圣谛，以及爱味谛、过患谛、出离谛、法性谛、胜解谛、圣谛、非圣谛七谛。

②此数句义谓：从真谛来观照，分别性乃虚妄计度而生，无所分别之对象存在，但对于分别性自身来说，即以妄观妄，其所分别之对象又非不有。

③**名言无倒**：从以妄观妄的角度说，名言也反映了一定对象，故曰无倒。

④**有而不实**：有，谓因缘而有；不实，谓因缘而有，故自性空。所以虽有而是假有、幻有，非是实有。

⑤**乱识、根**：在真谛的用语中，“乱识”是指第八识，玄奘则以“诸识”来代表八识俱起。所以此处应是第八识经由六根接触六境而产生认识。

⑥**境**：认识之对象，即是所缘。因一切现象不外识根与境，能与所因缘和合，方有生起，故谓由识根境而有。

⑦**真如**：是指“无”自性、空性之义。与“自性、

实性”不合。

⑧ 此数句义谓：真性本体，人法二空，故不可说有；其能显二空之理，故又不可说无。所以真性本体有无皆真，非有非无。

⑨ **人法**：指人、法二执。

⑩ 此数句义谓：应是指二谛中的真谛。以下依他性则指俗谛，真实性则指通达真、俗二谛，非有非无的空性，但并无“中谛”的观念。因为“三谛”的观念只见于《菩萨璎珞本业经》《仁王般若经》，以及天台教义。故此处唯识学似不应采用三谛的观念。

⑪ 此数句义谓：若依三谛中之空谛而言，即观此人、法二执为无。

⑫ 此数句义谓：若依三谛中之中谛而言，即观此人、法二执假有非空，实无非有，故增益（有），减损（空）二谛不生，而此即是诸法实相。

⑬“实”，碛砂本作“性”。

⑭ **能执**：指能认识、了别事物的心识。

⑮ **所执**：因缘而生之认知境相。

⑯ **见真为有**：三谛中之假谛，执持能、所二法为假有。

⑰ **常见**：固执人心及一切现象，过去现在未来常住不灭，无间断之妄见。

⑱ **见俗定无**：三谛中之空谛，执持能、所二法为空无。

⑲ **断见**：固执人身心及一切现象断灭，永不续生之妄见。

⑳ 此数句义谓：若能依照中谛之义来观照，则能、所二执非有非空，故断、常二执皆不能生起，而究竟依他起之实义。

㉑ **似尘识**：似尘，即指一切境相由依他因缘而起，故似有非有。似识，指依他之心法，谓认识诸义也依他而有，故似有非有。如此，则能缘与所缘俱似有而非有。

㉒ **执空为有**：空，在此指真实性。此句为三谛中之假谛，执真性为有。

㉓ **执空为无**：三谛中之空谛，执真性为空无。

㉔ 此数句义谓：若依中谛来观照真性，其非有非无，增益损减二谤不生，为真性之实义。

㉕ **三解脱门**：分别指空解脱门、无愿解脱门与无相解脱门。

㉖ **三障**：分别指有碍成道的解脱障、禅定障和一切智障。亦可指下文肉、皮、心三烦恼障。

㉗ **空解脱门**：又名空三昧。指观一切现象为因缘所生，无我及我所，空此我、我所二法，故名空三昧。

㉘“能”，碛砂、金陵二本均无。

㉙ **肉烦恼**：三障之一，指三界以内的见惑。通常指断、常二见，皆由内心虚妄分别而有，如肉之在皮内，故相对皮烦恼而说肉烦恼。此烦恼由分别性引起，故若能了知分别性本来虚妄，即可除此烦恼。

㉚ **无愿解脱门**：又名无作解脱门及无愿三昧。指对一切生灭变异之法，愿求远离造作之念的禅定。

㉛"能"，金陵本无。

㉜ **皮烦恼**：三障之一。指三界中之思惑，即贪瞋等惑，对于外界而起，如皮之在身外，故名之皮烦恼。若能了知一切现象依他缘起之义，即能于境不起贪瞋，故除此烦恼。

㉝ **无相解脱门**：又名无相三昧。指远离色声香味触五法、男女二相及三有为相等十相，以此无相为缘而达到之禅定。

㉞"能"，碛砂、金陵本均无。

㉟ **心烦恼**：三障之一。指根本无明，由此无明惑迷真心，妄起计度执着，故名心烦恼。

㊱ **解脱障**：解脱，又名灭尽定，指灭尽一切心念，离一切之障碍而达到的禅定。而障碍圣者入灭尽定之法，谓之解脱障。

㊲ **禅定障**：指有碍禅定的一切妄念。

㊳ **一切智障**：又名所知障等，指执着于所证之法

而障蔽其真如根本智。谓众生由于根本无明惑，遂迷昧于所知之境界，覆蔽法性而成中道种智之障碍。

㊴ **二性**：此指分别性与真实性。

㊵ **一性**：此指依他性。

㊶ 此句义谓：分别性本来由虚妄计度而有，无有实性，故说其本来是无。

㊷ **了义经**：能显了究竟真理之经典。从大乘言之，则小乘为不了义经，然大乘亦有了义不了义之别。

㊸ **不了义经**：指为方便而说，并不开显法性实义之经典。

㊹ **著**：显了之义。

㊺ **无生法忍**：又名无生忍。指真如理体远离生灭之法，安然不动，故谓之无生法忍。于初地或七、八、九地所得之悟。

㊻ **本来无生忍**：此指分别性乃虚妄计度而有，本来无生，故名之。

㊼ **自性无生忍**：此指由依他性而了知，一切现象因缘和合而有，没有自性，故说自性无生，而以此名之。

㊽ **惑、垢、苦本性无生忍**：指由真实性而了知，一切现象本性是空，惑、垢、苦等不善诸业亦本来性空，故说其本性无生。

㊾ **无相性**：指自性无形相可得。

⑤⓪ **无生性**：指自性无生无灭，故一切现象无实性生，是因缘假合而有，所以谓之如幻如化。

⑤① **真实性**：指一切现象本性是空，所以由此性而观照，一切现象譬如虚空。

⑤② **凡惑境**：指凡俗迷惑所行之境界。

⑤③ **圣凡俗智境**：又名如量智、俗智等，指佛菩萨、凡人通达一切现象之事相智慧。

⑤④ **无分别圣智境**：又名无分别智境。指冥悟真如之智所行境界。此智离一切有为相，无有分别之心，故名此。

⑤⑤ **如量如理**：如量，指通于一切现象之事相。如理，又名如实，指契于一切法之真理。

译文

四是体相义。关于此义有二：一种通义，二种为别义。所谓通义，是说通过三自性，可以解说一切真谛，或真俗二谛，或相、语、用三谛，或苦、集、灭、道四圣谛，或爱味谛、过患谛、出离谛、法性谛、胜解谛、圣谛、非圣谛等七谛。一切真实理谛不出三性义摄，所以说三性为一切真谛所共有之体相。

所谓别义，是说三性中，各性都有自己的实义，有什么实义呢？一就分别性体相而言，若从真谛来观照，分别性乃虚妄计度而生，无有计度之对象存在。但对于分别性自身来说，即以妄观妄，则其分别计度之对象又非不有（假有），为什么呢？因为概念语言总反映一定现象（假有）的存在。二就依他性体相而言，其虽因缘而有，却是假有，无有实性存在。依他性由能缘的诸识根与所缘之境相和合而有，然其虽有，非真有，所以无有实性。为什么呢？因为从因缘和合必生假有的道理来看，可以说其相对分别性而说是有。但对真实性而言，其有毕竟是假有，故又谓之不真实。三就真实性体相而言，由于真性之体人、法二空，无有分别，故曰有无皆真，其无一切执法，故说无，其能显一切真理，故说有，故又谓之非有非无。

问：三自性的实相为何？

答：分别性的实相，从人、法方面来看，可分为增益执和损减执。由于了解分别性的意义，所以不会产生对人、法的执着，这是分别性的“体相”。所谓的人、法，都是心的分别而造出来的。因为心执着人、法在真谛上是存在的，所以称为“增益执”；在世俗谛上是不存在的，所以称为“损减执”。如果人、法是由心的分别而产生，那么就不会有“增益执”和“损减执”，这就是分别性的“实相”。

依他性的实相，从能执（的心）、所执（的人、法）方面来看，也有增益执和损减执。由于了解依他性的意义，就不会产生能执和所执，这是依他性的“体相”。执着能执（的心）、所执（的人、法）在真谛上是存在的，这叫作“增益执”，也称为“常见”；在世俗谛上是不存在的，这是“损减执”，也称为“断见”。如果了解“能执、所执”是互相依存而起（依他性），常见与断见就无法产生，此即依他性的“实相”。我们所认识的外相，事实上只是外象反映在我们的意识中，称为“似尘识”，并没有真正的心（能）与所认识的外象（所）。因为在胜义谛上没有能、所，故没有增益执，在世俗谛上仍有“似尘识”的存在，故没有损减执。

真实性的实相，从有、无的方面来看，也有增益执和损减执。由于了解真实性的意义，就不会产生对有、无的执着。为什么呢？如果执着“空”在真谛上是存在的，这叫“增益谤”；在世俗谛上是不存在的，这叫“损减谤”。若了解“空”是万法的本质（非无），另一方面“空”义也是相对于万法才能存在（非有），那就不会产生对有、无的执着，这是真实性的“实相”。

五是应知之义。

问：这三性中，哪些应当了知，哪些不应了知？

答：三性之义都应当了知，为什么呢？因为只有了知三性之义，才能通达空、无愿与无相三解脱门，才能去除肉、皮、心三种烦恼障。了知分别性义，可以通达无我与我所，实现空三昧，去除内心虚妄分别而生的断、常等见烦恼。了知依他性义，可以愿求远离造作之念，实现无愿三昧，去除贪、瞋等思惑烦恼。了知真实性义，可以远离色、声、香、味、触五法，男女二相及三有为相等十相，实现无相三昧，去除根本无明的妄起计度，惑迷真心的心碍烦恼。此外，了知三性之义，还可以去除有碍解脱、禅定及一切智障。

问：三性中，有哪几性不可灭，哪几性可灭？

答：分别与真实二性不可灭，依他性可灭。为什么呢？分别性本来虚妄计度而有，无有实性，故无所谓灭。真实性本来是真，恒常不变，故不可灭。依他性虽因缘而有，但是假有非真，无有自性常恒，故缘散即谢。中上述诸义，才说应知等义。

六是因事说义。

诸佛说法有两种：一是显了究竟真理之经典。二是方便立说，不显法性实义之经典。所谓不了义经，是指佛为方便说法而假借三性之义，如假缘有灯，才能了知物在暗中，因为借助于灯，才能照现暗中之物。如来说法也是如此，通过三性方便说法，若通达三性之义，自然能通达究竟实义。如经中所说，若人已悟得寂然不动之无生法，则永不退堕。

问：此言如何成立？

答：通过三性之义，此言可以成立。如来从分别性的角度，说其虚妄计度而有，本来无生；从依他性的角度，说其因缘和合而有，自性无生；从真实性的角度，说其本性是空，惑、垢、苦等不善诸业本性亦空，无从所生。

问：如来从什么意义上，说一切现象不生不灭，本来寂静，自性涅槃？

答：从自性本体无形无相的意义上而作如是说。

问：如来从什么意义上，说一切现象譬如幻化？

答：从自性本体无生的意义上，说一切现象譬如幻化。

问：如来从什么意义上，说一切现象譬如虚空？

答：从一切现象本性是空的意义上，说一切现象譬如虚空。所以佛假借三性之义而方便说法。

七是依境义。

问：此三性是何种智慧所行之境？

答：分别性，只是凡俗浅近之智所行之境界，非是圣者所行之境界。为什么呢？因为分别性乃虚妄计度而有，无有自性。依他性，是佛菩萨如量智所行之境界，因为依他性乃因缘和合而假有。真实性，只是无分别的圣智所行之境界，因为此智通于一切现象之事相，契于一切法之真理。如量智涵摄一切事相，如理智则契于真理，无有颠倒，这就叫“依境”。

原典

八通达者。

问曰：修观行①人若通达分别性者，为当可说行执相②中，为不可说行执相中耶？

答曰：若由世俗智③分别，可说行执相中。若由出世无分别智④通达者，可说不行于执相中。是故依他与分别，同一无相。⑤如分别依他，真实亦如是⑥。

问曰：修观行人能如真实理入分别性，照了何性耶？

答曰：了真实性⑦。

问曰：修观行人如真实理入真实性，照了何性？

答曰：了依他性故，然后得真实性，是名通达。⑧

九若无等者。

问曰：若分别性无，有何过失？

答曰：若无分别性，则名言不立。名言不立故，则依他性不得成就[9]，乃至净、不净[10]品并皆不立。

问曰：若无依他性，有何过失？

答曰：若无依他性，一切烦恼不由功用[11]，应自能灭。若尔，净品亦不得成。[12]

问曰：若真实性无，有何过失？

答曰：若无真实性，则一切、一切种清净境[13]不得成故。一切者，别摄真俗尽。一切种者，通摄真俗故。

问曰：是真实性者为可立净，为立不净？

答曰：不可得说定净不净。若定净者，则一切众生不劳修行，自得解脱故。若定不净者，一切众生修道即无果报[14]。若定净者，则无凡夫法[15]。若定不净者，则无圣人法[16]。何以故？净不净品，皆以如[17]为本故。若其定净，不即无明。若其不净，不即般若。此两处如性不异故[18]，此真如非净非不净。何以故？欲显真如异眼等诸根[19]，异禅定心[20]等故。异眼等诸根者，诸根既不被染，亦应得同如理清净。而不然者，以有漏业为因故，从本不净[21]。真如不尔，在于佛地，本性清净，无有从本是不净义，故异诸根。异定心等者，定体本性自净，可得同真。而为四惑[22]所啖，故转成不净。真如之理本来清净，则不如是，虽复在无明㲉中，终不为彼所污。

问曰：此三性几性无体能生有体[23]？

答曰：唯分别一性无体，能生依他性体[24]。

问曰：此几性有体，能生有体？

答曰：唯是依他一性，有不实体，还能生依他体，犹如无明生诸行等。

问曰：此三性几性有体能生无体？

答曰：真实一性能灭依他，令其无体故[25]，是名若无等。

十依止者。

问曰：分别性依何法得成？

答曰：依三法故成。何者三？一相。二名。三思惟[26]依此三故，分别性立。

问曰：依他性依何得成？

答曰：依四法成。四法者，谓相、名、分别[27]、圣智[28]等。依此四法故，依他性成。

问曰：真实性依何法得成？

答曰：此性无住无着，无有依处，境无分别。

注释

① **观行**：观，梵文为 Vipaśyanā，达观真理之义。观行，即谓于心观理而又按真理来轨持行为。

② **执相**：执取相，指由于不了一切诸法虚妄不实，

对苦乐等境起分别之心，深生取着之念。

③ **世俗智**：俗智，可以分别了达一切事相。

④ **出世无分别智**：离一切有为、分别之心，可冥悟真如的无分别智。

⑤ 此句义谓：若从无分别真智去观照分别与依他二性，或虚妄遍计而有，或假借因缘而有，二者同样都无实相。

⑥ 此句义谓：真实以空为性，故也无相可执。

⑦ 此句义谓：若能如实观照分别性由虚妄所执，本来性空，此即是通达真实性。

⑧ 此数句义谓：若能如实观照真实之性，即可了达一切现象因缘而生，此即依他性。解此依他之义，又可通达一切现象无有自性，本来性空，故又通真实性。

⑨ 此数句义谓：指称不同事相之概念语言，乃假借分别计度之念而有，如有分别天与地的不同，方有天、地之概念名称而生。若无分别之心，则万法一如，亦无概念语言可以措意。依他性必假借一定概念语言，方可成立，如此顺推，可知无分别性，则依他性也不能成立。

⑩ **净**：指清净之德。

⑪ **功用**：指修习大乘佛法的实践及效用。

⑫ 此数句义谓：若无依他性，则一切现象因缘所生之义不立，如此则表明一切法自有本性，无须假借修习之功。

⑬ **一切、一切种清净境**：分别指一切智与一切种智。二智皆为佛智之名。一切智，指了知一切法。一切智是对一切种智而言，其间有总别二义。依总义说，二智总名佛智，无有差别，依别义说，则一别摄真俗一切现象，一通摄真俗一切现象。

⑭ **果报**：此指借修习而证得清净圆满之果位。

⑮ **凡夫法**：针对凡夫不净，而须假借修习成净的方法。

⑯ **圣人法**：成为圣人的修习方法，圣人本来断惑心净，若真实不净，则表明断惑证真之法无由得成。

⑰ **如**：指真如。

⑱ 此句义谓：无明、般若皆以真如为体，故从体性义上说，二者无有分别。此说与如来藏缘起系的观点一致。

⑲ **眼等诸根**：指眼、耳、鼻、舌、身、意等能分别了知事物的潜能。

⑳ **禅定心**：禅，又译为静虑，指心体寂静，万念俱灭；定，又译为三昧，指心定止于一境而离散动之义。禅定，即通过凝神绝虑，而使心达到专注一境的高

度入定状态。因禅定为心之德，故又名禅定心。

㉑ **从本不净**：佛教认为一切有漏业均从无始无明而有，故说从本不净。本，即指无始无明。

㉒ **四惑**：亦名四烦恼。指：（一）我痴，即无明。（二）我见，即我执，于非我之法妄计有我。（三）我慢，即倨傲、骄慢之心。（四）我爱，即我贪，于所执之我深生执着。

㉓ **体**：此中体均指体相。

㉔ 此句义谓：指由分别而生名言，由名言而有依他，展转相生。

㉕ 此数句义谓：从真实的层面来观照依他性，乃知依他由因缘所生，无有实性，故谓之令其无体。体，在此指体性。

㉖ **思惟**：分别思惟，凡夫分别之智。

㉗ **分别**：分别思惟。

㉘ **圣智**：能观真谛的如理智。

译文

八是通达义。

问：如果修习观行之人能了达分别性之本义，那么当说他对诸境分别执取，还是不当如是说？

答：如果从俗智的角度看，可以说其对于诸境起分别执取之念。如果从无分别智通达的角度看，则不当如是说。所以依他性与分别性一样，都无实相，真实性亦如分别、依他二性，无相可执。

问：如果修习观行之人能如实了达分别性义，那么他能照了何性？

答：能照了真实性义。

问：如果修习观行之人能如实了达真实性义，那么他能照了何性？

答：先照了依他性义，然后照得真实性义，这些就叫作“通达”之义。

九是若无等义。

问：如果不设分别性义，有何过失？

答：如果不设分别性，则万法一如，指称不同事相的概念语言就无从成立。概念语言不立，则说一切现象因缘而生之义也无从措置，以至于清净、不清净之差别也无以说明。

问：如果不设依他性，有何过失？

答：如果不设依他性，一切无明烦恼就可以不假借修习之功，自然灭除。如果这样的话，转染成净之义就不能成立。

问：如果不设真实性，有何过失？

答：如果不设真实性，则一切智与一切种智都不能成立。一切智，是指可以分别涵摄了通一切真俗现象。一切种智，是指以一智可以通达一切真俗现象。

问：真实性为清净之德或是污染之德？

答：不可说真实性一定清净，也不可说其一定不净。如果说其一定清净，那么一切众生不须假借修习之功，就可以自然解脱。如果说其一定不净，那么一切众生修道无用。如果说其一定清净，则无所谓凡夫修习成净之法。如果说其一定不净，则又无所谓圣人断惑之法。为什么呢？清净与不净二法，都以真如为体，如果其一定清净，则与无明毫无关涉；如果说其一定不净，则又与般若妙智毫无关涉。而无明与般若皆以真如为体，从体性上说没有差别，所以说真如之体非净非不净。为什么呢？为了显现真如不同于眼等诸根，亦有别于禅定之心等。所谓不同于眼等诸根，是诸根未被妄念污染时，亦是六根清净，与真如无二。而之所以与真如不同，是因为由无明起惑造业，从而产生不净。真如则不是如此，其住于佛地，本性清净，永远不为无明所动，所以与眼等诸根不同。所谓有别于禅定之心，是禅定本来自性清净无念，与真如无别，而由于我痴、我见、我慢、我爱等四种烦恼所啖，所以转净为染。真如之理本来清净，且不为烦恼所转，所以虽处无明之地，而终不为无明所染污。

问：此三性中，哪几性无有体相，却能生起体相之事？

答：唯有分别一性，虚妄计度而生，没有体相，但其能转生依他之义。

问：此三性中，哪几性有体相又能生起体相之事？

答：唯有依他一性，由因缘假有之体而生其他假有之体。就像无明产生出各种妄行一样。

问：此三性中，哪几性能以有体之性生起无体之相？

答：唯有真实一性，可以窥破依他缘起假有之真义，从而识出依他的无实之性。这些就叫“若无等”义。

十是依止之义。

问：分别性依据何法而得成立？

答：依据三法而得成立。哪三法呢？一是可感知之相状。二是指称事相之概念语言。三是凡夫分别之智。依据此三法，分别性得以成立。

问：依他性依据何法而得成立？

答：依据四法而得成立。所谓四法，分别指相状、概念语言、分别之智及能观真谛的如理之智。依据此四法，依他性得以成立。

问：真实性依据何法而得成立？

答：此性不住一法，不执着一法，故无有所依，因为真实之境无有分别。

如来藏义

原典

佛性论[①]显体分第三中[②]如来藏品第三

复次，如来藏[③]义有三种应知。何者[④]为三？一所摄藏。二隐覆藏。三能摄藏。

一所摄名藏者，佛说约住自性如如[⑤]，一切众生是如来藏[⑥]。言如者有二义：一如如智[⑦]，二如如境[⑧]。并不倒故，名如如。言来者，约从自性来，来至至得[⑨]，是名如来。故如来性虽因[⑩]名应得[⑪]，果[⑫]名至得[⑬]，其体不二[⑭]。但由清净有异[⑮]，在因时为违二空[⑯]，故起无明，而为烦恼所杂，故名染浊。虽未即显，必当可现，故名应得。若至果时，与二空合，无复惑累，烦恼不染，说名为清。果已显现，故名至得。

譬如水性，体非清浊，但由秽不秽故有清浊名。若泥滓浊乱，故不澄清，虽不澄清，而水清性不失。若方便澄渟，即得清净。故知净不净名由有秽无秽故得，非关水性自有净秽。应得至是[⑰]二种佛性亦复如是，同一真如，无有异体[18]。但违空理，故起惑着，烦恼染乱，故名为浊。若不违二空，与如一相，则不起无明，烦恼不染，所以假号为清。所言藏者，一切众生悉在如来智内，故名为藏。以如如智称如如境[19]，故一切众生决无有出如如境者，并为如来之所摄持，故名所藏，众生为如来藏。

复次，藏有三种：一显正境[20]无比。离如如境，无别一境出[21]此境故。二显正行[22]无比。离此智外，无别胜智过此智故。三为现正果[23]无比。无别一果过此果故，故曰无比。由此果能摄藏一切众生故，说众生为如来藏。

二隐覆为藏者，如来自隐不现，故名为藏。言如来者，有二义：一者现如不颠倒义。由妄想故名为颠倒，不妄想故名之为如。二者现常住[24]义。此如性[25]从住自性性[26]，来至至得[27]，如体不变异，故是常义。如来性住道前时[28]，为烦恼隐覆，众生不见，故名为藏。

三能摄为藏者，谓果地一切过恒沙数功德，住如来应得性[29]时，摄之已尽故。若至果时方言得性者，此性便是无常。[30]何以故？非始得[31]故。故知本有[32]，是故言常。

注释

①“佛性论”，金陵本无。

②“第三中”，碛砂本无。

③ **如来藏**：梵文为 Tathāgata-garbha，义指真如在烦恼中，为烦恼所覆盖。《佛性论》此节，详言如来藏之义。

④“者”，金陵本作“等”。

⑤ **自性如如**：指自性理体不二平等，无彼此差别，故谓之如如。

⑥ 此句义谓：一切众生均为如来藏所摄。

⑦ **如如智**：指能契入真如理体的智慧。

⑧ **如如境**：指为如如智所契之真如理体之境界。

⑨ 此句义谓：一切诸法均从真如自性中流转出来，最终又还灭回到真如自性本身。前者谓来至，后者谓至得。另，“来至”，碛砂、金陵二本均作“至来”。

⑩ **因**：此指因位，即对于成佛之果而言，佛修行佛因之位。自发心至成佛之间之阶位。

⑪ **应得**：义指如来之性将得。因如来藏处因位时，其本性尚为无明烦恼所覆，未得显现，须借修行之功将来必显，故谓之应得。

⑫ **果**：指果位，对因位而言，依因位修行之功而

得悟之结果之位。

⑬ **至得**：指通过修行至果位，使如来之性彰现，谓之至得。

⑭ **其体不二**：指如来性体在悟前之因位与悟后之果位，本性不变，故名不二。

⑮ **清净有异**：指如来之性在因位时为烦恼所覆，故不清净；而在果位时，烦恼已除，如来清净之性彰现，与因位污染不同，故谓之有异。

⑯ **二空**：指人、法二空。

⑰“是”，碛砂、金陵二本均作“得”。

⑱ **无有异体**：指真如本性在因位、果位虽有染净不同，然其体性不变。

⑲ 此句义谓：如如境因如如智而显，故说以如如智称如如境。

⑳ **正境**：指如如境。

㉑ **出**：指超出。

㉒ **正行**：指契入理体的如如智。

㉓ **正果**：指契入理体而证得之佛果。

㉔ **常住**：恒常不变。

㉕ **如性**：指真如之性。

㉖ **住自性性**：指如来藏处因位。

㉗ **至得**：指果位。

㉘ **住道前时**：指处因位时。

㉙ **如来应得性**：指如来藏处因位。

㉚ 此数句义谓：真如本性在因位、果位时恒常不变，在因时虽染，不能谓失；在果时虽显，不能谓得。

㉛ **非始得**：指如来藏本来自性不变，故虽在果位彰现，不能谓得。“始”，碛砂、金陵二本均作“如”。

㉜ **本有**：指如来藏清净之性本来就有，非假修习而后有。

译文

再则，如来藏义有三方面必须了知。哪三方面呢？一是所摄藏。二是隐覆藏。三是能摄藏。

一、所谓所摄藏义，是指佛从自性如如不二的角度，说一切众生都为如来藏所摄。所谓如来藏之“如”有两种含义：一是指能契真如的无上妙慧，二是真如理体之境界。此二者皆真实不虚，无差别之相，故名之如如。如来藏之“来”字，是说一切诸法皆从自性中流转出来。最终又假借修习，回到自性，所以名之为如来。所以如来之性若处因位，名之为应得；若处果位，又名之为至得。无论其在因位为烦恼所覆，抑或在果位清净彰现，其本性不变，只是由于在因位与果位，其有污染与清净的不同。处因位时，由于违背我法二空之理，生起无明，而有烦恼染污，所以名之为染浊。如来之性虽为烦恼所覆，未能显现其清净之性，然而一定会在当来显现，所以名之为应得。如果假借修习，到达果位时，则与我法二空之理不相违碍，不再有无明之累，也不为烦恼所染，故名之为清净。因为正果已显，故名之为至得。

譬如水性，其体性无有清浊之别，只是从其是否为秽物所染污的角度来说其有清浊之分。如果有泥滓等浊物混杂水中，那么水就会变得混浊不清。虽然如此，但水的清净本性却不会因此而丧失。如果以某种方法去除浊物，就能使水转为清净。所以净与不净是从有浊物和无浊物的角度来说，与水性无关。应得与至得两种佛性义亦如此。应得与至得虽在因、果二位有染净的不同，但二者都以真如佛性为体，其体性不变。只是违背我法二空之理，起无明惑业，生烦恼等障，才谓之为混浊。如果不违二空之理，与真如理体别无二致，则不会生起无明烦恼等惑，所以从这层意义，才姑且名之为清净。如来藏的“藏”字，是指一切众生都内有如来无上妙智，故名之为藏。因为真如理体的境界要因能契真如之妙智才能彰现，所以一切众生因内有无上妙智，故一定不出真如之境，都为如来所摄受，名之为所藏，或说众生为如来藏。

再则，“藏”有三种之义：一显如来境界无比，离此如如境外，没有任何境界能胜过此境。二显如来智慧无比，离此智外，没有任何智慧妙于此智。三显如来证果无比，因没有任何果报高于此果，故名之无比。由于此果能摄藏一切众生，所以说众生为如来藏。

二、所谓“隐覆”之义，是说如来真性自隐不现，所以名之为藏。所说如来一词有两种含义：一是表现如来之性真实不虚。由妄想故名为颠倒，远离妄想，故名为如。二是表现如来之性常住不灭。如来之性从因位到果位，无有变异，所以名之为常。如来性处因位时，为无明烦恼所覆，众生由此而不能了见如来本性，故名之为藏。

三、所谓“能摄”之义，是说如来藏虽处果位时，证得无量胜妙功德，但此无量功德在如来藏处因位之时本来具足。如果说至果位时方有如此胜妙功德之性，那无异于说如来之性由无至有，应是无常。为什么呢？如果这样说，那就说明此胜妙之德非由如来之性所生成。所以如来之性本来就具足无量胜妙功德，这样才能说其性是常，无有变异。

辨佛性之相（一）

佛性自体相

原典

佛性论[①]辩相分第四中[②]自体相品第一

复次，佛性一切种相[③]有十义应知。言十相者：一自体相。二因相。三果相。四事能相。五总摄相。六分别相。七阶位相。八遍满相。九无变异相。十无差别相。

一自体相者有二种：一者别相[④]。二者通相[⑤]。别相有三种。何者为三？一者如意功德性。二者无异性。三者润滑性。

所言如意功德相者，谓如来藏有五种。何等为五？一如来藏，自性是其藏义。一切诸法不出如来自性[⑥]，无我为相[⑦]故，故说一切诸法为如来藏。二者正法[⑧]藏，因是其藏义。以一切圣人四念处[⑨]等正法，皆取此性作境。未生得生[⑩]，已生得满[⑪]，是故说名为正法藏。三者法身[⑫]藏，至得是其藏义[⑬]。此一切圣人信乐正性[⑭]，信乐愿闻[⑮]，由此信乐心故，令诸圣人得于四德[⑯]及过恒沙数等一切如来功德，故说此性名法身藏。四者出世藏，真实是其藏义。世有三失：一者对治[⑰]可灭尽故名为世。此法则无对治，故名出世。二不静住[18]故名为世。由虚妄心果报，念念灭不住故。此法不尔，故名出世。三由有倒见[19]故。心在世间则恒倒见，如人在三界，心中决不得见苦法忍[20]等，以其虚妄，故名为世。此法能出世间，故名真实，为出世藏。五者自性清净藏，以秘密[21]是其藏义。若一切法随顺此性，则名为内[22]，是正非邪，则为清净。若诸法违逆此理，则名为外[23]，是邪非正，名为染浊，故言自性清净藏。

故《胜鬘经》言：世尊，佛性者是如来藏，是正法藏，是法身藏，是出世藏，是自性清净藏。由说此五藏义故，如意功德而得显现。佛为显此义故，说如意宝。譬如人以宿业[24]故感得如意宝珠，得此珠已，随其意所乐事，自然得成。佛性亦尔，由伏事善知识[25]修诸福慧[26]，感得此性，便随修行者意，各各自得三乘[27]之果故。如意功德是其别相。

注释

①“佛性论”，金陵本无。

②“中”，碛砂本无。

③ **一切种相**：一切相状。

④ **别相**：差别之相。

⑤ **通相**：又名共相，即共同之相。

⑥ 此句义谓：一切法皆依如来藏而有，故说不出如来自性。

⑦ **无我为相**：指一切法都没有自身一个恒常的实我在后面操作。

⑧ **正法**：指真正的道法，与理无差。

⑨ **四念处**：指小乘佛法修行之人于五停心观之后所修的四念处观。其分别为：（一）身念处，即观身不净。指观此肉身内外皆污秽充满，没有一处一净。（二）受念处，即观受为苦。指观人生一切感受，皆是苦而无乐。（三）心念处，即观心为无常。指心等诸识，念念生灭，无有常住。（四）法念处，即观一切法因缘而生，没有自性之常我。

⑩ **未生得生**：指圣人及四念处等善法以如来自性作为所缘之境，因如来自性而引发产生。

⑪ **已生得满**：指达到如来自性之境而获得各种功德之圆满。

⑫ **法身**：佛三身之一，即佛之真身本体。

⑬ 此句义谓：通过修习而达到获得如来自性之境，便是成就法身。

⑭ **正性**：圣性。

⑮ **愿闻**：指愿闻佛教经教。

⑯ **四德**：指达到涅槃境界的常、乐、我、净四德。

⑰ **对治**：指断烦恼。通常有厌患对治、断对治、持对治和远分对治四种。

⑱ **不静住**：指世间一切现象念念生灭，无有停住之义。

⑲ **倒见**：颠倒之妄见。通常有四种，即以无常为常，以苦为乐，以无我为有我，以不净为净。

⑳ **苦法忍**：又名苦法智忍，八忍之一。指通过观三界之内一切皆苦，而正断对世间之执着。

㉑ **秘密**：秘为深奥之义，指自性深奥难知。密为隐密，指不容易示人。

㉒ **内**：指内教，即佛教正道。

㉓ **外**：指外道，即佛教以外的各教派。

㉔ **宿业**：宿世所作之善恶业因。

㉕ **善知识**：指导人向善求道之人。

㉖ **福慧**：福，指福报，指三界以内的人天果报。慧，指智慧，即超三界的菩提妙智。

㉗ **三乘**：分别指声闻、缘觉、菩萨等三乘。

译文

再则，要通达佛性的所有相状，必须了解其十种相义。所谓十相分别指一、自体相。二、因相。三、果相。四、事能相。五、总摄相。六、分别相。七、阶位相。八、遍满相。九、无变异相。十、无差别相。

一、辨“自体相”。所谓自体相有两种：一是差别相。二是共同相。差别相又分为三种。哪三种呢？一是如意功德相。二是无异相。三是润滑相。

所谓如意功德相，是说如来藏有五种义。哪五种呢？一是如来藏自性藏义。即是说，一切诸法皆依如来藏自性而有，无自身造作之义，所以说，一切诸法是如来藏。二是正法藏因义，修习之因或法是其要义。由于此义，一切圣人所修习之正法以及身念、受念、心念、法念四念处法，都以如来藏自性作为修习的所缘境界。由此境界引发如法修习，又以此境界为依正法修习之圆满极境，所以名之为正法藏。三是法身藏义，修得如来自性极境是其要义。即是说一切圣人由于信乐受持正道，愿闻佛法，由此信乐之心，而证得常、乐、我、净及如来无量胜妙功德，所以名之为法身藏。四是出世藏，主要指如来藏真实不虚。世间法有三种过失：一是有烦恼需要断治。因为世间一切现象皆有尽灭之时，故而才为世间。而如来藏本性清净，无有烦恼可断，所以名为出世。二是世间一切现象皆念念生灭，无停住之义。由于虚妄分别之心，才造成一切现象念念无住之义。如来藏则不是如此，所以名之为出世。三是世间充满各种颠倒之妄见。若系心于世间现象，则常常妄生倒见，如人在三界以内，决不可能证得三界皆苦，而断其执着。因为有虚妄之见，才名为世间。而如来藏真实不虚，能超出世间妄见，所以名之真实，为出世藏。五是自性清净藏，其以深奥难知为要义。如果一切诸法随顺如来藏自性，则可名为内教正道，因其顺从正道，远离邪道，所以清净无染。如果一切诸法与如来藏本性相违碍，则可名为外道异说，因其顺从邪道，远离正道，所以名为杂染污浊。基于此义，而说如来藏自性清净之义。

所以《胜鬘经》上说：世尊，佛性即是如来藏，是正法藏，是法身藏，是出世藏，是自性清净藏。由于说此五藏之义，如来藏自体相之如意功德义才能显现。佛为了显现此如意功德义，以如意宝为喻说法。其说如人因宿世之善业而感得如意宝珠，得此宝珠，则可随意无碍，自然成就各种所愿之事。佛性也是如此，如果顺从善知识而修习各种福德与智慧，证得如来藏自性，便可以随意获得声闻、缘觉和菩萨等三乘果报。所以说如意功德是如来藏自体相之别相。

原典

二无别异性者，凡夫、圣人[①]及诸佛无分别心性，过失[②]、功德[③]、究竟清净处[④]，平等遍满[⑤]，譬如虚空[⑥]。又如土、银、金器，此三虽异，而其性等皆是空[⑦]。空处不别故，名无别异性。

释曰：言过失者，谓凡夫。功德者，即有学圣人。究竟清净者，即诸佛。此三处虽殊，而其性不异。此即以土喻凡夫，银喻学者，金喻诸佛。虽复三器有异[⑧]，而其空性[⑨]一种故。

又是有[⑩]、清净、遍满[⑪]等三义。有者，显无为[⑫]义；清净，显无染义；遍满，显无碍义。故佛告舍利弗[⑬]：众生界不异法身，法身不异众生界[⑭]，由此义故，无二无别，唯有名字。[⑮]如是佛性于三位[⑯]中平等遍满，由净、不净品无变异故[⑰]，故说如虚空性。

三润滑性者，辩如来性于众生中现因果义。由大悲于众生，软滑为相故。大悲者有三义：一体。二大。三别异。

一体义者，以般若[⑱]为体。般若有二：一无分别真智[⑲]，二有分别俗智[⑳]。今取有分别智为大悲体[㉑]，以大悲缘众生起故。

二大义者有五：一为资粮。二为相。三为行处。四为平等。五为最极。一资粮者，能作大福德、智慧二行资粮故。二为相者，能观三苦[22]众生，悉济拔故。三为行处者，通三界[23]众生为境界故。四为平等者，为于一切众生处，起平等心故。五最极者，过此修外，无更胜行故。[24]

三别异义者有八种：一为自性差别，悲无量者以无瞋[25]为性，大悲者以无痴[26]为性。二为相差别，悲者以苦苦[27]为相，大悲者以三苦为相。三为行处差别，悲者以欲界[28]为境界，大悲者通三界为境界。四为地差别，悲者以第四禅[29]为其地，大悲者以无流如来果[30]为其地。五境界差别，悲者以凡夫及二乘[31]为境界，大悲者唯菩萨与佛为境界。六为德差别，悲者以离欲欲界德，大悲者离欲三界德。七为救济有差别，悲者但有拔苦之心，无拔苦事[32]，大悲者有心有事。八为究竟、不究竟差别，悲者能小暂救济，不能真实救，大悲者能永救济，恒不舍离故。润滑者，润以显其能摄义[33]，滑者显其背失向德[34]义。譬如水界亦有二能：一则能摄散物，唯滑不涩故。由润故能摄，由滑故不涩故。以润者为因，以滑者为果，故曰现因果义。

复次，自性清净是其通相义者，如前实空、水界等譬，并自性清净是其通相故，如来性在烦恼中，无所染污故[35]。此四相[36]为四惑[37]障故，为非四人[38]所得故，为四德[39]作本故，为离四倒[40]故，为灭生死对治故，故说四相，通一别三。一通相者，唯有自性清净相。三别相者，一不可思惟[41]。二应得[42]。三无量功德。是名自体相。

注释

①**圣人**：指有学圣人。此句义谓，凡夫、圣人及诸佛都为如来藏自性所摄，其虽证悟有浅深之分，而心体（性）则同一如来自性，无有差别。

②**过失**：指凡夫所行境界，常与理违，生种种虚妄过错。

③**功德**：指圣人所行之境，因修诸善行而积有各种胜妙之德。

④**究竟清净处**：诸佛所行之境。因诸佛已证自性，究竟一切实相，远离一切染污，故名之。

⑤**平等遍满**：指如来藏自性平等遍满凡、圣、佛之心，无有差别。

⑥**虚空**：指如来之性虚无形质，空无障碍。虚空其体平等周遍，喻如来之性平等遍满凡、圣、佛之心；其相随物而有彼此之别，喻凡、圣、佛证悟有浅深之不同。

⑦**空**：指土银金器之本性犹如虚空，平等遍满。

⑧ **有异**：指三器之相有差别。

⑨ **空性**：指体性。因如来自性无形质可寻，无所不遍，故名为空性。

⑩“有”字下，碛砂本多一“情”字。

⑪“满”，碛砂本无。

⑫ **无为**：梵文为 Asaṁskrta，为是造作之义，无因缘造作即谓无为。又，无为指无生、住、异、灭四相造作，即是真理之别名。

⑬ **舍利弗**：释迦牟尼佛之大弟子。

⑭ 此二句义谓：一切众生虽有染污，不见自性法身，但其本性是佛，无论觉迷，本性不变。此义正是众生本性的层面来观照，才说一切众生即是法身，二者无异。

⑮ 此数句义谓：众生与法身，从本性层面来观照无有分别，其之所以有表象上的差别，只是从现象角度，用语言名称去分别才有。故说差别只是名相之别，而实质无别。

⑯ **三位**：指凡夫、圣人与诸佛三位。

⑰ 此句义谓：凡夫、圣人与诸佛虽从表象观照，有净与不净，觉与迷等差别之相，但从其三者本性上去观照，则同一佛性。且染净虽随证悟浅深有所差别，而佛性之体在迷在悟，无有变异。净，指圣人及诸佛，已

断有漏染污，故名为清净。不净品，指凡夫，为无明烦恼所染，未得清净，故名之。

⑱ **般若**：梵文 prajñā，指智慧之义。

⑲ **无分别真智**：又名无分别智，能冥悟真如佛性之智慧，此智离一切有为相，无分别之心，故名之。

⑳ **有分别俗智**：此处如量智、后得智，即佛菩萨所具有的，能通达一切现象事物的智慧。此智能随物体认，分别其相，故名之。

㉑ 此句义谓：因大悲救世以众生为对象而不以真如为所缘之境，众生有相有别，故大悲以有分别智为体。另，“今”，碛砂本作“令”。

㉒ **三苦**：分别指（一）苦苦，指由痛苦之事而生之苦烦恼。（二）坏苦，指由快乐之事离去而生之苦恼。（三）行苦，指因一切现象迁流无常而生之苦恼。

㉓ **三界**：指凡夫生死往来之世界可分为三类，一为欲界，二为色界，三为无色界。

㉔ 此数句义谓：修习以慈悲之心为极境。

㉕ **无瞋**：不于一切违情之境而起忿怒之心。

㉖ **无痴**：断除无明之心。

㉗ **苦苦**：三苦中之一。

㉘ **欲界**：三界中之第一界，指有淫欲与食欲二欲之有情住所。上自六欲天，中自人界之四大洲，下至无

间地狱，都指欲界。

㉙ **第四禅**：指三界之色界中的第四禅天，其包括无云天、福生天、广果天、无烦天、无热天、善现天、善见天和色究竟天八天。

㉚ **无流如来果**：如来果即佛之果位，因证此果位，不再流转三界，故名之。

㉛ **二乘**：分别指声闻乘与缘觉乘。

㉜ **事**：指有为法事。

㉝ 此句义谓：润以柔软为性，故能广纳众物。

㉞ **背失向德**：指远离过失，求胜义妙德。

㉟ 此句义谓：如来性在染在净，恒常不变，其虽处染位，为无明烦恼所覆，如镜为灰尘所覆，其性不变，如镜之照性不变。

㊱ **四相**：此“四”疑衍文。此处应指自性清净之相。

㊲ **四惑**：指我痴、我见、我慢、我爱四烦恼。

㊳ **四人**：应指凡夫、二乘之人、菩萨四种阶位之人。因这四种人所行境界有浅深之别，所以说自性清净之相非为四人所得。

㊴ **四德**：涅槃境界的常、乐、我、净四德相。

㊵ **四倒**：又名四颠倒。有两种释义：一为于生死之无常乐我净而执为有常乐我净，此为凡夫四倒。二为于涅槃之境有常乐我净而执无常乐我净，此为二乘四倒。

㊶ **不可思惟**：指如来自性之相非分别思惟可以了知。

㊷ **应得**：此指如来自性遍满一切众生，一切众生必将借修习之功而于未来证得此性。

译文

二、所谓无别异相，是说凡夫、有学圣人及诸佛，虽证悟有浅深之分，而其心性都是同一如来之性而无有差别。尽管凡、圣、佛有过失、功德与究竟清净的不同行境。但如来之性是平等遍满凡、圣、佛三者之心，无有分别，如同虚空一般。又好比土、银、金器三者，虽然形质有所不同，但其本性都平等遍满，无有差别，这就叫“无差别性”。

为了进一步解释，可如是说：所谓过失，是指凡夫所行之境。所谓功德，是指有学圣人所行之境。所谓究竟清净，是指诸佛所行之境。此三种境界虽然不同，但其本性则同一无别。这也就是以土比作凡夫，以银比作有学圣人，以金比作诸佛。虽然三器有形质的差别，但其体性则是同一无二。

再则，有、清净、遍满等三义作何解释？所谓“有”者，是显现如来之性寂然不动，无有造作生灭之义。所谓“清净”，是显现如来之性无有染污之义。所谓“遍满”，是显现如来之性无有障碍，平等遍在一切众生之中。所以释迦牟尼佛曾与舍利弗说，一切众生虽有无明染污，不见自性法身，但其本性是佛，故无论觉迷，都与自性法身无有二致。所以从本性的层面来观照众生与法身没有区别。其差别只是从表象的层面，因语言概念的分别才有。因而佛性平等遍满凡夫、圣人及诸佛心中，虽从表面看有净与不净，觉与不觉的差别，但从本性上说，都同一佛性，没有差别，故而说佛性之义犹如虚空遍满一切众生。

三、所谓“润滑性”，主要是辨清如来之性在众生界中所现的因果之义。由于如来之性以大悲为怀，故其形相软柔平滑。所谓大悲有三层含义：一体。二大。三别异。

一所谓“体”义，是说如来之性以般若智慧为体。般若智慧有两种：一是离一切有为、分别之相的无分别真智。二是能了别通达一切事相的分别智。大悲摄生以有分别智为体，因为大悲以众生为对象，众生有别，故以分别智为体。

二所谓“大”义有五种：一为资粮。二为相。三为行处。四为平等。五为最极。一所谓资粮之义，是说如来大悲之性能作福德与智慧两种善行的准备资粮。二所谓为相之义，是说以如来大悲之性，能观一切众生处苦苦、坏苦和行苦等三苦之中，从而发心救拔。三所谓为行处之义，是说如来大悲之性，以欲、色、无色等三界众生作为自己大悲救济的对象。四所谓为平等之义，是说如来大悲之性不于众生起分别之心，一律平等救拔。五所谓为最极之义，是说修习如来大悲之性胜于一切修行功德。

三所谓“别异”之义有八种：一为自性差别，即悲无量者以不于一切违情之境而起忿怒之心为根本，而大悲之人，则以断除无明为根本。二为相差别，即悲者仅以三苦中之苦苦为可悲之相，而大悲之人，则以三苦都为可悲之相。三为行处差别，即悲者仅以三界中的欲界众生为救拔对象，而大悲之人，则以整个三界众生作为救拔对象。四为地差别，即悲者以色界中的第四禅天为修行之地，而大悲之人，则以三界之外的如来果位为修行之地。五为境界差别，即悲者以凡夫、声闻与缘觉二乘为所行境界，而大悲者，则以菩萨与佛作为所行境界。六为德差别，即悲者以脱离三界中之欲界为修行之德，而大悲者，则以超出三界轮回为修行之德。七为救济有差别，即悲者只有救拔众生离苦之心，而无救拔众生离苦之行。而大悲之人，则既有救拔之心，又有救拔之行。八为究竟不究竟差别，即悲者只能短暂有限地救济众生，而不能真正救拔众生脱离苦海，而大悲之人，则能永远救济众生，直至脱离苦海。所谓“润滑”之义，润以柔软为性，故能广摄众物，滑则显现如来之性有背过向善之义。譬如水也有此两种能力：一是能广摄分散之物，由于水性光滑而不枯涩的缘故。因其柔软之性故能摄众物，因其光滑之性故不枯涩。柔软为光滑之因，而光滑不涩为柔软之结果，所以说显因果之义。

再则，自性清净是如来藏自体的共同之相。如同上文所说空性、水界等譬喻，自性清净是其共同之相。如来性在染在净，恒常不变，故其虽为烦恼所覆，而不为所染。自性清净之相为我痴、我见、我慢及我爱等烦恼所障碍，所以非凡夫、二乘人、菩萨所得。自性清净为涅槃常、乐、我、净四德之根本，故其远离各种颠倒妄见、出离生死轮回。所谓如来藏自体有四种相，是说其有一种通相与三种别相。所谓一种通相，是唯指自性清净之相。所谓别相分别指：一、如来藏自体相非分别思惟可以了知。二、如来藏自体相为众生修习所必证之境界。三、如来藏自体相具有无量无边的胜妙功德。这些就叫如来藏自体相。

佛性因相

原典

佛性论[1]辩[2]相分第四中[3]明因品第二

复次，有四种因[4]，能除四障，得如来性义应知。四因者：一信乐大乘。二无分别般若[5]。三破虚空三昧[6]。四菩萨大悲。四障者：一憎背大乘。二身见计执[7]。三怖畏生死。四不乐观利益他事。初障阐提[8]，二障外道[9]，三障声闻[10]，四障独觉[11]。由此四惑，能令四人[12]不能得见自性清净法身。

若略说世间，有三种众生：一乐生死恒有。二乐灭生死有。三两俱不乐，有灭并忘。

一乐生死有者，复有二种：一憎背解脱道。无涅槃性，决乐生死[13]，不乐涅槃。二已堕定位[14]。定位者，非圣非凡，进退无取，而是佛法内人[15]背大乘法。因此人故，佛说是言：我非是其师，其非我弟子。舍利弗，此人从轻暗入重暗[16]，复从重暗入于盲暗，取暗为友，复取阐提为友，是故我说此人如是。

二乐灭生死有者，有二种：一堕非方便[17]。二堕方便中。就堕非方便复有二：一外道，谓九十六种[18]。二是佛法内人，与外道同执。约正法起邪执[19]我见[20]故，于正教义不能了达。因此人故，佛说是言：若不信乐真空[21]，则与外道无异。复次，有增上慢[22]人，取空为见，是真空实解脱门。约此空解脱门，起于空执[23]，谓一切有无并皆是空。此空执者，即无所有[24]；无所有故，因果、二谛道理并失。执此空过故，即堕邪无。是等执者，由空而起，故成邪执。一切邪执莫不由空，故能灭除。此执既依空起，故不可治。因此人故，故佛语迦叶：若人起我见执如须弥山[25]大，我亦许之。何以故？以可灭故。若此增上慢人所起空执，犹如发端四分之一，我急呵责，决定不许。

二堕方便中有二：一声闻人。自利修行，但为自度，不为利他。二独觉人。于利他心无乐、无事，但起舍心[26]。无乐者，不乐利他。无事者，了无度人之事，唯为自觉自利故。但起舍心者，舍是平等住心，不愿利人，亦无所损，独自觉悟，故言独觉。堕方便声闻亦尔，如末田地及阿斯那[27]二比丘，佛涅槃时，其皆不往。后至迦叶[28]集法藏[29]时，被召方出。迦叶呵责之，言：汝为从佛得圣道不？答云：实尔。又呵责言：汝大过失，今去当以佛法付汝任持，若不如法，罪失属汝。其人甘失忏悔，受旨奉行。

三俱不乐者，谓修行大乘最利根[30]人，既不同阐提，乐生死有；亦不堕非方便中，同外道执；亦不堕方便中，如二乘人。是故此人具行生死、涅槃平等之道，住无住处[31]。虽行生死而不染，虽行涅槃亦非净。[32]但为大悲故，不舍生死，为般若故，不舍涅槃。不离涅槃者，异声闻执永住无为。[33]不舍生死者，异一阐提乐于生死。[34]

若乐着生死者，名一阐提。佛法内人堕定位者，亦同阐提。如是二人，堕在邪定聚[35]中。若乐灭生死有者，是人堕非方便中，则在不定聚[36]。若人乐灭生死有，是人堕方便中，及俱不乐得前二者，修平等道[37]，是人在正定聚[38]中。

注释

①“佛性论”，金陵本无。

②“辩”，碛砂本无。

③“第四中”，碛砂本无。

④ **因**：指因相。

⑤ **无分别般若**：无分别智。

⑥ **虚空三昧**：又名空三昧，三三昧之一。指观一切现象皆由四大和合而成，无我及我所，故名为空。知一切现象毕竟是空，是为空三昧。

⑦ **身见计执**：身见，五见之一，指我见、我所见。

不知自身为五蕴和合之假有，而计度实有我者，谓我见。不知我身边之诸物因缘而生，没有实性，而计度实为我所有物，谓我所见。合此我见、我所二见，名为身见。

⑧ **阐提**：一阐提，不成佛之义，通常指起大邪见而断一切善根之人。

⑨ **外道**：于佛教外立道者，为邪法而在真理之外者。

⑩ **声闻**：二乘中之声闻乘，指通过闻佛之声教，观四谛而生空智，因而断除烦恼者。

⑪ **独觉**：缘觉乘，指根机锐利，非由佛之声教，独自观十二因缘而生真空智，因而断除烦恼者。

⑫ **四人**：指上文阐提、外道、声闻与独觉四种人。

⑬ **决乐生死**：以生死之事为快。“决”，碛砂、金陵二本均作“快”。

⑭ “定位”，碛砂、金陵二本均无。

⑮ **佛法内人**：指修习小乘法之人。

⑯ **暗**：暗蔽，指不能了知大乘佛法。其有程度之不同，故有轻重之别。

⑰ **非方便**：方便，梵文为 upāya，佛为化度众生而随机施设的权宜之法，其与究竟实法相对。非方便，即非佛教权宜之法，更非大乘究竟实法。

⑱ **九十六种**：指外道数目。关于外道数目佛教各

经论说法不一，如《四宗论》及《八大乘论》有“四外道”说，《维摩经》《涅槃经》等有“六师”说，《唯识论》有“十三外道，《瑜伽论》有“十六外论师”等，《华严经》与《大智度论》中有“九十六种”外道。

⑲ **邪执**：指固执于不正确的见解。

⑳ **我见**：指把五蕴和合之身心视为常一之义。

㉑ **真空**：此指真如之理，离一切虚妄分别所见之相。

㉒ **增上慢**：指因得一些修习向善之法而起骄傲之心，如未证得圣道而谓已得。

㉓ **空执**：偏空之执念，指偏执顽空之理，不知妙有之义，从而否定因果之理的存在。大乘佛教认为空执与有执一样，都违背了中道义。

㉔ **无所有**：指否定一切假有现象的存在。

㉕ **须弥山**：梵文为 Sumeru，佛教所谓一小世界之中心。佛教认为，凡器世界之最下为风轮，其上为水轮，其为金轮，其上有九山八海，须弥即其中一山，其山顶为帝释天所居，其半为四王天所居，其周围有七香海、七金山。

㉖ **舍心**：此指舍弃人我平等之心，因此故只求自觉，不求利人。

㉗ **末田地及阿斯那**：释迦牟尼佛的出家比丘弟子名。

㉘ **迦叶**：梵文为 Mahākāśyapa，释迦牟尼佛的大弟

子，其修头陀之大行，最后承续释迦法脉，被尊为一祖。

㉙ **集法藏**：指释迦灭度后，其弟子集起来，结集世尊之言而成佛教经典。

㉚ **利根**：利为锐利、速疾之义。根，为根器、天性之义。利根之人，通指对教义能速生妙解之人。

㉛ **住无住处**：指不住一切处，任运自在。

㉜ 此二句义谓：修习大乘之人不着有无、生死与涅槃二边，其虽处死之中，但不为生死所染；虽处涅槃，亦不执持涅槃寂静，而是不断起大悲之心，愿化生死众生。

㉝ 此二句义谓：修行大乘之人虽不离涅槃之德，但与闻乘众生执着涅槃，不事救济众生不同，其不断下化众生。

㉞ 此二句义谓：修行大乘之人，虽然为下化众生的缘故，处生死之中，但与一阐提众生着于生死不同，其又不为生死所染污，而是处染常净。

㉟ **邪定聚**：三聚之一。指永远不能证悟的众生。

㊱ **不定聚**：三聚之一。指有缘即能证悟，无缘即不能证悟的众生。

㊲ **平等道**：上文不分别、不执着有无、生死与涅槃二边之道。

㊳ **正定聚**：三聚之一。指必定会证悟之众生。

译文

再则，应当了知，佛性有四种因相，可以除去四种障碍，获得如来性义。四因相分别为一、信仰乐持大乘佛法。二、无分别智。三、破除对空三昧的执着。四、菩萨大悲救世之情怀。所谓四障碍，分别指一、憎恶、违背大乘佛法。二、虚妄执着假有为实之身见。三、恐怖生死轮回。四、不乐于利他之心，只求自觉自度。一障谓阐提之人，二障谓外道之人，三障谓声闻之人，四障谓独觉之人。由于这四种障分别障碍阐提、外道、声闻与独觉四种人证见自性中清净无染的法身。

简单地说，世间众生可分为三类：一类人信乐执着于有生有灭的现象，误以之为恒常不灭。二类人信乐执着于顽空寂灭，否认现象的假有存在。三类人既不乐执假有之生灭现象，亦不乐执于顽空寂灭。

一、信乐生死为恒常不灭的众生，又可分为两种：一种为憎恶违背解脱之道，丧失涅槃之性的众生，此种众生执着于有生有灭的现象，不以涅槃解脱为乐。第二种为已堕定位的众生。所谓定位之人，既非指圣人，又非指凡夫，而是指不习大乘佛法，既无精进，亦非退堕的众生。关于这种众生，佛陀曾有如是说法：我不是这种人的导师，他们也不是我的弟子。舍利弗，我告诉你，这种人会从轻度无知愚暗发展为严重的无知愚暗，最后变为完全无明。因为他们乐于无知愚昧，并乐与善根断尽的阐提之人为友，所以我如此说他们。

二、信乐执着于顽空寂灭的众生也有两种：一种指堕于佛教外修持方法的众生，另一种指堕于佛教权宜之法的众生。就堕于佛教外修持方法的众生又有两种：一种为外道，共有九十六种之多。两种为佛法内之人，但与外道所执相同。此种众生对于大乘正法而产生各种不正确的见解，把五蕴和合之身心视为恒常不变，因而不能了达正道教义。关于这种众生，佛陀曾作如是说法：如果不相信真空之理，则与外道见解无异。再则，还有一种骄慢之人，妄取空见，以空为解脱之究竟方法，从而产生偏空的执念，认为一切现象都是空。执念于偏空之人，即否定一切现象的假有，违背佛教中道妙有之义，从而连因果报应的真理也一并否定了。执念于这种偏空，就会堕入顽空之谬。这类执着都由顽空谬见而生起，所以成为不正确的见解。一切错误的见解莫不由执念于偏空之谬而产生，所以都可以克服。而这种偏空的执念本身，却是不可对治克服的。关于执念偏空之人，佛陀曾与迦叶如是说法：如果一个人起我见执着，即使其执比须弥山还大，我也可以许之。为什么呢？因为我见的执着可以克服。如果像这种执念于偏空而又起骄慢之心的人，其偏执哪怕只有一根头发端的四分之一大，我也急忙呵责，绝对不允许。

二是随于佛教权宜之法的众生，此众生亦可分为二种：一种是指小乘声闻之人。此种众生为自利修行，其修行目的只为自度，而不是为了广利群生。另一种是指小乘独觉之人，此种众生对于利他之心无乐无事，只起舍心。所谓无乐，是指不欣乐于利他之心。所谓无事，是指不从事于度人之事，只求自觉自利。所谓只起舍心，是指舍弃人我平等之心，不愿利人，也不损人，只求自觉，所以说独觉。堕入佛教权宜之法的声闻之人也是如此，如释迦牟尼佛的出家比丘末田地及阿斯那，当佛陀入涅槃之时，其皆不往。后来到摩诃迦叶集合佛陀弟子，结集经典之时，末田地与阿斯那二比丘才应召而出。迦叶呵责他们，说：你们是随从佛陀而获得圣道吗？二比丘回答道：确实如此。迦叶又呵责道：你们犯有大过错，从今以后，当以佛法交与你们任持，如果不如法而行，你们当负过失。二比丘诚心忏悔往失，并受旨奉行。

三、既不乐执生死有，又不乐执于顽空寂灭的众生，是指那些修习大乘最利根器的人。他们既不同于阐提之人，以生死为实有，并执着于其中；也不堕入非佛教权宜之法，与外道行法的执着不同；他们同样也区别于只修方便而不修究竟实法的二乘之人。所以这种人并不分别生死与涅槃的不同，而是处染常净，平等行之，不住一处。他们虽然处生死之中，却不为生死所染污；虽然常行于涅槃之境，亦不执持涅槃空寂而时有摄生之心。只是为了大悲救世的情怀，所以才常处生死之中而不忍舍；为了求得般若妙智，才常行于涅槃之境。他们虽然不离涅槃之德，但与小乘声闻众生执着涅槃，不事下化救济不同。他们虽处生死之中，但不为生死所染污，所以又与乐着于生死的阐提之人不同。

如果乐着于生死的众生，谓之阐提，佛法内堕人定位者亦与阐提相同。这样两种人堕在邪定聚中，永远不能证悟佛性。如果乐着于寂灭，此众生则随于外道行法，即落在不定聚中，要看机缘成否，才能证悟佛性。如果乐着于寂灭，而同时修习佛教方便权宜之法，或者既不乐着生死，又不乐着寂灭，修习大乘佛法平等无碍之道，这样的众生则在正定聚中，必定证悟佛性。

原典

离发行大乘修习无障道人之外，所余阐提、外道、声闻、独觉等四人，有四种障故，不见佛性。何者四障？一憎背大乘，是阐提障。为对治此故，佛说菩萨修习信乐大乘之法。二于诸法中起我见执，是外道障。为对治此故，佛说菩萨修习般若波罗蜜[①]。三于生死中定执苦想，及厌怖心[②]，是声闻障。为对治此故，佛说菩萨修习破空三昧。空三昧者，从初地[③]以上能得，此三昧则破虚空等执。入观之时，不即有无，不离有无[④]，喻如八地[⑤]真俗双观[⑥]。而异八地者，八地以上无出入观[⑦]。初地入时则同，出时则异。[⑧]四背众生利益事，作舍众生意，是独觉障。为对治此故，佛说修习菩萨大悲。菩萨大悲，利他为事。明独觉人但自观因缘，无度他意，故无大悲。声闻亦尔。

为灭此四障故，以信乐等四种[⑨]为因，令诸菩萨修习此因，得至无上法身清净波罗蜜[⑩]，是名佛性清净因。如是之人，得名佛子。是故佛子有于四义：一因。二缘。三依止。四成就。初言因者，有二：一佛性。二信乐。此两法佛性是无为[⑪]，信乐是有为[⑫]。信乐约性得佛性[⑬]，为了因[⑭]，能显了正因性[⑮]故。信乐约加行为生因[⑯]，能生起众行故。二缘者，谓般若波罗蜜能生菩萨身，是无为功德家缘故。三依止者，破空定[⑰]等。乐有之人执断无处[⑱]，有乐净等故，菩萨修破空三昧，能除彼执。由此定力，是故菩萨法身坚固，则不羸弱。四成就者，菩萨大悲，利益他事无尽故。由真如不尽，众生无数，故利益事亦复无尽。是佛性为应得家因故，一因如父身分。二缘如母。三依止如胞胎。四成就如乳母。故诸菩萨，由此四义，名为佛子。

注释

① **般若波罗蜜**：六波罗蜜之一，指菩萨通过修习般若之智慧而到达涅槃彼岸。

② 此二句义谓：以为生死无常、乐、我、净，从而以之为苦，不堪忍受。起厌恶怖畏之心，不求处中化摄众生。

③ **初地**：菩萨修行所经十地之一。初地，又作极喜地、喜地、悦豫地。即初为圣者，遂起大欢喜心之位。

④ 此数句义谓：菩萨所修观行，不偏于生死之假有，亦不执念于真如性，而是即假有以悟现象因缘而有，本来性空；即性空而悟一切现象本性虽空，不离妙有。此即处不二的中道观。

⑤ **八地**：菩萨修行十地之一，又名不动地，修到此地，佛之十身灵相一时具足。

⑥ **真俗双观**：不偏于真如性空，亦不执持世俗假有。

⑦ **无出入观**：指八地以上菩萨入观与出观之时皆一，都心处中道，无有障碍。

⑧ 此二句义谓：初地菩萨入观时，才能处中道之中，一旦出观，又起分别之心，不能做到出入一如。

⑨ **四种**：指上文所说信乐大乘之法，修习般若波罗蜜，修习破空三昧，修习菩萨大悲等四法。

⑩ **清净波罗蜜**：清净到彼岸。

⑪ 此句义谓：佛性为修习所证之境，其如如不动，故谓之无为。

⑫ 此句义谓：信乐为修习之功用，故谓之有为。

⑬ **性**：指佛性。此句即谓，信乐因佛性而显发佛性。

⑭ **了因**：二因之一。指以智慧照了佛性之理，如灯能照物，了了可见。

⑮ **正因性**：佛性，此指众生本具之理性，正为成佛之因。

⑯ **生因**：二因之一。指本具佛性之理则能发生一切善法，如谷、麦等种，能生萌芽。

⑰ **破空定**：破空三昧。

⑱ **断无处**：顽空之义。

译文

除了修习大乘无碍之法的众生，其余所谓的阐提、外道、声闻与独觉四种人，由于有四种修道障碍，所以不能彻见佛性。哪四种障碍呢？一为憎厌违背大乘之法，这叫阐提障。为了对治这种障碍，佛说菩萨应修习信乐大乘之法。二为对一切诸法起我见的执着，这叫外道障。为了破除此障，佛说菩萨应通过修习智慧而到达彼岸。三于生死中，执着无常、乐、我、净，处处皆苦，不堪忍受，从而起厌恶怖畏之心，这叫声闻障。为了破除此障，佛说菩萨应修习破空三昧。所谓空三昧，菩萨从修习初地以上可以证得，这里所说三昧，则是为了破除对空三昧的执着。初地以上菩萨修观行时，不偏于生死之假有，也不执念于真如性空，而处中不二，修中道之观。若与八地以上菩萨所修不偏于性空，也不偏于俗有的真俗双观比较而言，其不同之处在于，八地以上菩萨所修观行没有入观与出观的差别，其无论在定、出定，都心处中道，无有障碍。而初地菩萨入观之时则同八地菩萨，一旦出观，又起分别之心，不能心处中道。四为不做利益众生之事，心中没有护念他人之心，这叫独觉障。为破除此障，佛说菩萨应修习大悲之心。菩萨大悲，要以利他为自己之责，因此表明独觉只自观自度，无救济众生之意，所以无大悲之心。声闻众生也是如此。

为了断除这四种修行障碍，应以信乐大乘之法、修习般若波罗蜜、修习破空三昧和菩萨大悲等四种行法为基础，使诸菩萨通过修习这四种行法，证得无上法身清净涅槃，因而这些行法又称为佛性清净行法。修习此法的人，才能叫作佛的弟子。所以佛的弟子有四种含义：一因。二缘。三依止。四成就。最初说因有两种：一为佛性。二为信乐。其中佛性为所证极境，如如不动，故名无为。信乐则是有为行法，信乐是以佛性自身显发自身，名之为了因，因为其能以智慧照了本具之佛性。若从加行修习的角度说，信乐则为生因，因为其能彰生各种善行。二所谓缘，是说般若波罗蜜能成就菩萨之道，为证得佛性极境的助缘。三所谓依止，是指破空三昧。小乘行人以寂灭清净为执着，菩萨通过修习破空三昧，可以断除此执。由于菩萨具有处染常净的高强定力，所以其法身坚固，不为染污。四所谓成就，是指菩萨以大悲为怀，广施利他之行，无有穷尽。由于真如之境无有穷尽，众生无数，所以利益众生之事也无穷尽。由于佛性为修习必得之境，可作如是譬喻：一、上所说因，如父身分。二、上所说缘，如母身分。三、上所说依止，如胞胎。四、上所说成就，如乳母。一切菩萨必须具备这四种意义，才能叫作佛的弟子。

佛性果相

原典

佛性论[1]辩[2]相分第四中[3]显果品第三

复次，果相义应知。果相者有二处：一者地前[4]凡圣二位不得四德[5]二者十地诸位。地前有如是信乐等四德[6]为清净佛性因，为对治四倒[7]，如来法身四相功德波罗蜜[8]是其果应知。

四倒者，于色等五阴[9]实是无常，起于常见；实苦起乐见；实无我起我见；实不净起净见，是名四倒。倒者有三义：一见所灭。二修所灭。三非二[10]所灭。见真谛时，能除见倒。定[11]破思惑，能除想倒。非二所灭，能除心倒。为对治此四，说四无倒。

何者为四？于色等五阴未有有[12]，已有应灭[13]，故实无常，如实起无常解。苦时苦[14]故，乐灭时苦[15]故，舍三时苦[16]故，故实是苦，于中生苦解。无常为因，无常为果，由因果得成以依他执[17]故，果不自在[18]。因亦如是，未有有，已有还无。既由前因，是故依他，亦不自在。离因果外，无别余法为我[19]，是故无我为实，生无我解。不净[20]有二种：一色。二非色。

色不净有三，谓初、中、后。初者，始入胎，和合种子不净。中者，出胎已后，饮食资养多诸不净。后者，舍身已后，身体坏时种种不净故。非色者，或喜或忧，或恶或无记[21]，或不离欲诸系缚等故，非色由此等法故不净。是以圣人通观三界，皆是不净。如是五阴如实不净，生不净解。此四皆实，是故非倒。

若约佛性常等四德[22]，此四无倒，还成颠倒[23]。为对此倒，是故安立如来法身四德。四德者：一常波罗蜜。二乐波罗蜜。三我波罗蜜。四净波罗蜜。如《胜鬘经》说：世尊，是诸众生生颠倒心，于内五取阴无常见常[24]，苦中见乐，无我见我，不净见净。世尊，一切声闻、独觉由空解[25]，未曾见一切智智[26]境[27]、如来法身应修不修[28]故。若大乘人由信世尊故，于如来法身便作常、乐、我、净等解，是人则不名倒，名得正见。云何如此？世尊，如来法身是常、乐、我、净诸波罗蜜。若人作是见者，名为正见，是如来胸子。胸子者，恒在佛心胸故。

复次，如来四德波罗蜜由因[29]次第渐深，应知逆说，翻后为前，谓净、我、乐、常。由一阐提憎背大乘，为翻彼乐住生死不净故，修习菩萨信乐大乘法，得净波罗蜜是其果应知。由一切外道色等五阴无我性类，计执为我，而是色等法与汝执我相相违故，恒常无我。

诸佛菩萨由真如智至得一切法无我波罗蜜，是无我波罗蜜与汝所见无我相不相违故，如来说是相恒常无我，是一切法真体性故，故说无我波罗蜜是我[30]。如经偈说：

二空[31]已清净，得无我胜我。
佛得净性故，无我转成我[32]。

诸外道等于五取阴中，执见有我。为翻其我执虚妄故，修习般若波罗蜜，至得最胜无我，即我波罗蜜是其果应知。由诸声闻人怖畏生死苦，乐住生死苦灭静中[33]。为翻此乐意故，修习破虚空三昧，一切相、世出世法，乐波罗蜜是其果应知。[34]由独觉圣人者不观众生利益等事，但乐独处静住。为翻此意故，修习菩萨大悲为利益众生事，乃至穷于生死，常所持护[35]，常波罗蜜是其果应知。如是信乐大乘、般若波罗蜜、破虚空三昧、菩萨大悲等四因[36]，能成就如来法身四功德波罗蜜[37]。

是故佛说，由此四德，一切如来唯法界[38]为胜，由如虚空，取虚空为边际，极后际之后。[39]如是四句[40]现何等义？由修习信乐大乘法故，诸佛至得最极清净波罗蜜故，佛说唯法界为胜为上。由修习般若波罗蜜故，至得众生世界[41]、器世界[42]、极无我波罗蜜。五阴名众生世间，即人空[43]；国土四大名器世界，即是法空[44]；

是二空所显故，故说由如虚空。为修习破空三昧等故，一切处诸法自在如意应得[45]，故取虚空为边际。由修习菩萨大悲故，于诸众生常起悲心，护持无有边际，故说极后际之后。后际之后者，假令后际有后，菩萨大悲亦能过之。是故通辩地前圣凡二位不得四德。

注释

①“佛性论”，金陵本无。

②“辩”，碛砂本无。

③“第四中”，碛砂本无。

④ **地前**：菩萨之行位十地以前。菩萨修行达到初地，名欢喜地。此地已上为地上，已前为地前。地前为凡夫菩萨，地上为法身菩萨。

⑤ **四德**：指常、乐、我、净。因凡、圣二位修习尚在地前，所以未证涅槃之四德。

⑥ **四德**：此处指上文所说为破除修行四障之四法，分别为信乐大乘之法、修习般若波罗蜜、修习破空三昧，以及修习菩萨大悲。

⑦ **四倒**：四种颠倒之妄见。此有两种，一为于生死之无常乐我净而执为有常乐我净。二为于涅槃之有常乐我净而执为无常乐我净。前者谓之凡夫四倒，后者谓

二乘四倒。

⑧ **四相功德波罗蜜**：指常、乐、我、净四德。

⑨ **五阴**：色、受、想、行、识等五蕴。

⑩ **非二**：指不二，一实之理，如如平等，无彼此之别，谓之非二。

⑪ **定**：禅定。

⑫ **有**：指实有、自性有。

⑬ 此句义谓：五蕴等相皆因缘而有，故是假有，假有无实，缘散即灭。

⑭ **苦时苦**：三苦之苦苦，指由苦事之成而生苦恼。

⑮ **乐灭时苦**：三苦中之坏苦，指由乐事之去而生苦恼。另，此二句，碛砂本为"苦故乐灭，苦时苦故"。

⑯ **舍三时苦**：三苦中之行苦，指由一切现象迁流无常而生苦恼。

⑰ **依他执**：三性中之依他起性。

⑱ **不自在**：指没有自性，假缘而有。

⑲ **我**：指有一主宰而常住不灭者。

⑳ **不净**：污秽、鄙陋之义。佛教认为人从受胎、出生至死，身体都是污秽不净的。

㉑ **无记**：指既不可记为善，亦不可记为恶之事。

㉒ **常等四德**：指常、乐、我、净四德。

㉓ **还成颠倒**：指因虚妄执着方成颠倒。

㉔ 此句义谓：众生之身由五蕴和合而成，缘散即灭，故身是无常。众生妄心颠倒，执无常之身为常，故名常见。

㉕ **空解**：指执念于偏空之见。

㉖ **一切智智**：又名一切智、佛智，指能如实了知一切现象之智。

㉗“智境”之“智”，碛砂本作“知”。

㉘ **应修不修**：如来法身本为一切众生所固有，不假修习而有，故谓不修。然众生因无明妄念所障，不能证见本有真性，故须假借修习之功，方能显了真性，故又谓之应修。

㉙“因”，碛砂本作“是”。

㉚ 此句义谓：一切现象没有自性（无我），而这恰恰正是一切法的本质或自性所在，故又名为我。

㉛ **二空**：指人、法二空。

㉜ **无我转成我**：一切法无我本身，就说明了诸法的本质，故成就我。

㉝ 此句义谓：小乘声闻乘人以寂灭为乐，从而不愿住生死之中。

㉞ 此数句义谓：如果破除声闻人对出世寂灭的执着，就可以对世与出世，生死与寂灭平等观之，处生死而常寂，处寂而不离生死，无有分别之心。

㉟ **持护**：谓持护众生。

㊱ **四因**：分别指信乐大乘、修习般若、破空三昧、菩萨大悲四德。

㊲ **四功德波罗蜜**：指常、乐、我、净四德。

㊳ **法界**：梵文为Dharmadhātu，又名法性、实相。其义有多种，既可就事而言，指一切现象，总该万有。又可约理而言，指真如理体与实相实际，在此取后一义，故谓其境胜妙。

㊴ 此数句义谓：由常乐我净四德，才说如来法界胜妙无比，犹如虚空，没有质碍，广大无边，既使虚空亦难喻其无边广大之义。

㊵ **四句**：指此法界为胜，由如虚空，取虚空为边际，极后际之后等四句义。

㊶ **众生世界**：有为法之二世间之一，又名有情世间。指由五蕴假和合而有情识，包括六道中之饿鬼、畜生、人、天等道众生。

㊷ **器世界**：二世间之一，又名器世间。指由地、水、火、风四大积聚而成的山河大地、国土家屋等，可以容受有情众生之处所。此二世界均因缘假合而成，故无常我之自性。

㊸ **人空**：此处是说众生由五蕴假合而成，缘散即灭，无有自性，故谓之人空。

㊹ **法空**：此处是说地、水、火、风四大等法自性是空无实，故名法空。

㊺ 此数句义谓：通过修习破空三昧，破除了对于染与净，生死与涅槃的分别之心，从而无论在染在净，在生死在涅槃，其皆自在如意。

译文

再则，应了知果相之义有两处之别：一为地前，因凡夫、圣人修习所证尚在地前，故未得涅槃常、乐、我、净四种果相。二为十地诸位，因地前已修习信乐大乘、般若、破空三昧及菩萨大悲等四种功德，此四功德为了达清净佛性的基础，可以断除四种颠倒妄见，故可证得如来法身常、乐、我、净四种果相。

所谓四种颠倒妄见，是指对于本来性空无常的色、受、想、行、识等五蕴之法，执为常有。并且执苦为乐，执无我之法为有我，执不净为净，所以名之为四颠倒。所谓倒有三种含义：一、见所灭。二、修所灭。三、非二所灭。其义分别是说，通过照见真谛，可以灭除妄见的颠倒。通过修习禅定，可以破除邪思之惑，断灭妄念的颠倒。通过一实之理，如如不二的观照，可以断除心的颠倒。为了灭除四种颠倒妄见，才说有四种无倒见解。

哪四种呢？一、色等五蕴没有自性，所谓有，乃因缘假有，缘散即灭，故是无常，因此而生一切法无常之见解。二、苦是苦苦，乐灭是坏苦，迁流无常是行苦，所以一切皆苦，因此而生一切为苦之见解。三、从因果来说，因是无常法，果亦是无常法。因为一切果都是依靠众因缘和合而成，所以没有恒常自性。因也是如此，未有自性，故转瞬即灭。由于因是由前因展转生成，也是依他而有，所以没有恒常自性。离因果现象之外，没有任何其他法还有一常住不灭的我，所以诸法无我，因此而生无我之见解。四、不净有两种：一为色不净。二为非色不净。

所谓色不净又分为三种，即初不净、中不净与后不净。初不净，是指入胎之时，胎由各种不净种子和合而成。中不净，是指出胎以后，人所饮食之物，亦多含血不净之物。后不净，是指人死以后，身体腐烂所生种种不净。所谓非色不净，是指或喜或忧，或恶或不善不恶，以及为各种欲念所缠缚等等这些不可见的心理现象。由于这样一些现象，故谓之不清净。所以圣人通观三界之内一切诸法，皆是污秽不净。如是观五蕴如实不净，由此而生一切不净之见解。这四种见解都真实无妄，所以谓之无倒见解。

佛性具有常、乐、我、净四德之相。此四德无有颠倒，只是因虚妄执着方成倒见。为了破除颠倒妄见，才设立如来法身的四种德相。所谓四德即为一、常波罗蜜。二、乐波罗蜜。三、我波罗蜜。四、净波罗蜜。如《胜鬘经》上所说：世尊，一切众生由于颠倒妄见，对五蕴假合之身心执为常有，并执苦为乐，执无我为有我，执不净为净。世尊，一切声闻、独觉二乘之人，由于执念于偏空之见，所以未能彻见佛智之境，未能了达如来法身不假修有，唯假修显的实际妙义。如果修习大乘佛法之人，乐信世尊之教，认定如来法身为常、乐、我、净，则此人不能名之为颠倒之人，此人之见亦可谓为正见。为什么这样说？世尊，因为如来法身本来就具有常、乐、我、净四德，所以若有人作此见解，可名为正见。此人可谓如来胸子。之所以名为胸子，是因为其常与佛心相契。

再则，如来四德排列，本来由浅入深，渐次而列，只是为了破除邪执的方便，有时才翻后为前，转换顺序，这样便成为净、我、乐、常。由于阐提之人憎背大乘之法，为了破除其对一切生死不净法的执着，才说修习信乐大乘佛法，获清净之德是佛性之果报相。由于一切外道把五蕴假有之身心执为实有，而所谓色等五蕴，乃因缘和合而有，没有自性，与你所执的实有之法相违背。诸佛菩萨以无上妙智证得一切法因缘和合，没有自性，这种无我境界与你所说没有自性之义不相违背，所以如来说一切法永远没有自性。说一切法没有自性，这恰恰是一切法的真实意义，也即是一切法的本性或自性所在，故说无我即是我，如佛经偈中所说：

> 二空已清净，得无我胜我。
> 佛得净性故，无我转成我。

一切外道等，对五蕴和合之法，执为有自性之我，为了破除这种我执所生之虚妄，通过修习般若波罗蜜，可以证得最胜无我之境界，而这正是涅槃四德中我德之果报相。由于二乘声闻众生怖畏生死之苦，乐住生死苦寂灭中，为了破除这种执着，通过修习破空三昧，可以获得对在世、出世、生死、寂灭没有分别的境界，而这正是涅槃四德中乐德之果报相。由于二乘独觉之人不观众生之利益之事，只求独自清净，为了破除这种偏向，通过修习菩萨大悲为怀，慈心普济之事，以至于常住生死之中，摄持护念众生，可以获得常德之果报相。像这样通过信乐大乘之法、修习般若、破空三昧、菩萨大悲行愿等四种善行，就能成就如来法身所具有的常、乐、我、净四种功德。

所以佛说，由此常、乐、我、净四德，如来法界才显得胜妙无比，犹如虚空，没有质碍，广大无边，难以穷喻。那么这四句比喻究竟是指何义呢？即通过修习信乐大乘佛法，诸佛获得最高清净之德，这也就是佛说的法界清净，胜妙无上。通过修习般若波罗蜜，获得众生世界、器世界、究极无我境界，无论是由五蕴所和合而成的众生世界，还是由四大假合而成的器世界，都假有不实，无有自性，这即是人、法二空之理。由于此理，才说如来法界，无有实性，犹如虚空。通过修习破空三昧，破除了对于染净、生死涅槃的分别之心，从而达到无论处染处净，在生死在涅槃，皆能自在如意的境界，犹如虚空，没有质碍。通过修习菩萨大悲行愿，对于一切众生常起慈悲之心，护持之意，无有穷尽，虚空亦不足以喻其广大。之所以如此说，是因为假使虚空有无穷边际的话，菩萨的大悲行愿亦有过之而无不及。所以菩萨地前圣凡二位众生，还不能证得涅槃四德。

原典

复次，十地由四障[①]故，未得极果四德，金刚后心[②]方乃得之应知。何以故？以出三界外有三种圣人，谓声闻、独觉、大力菩萨[③]。住无流界[④]，有四种怨障，由此四怨障故，不得如来法身四种功德波罗蜜。四怨障者：一方便生死。二因缘生死。三有有生死。四无有生死。

一方便生死者，是无明住地[5]，能生新无漏业[6]。譬如无明生行，或因烦恼方便，生同类果，名为因缘，如无明生不善行。若生不同类果，但名方便，如无明生善行、不动行故。今[7]无明住地生新无漏业亦尔，或生同类或不同类。生福行名为同类，以同类俗故。[8]生智慧行名不同类，以智是真慧故。[9]是名方便生死。

二因缘生死者，是无明住地所生无漏业，是业名为因缘生死。譬如无明所生行是业，但感同类，不生不同类果。善行但生乐果，不善但招苦报，故名因缘生死。方便生死，譬凡夫位；因缘生死，譬须陀洹[10]以上，但用故业，不生新业[11]。

三有有生死者，是无明住地为方便，无漏业为因，三种圣人是意所生身[12]。譬如四取[13]为缘，有漏业[14]为因，三界内生身。有有者，未来生有，更有一生名为有有。[15]如上流阿那含[16]人，于第二生中般涅槃者，余有一生故，故名有有。

四无有生死者，是三圣意生最后身[17]为缘，是不可思惟退堕[18]。譬如生为缘，老死等为过失。是故无明住地为一切烦恼所依止处，而一切烦恼通名无明者，以无明为众惑根本。根本既未灭尽，由为一切烦恼垢毙秽熏习故，阿罗汉[19]、辟支佛[20]及自在菩萨，不能至得无所染污大净波罗蜜。

复次，依此缘此无明住地微细妄想[21]相，游行未息，故极不能至得无行无想[22]大我波罗蜜。因此无明住地为缘及微细妄想所起无漏业为因，得起三种意生身[23]故，不能至得极离因果苦大乐波罗蜜。若未证得业难、生难灭尽无余如来[24]甘露[25]界，及未证得不可思惟退堕界，未灭谢[26]故，不能至得极无别异老死[27]等大常波罗蜜。

注释

① **四障**：指下文所谓四种惌障。

② **金刚后心**：又作金刚三昧、金刚灭定、顶三昧。定，其体坚固，其用锐利，可摧毁一切烦恼，故以能破碎诸物之金刚比喻之。此乃三乘学人之末后心，亦即小乘声闻或大乘菩萨于修行即将完成之阶段，欲断除最后烦恼所起之定；生起此定可断除极微细之烦恼而各得其极果，于声闻之最高悟境可达阿罗汉果，于菩萨则得佛果。

③ **大力菩萨**：一种菩萨果位，其虽超三界，但尚有四障未断。

④ **无流界**：指三界以外，无生死之迁流。

⑤ **无明住地**：五住地之最后一地，即根本无明。根本之烦恼能生枝末烦恼，故名住地。无明为一切烦恼之根本，故名之无明住地。

⑥ **无漏业**：三业之一，其中漏业为凡夫所作，感分段生死之果报。无漏业，二乘所作，感方便有余土之果报，即是说二乘之人虽修空观之方便而断除见思之惑，但未修中道，故无明之惑未尽，谓之有余。惟有非漏非无漏业，方为菩萨所作。

⑦“今”，碛砂本作“令”。

⑧ 此二句义谓：福行即福报之行，乃三界以内之行法，故谓类俗。

⑨ 此二句义谓：智慧乃上契真如之智，故名之为真慧。

⑩ **须陀洹**：梵文为 Srota-āpanna，又译入流、至流、逆流等，指声闻乘四果中之初果之名，此果为初入圣道，断生灭之流和三界见惑。

⑪ 此二句义谓：声闻须陀洹以上果位之人，不再造业，而惟有旧业。

⑫ **意所生身**：梵文为 Manomaya，又名意生身、意成身。初地以上菩萨身。此身无碍自在，如心如意，故名之。

⑬ **四取**：分别为（一）欲取，于色、声、香、味、触等五尘之境，贪欲取着。（二）见取，于五蕴之法妄计取着我见、边见等。（三）戒取，如外道等取着修行非理之戒禁。（四）我语取，取着于发自我见、我慢所说之语。

⑭ **有漏业**：漏业，凡夫所作，能感分段生死之果报。

⑮ 此数句义谓：像声闻等类果报，尚未能一次断除无明，证得涅槃，还须受生，方能渐趋涅槃，故说未来生有，更有一生。

⑯ **阿那含**：声闻乘之四果中之第三果，又译不来、不还。此果已断尽欲惑，不再还来欲界，尔后受生则必为色界或无色界。

⑰ **最后身**：指生死界中最后之身，通常指阿罗汉之身。证得此身，可断见、思二惑。

⑱ **不可思惟退堕**：此指退法阿罗汉，六种阿罗汉中最钝根之罗汉。其一旦时逢恶缘，便会退堕自果。

⑲ **阿罗汉**：此指声闻四果中之极果，又译为不生等，其有多种之别。

⑳ **辟支佛**：缘觉或独觉。

㉑ **微细妄想**：指无明妄念行相微细难察，故名之。

㉒ **无行无想**：指无为无妄念之义。

㉓ **三种意生身**：分别指声闻、独觉和大力菩萨之身。

㉔ **无余如来**：无余涅槃，针对有余涅槃尚余有有漏依身之苦果，此无余涅槃不仅生死惑业已尽，且更灭有漏依身之苦果而无余。关于此义，佛家各说不尽一致。在此处概指法界离变灭之化而无有实灭之义。

㉕ **甘露**：梵语为Amṛta，又名美露，味甘如蜜，甘露界，即譬涅槃境界美妙无比。

㉖ 此句义谓：尚未证得不退罗汉之果。

㉗ **极无别异老死**：指生死与涅槃平等无碍之自在境地。

译文

再则，十地以内修行众生，由于有四种怨障所碍，也未证得涅槃四德的极境。只有证得金刚灭定心后，方能获得此境。为什么呢？因为三界之外还有三种圣人，即所谓声闻、独觉与大力菩萨，他们虽然无生死迁流，却仍有四种障碍未断。由于未断这四种障碍，所以他们不能证得如来法身所具有的常、乐、我、净四种功德果报。所谓四种障碍，分别指一、方便生死。二、因缘生死。三、有有生死。四、无有生死。

一、所谓方便生死，是指无明住地能生新无漏业报。譬如无明能生起各种行为，或烦恼妄行，或方便善行。生同类果报谓之因缘，如无明生不善妄行。如果生不同类果报，则谓之方便，如无明生起各种善行及空观不动等法。今无明住地生新无漏业果报也是如此，或生同类果报，或生不同类果报。其生起福报之行法，谓之同类果报，因为能生与所生都同属于三界内之行法。其生起智慧之行法，谓之不同类，因为智慧能上契真如，超出三界。这些就叫作方便生死。

二、所谓因缘生死，是指由无明住地所生之无漏业报，这种业报，名之为因缘生死。譬如由无明所产生的行为名之为业，此业只感招同类之果报，而不感招不同类之果报。如善行只招乐果善报，不善行只招苦果恶报，故名之为因缘生死。方便生死，譬指凡夫之类众生，其有能造诸业之行，故可相比。而因缘生死，则譬指声闻须陀洹以上果位之众生，因其不再造业，而惟感旧业之果报而已。

三、所谓有有生死，是指声闻、独觉与大力菩萨等三种圣人以无明住地为方便，假借无漏业报所化生成身。譬如三界以内众生以欲、见、戒、我语四取为缘，有漏业为因，而于三界所生成身。有有之义，是说此三种圣人因未能一次断除无明，证得涅槃，故还须受生，名之为“有有”。如已证阿那含果之人，必须再次受生，才能证得涅槃。因此之意，故名之为“有有”。

四、所谓无有生死者，是指声闻、缘觉、大力菩萨三种圣人虽有证得罗汉之果，断见、思之惑，但仍有可能时逢恶缘而退没自果，如以生为缘，一逢老死便成过失。所以无明住地是一切烦恼之所依，而一切烦恼又可通名之为无明，因为无明为一切妄惑的根本。由于无明之根本尚未断尽，加之各种烦恼的不断染熏，使阿罗汉、辟支佛及自在菩萨还不能证得完全无染，究竟清净之境界。

再则，因此无明住地所生微细妄念，恒流不息，故上说三圣众生亦不能证得究竟无念、自在无碍的我德境界。由于三圣之身，是以无明住地为缘，假借微细妄念所起无漏业因而成，所以不能证得脱离因果之苦、究竟快乐的境界。由于三圣众生尚未证得不生不灭无余涅槃之极境，尚未证得永不退堕之果。由于未灭谢故，所以还不能获得生死与涅槃平等无碍、自在通达、恒常不灭的境界。

原典

复次，应知无明住地如烦恼难，无漏业如业难，三种意生身如果报难，不可思惟退堕如过失难。若在三种意生身中，则无常、乐、我、净波罗蜜。故如来法身是常等四波罗蜜，以如来法身一切烦恼习气[①]皆灭尽故，是名极净。一切我、无我[②]虚妄执灭息故，故名大我。意所生身因果究竟尽故[③]，故名大乐。生死涅槃平等通达故，故名大常。

复次，四德各有二缘义应知。初有二因缘故，说如来法身有大净波罗蜜：一者本性清净，名为通相。二者无垢清净[④]，故名别相。本性清净，通圣凡有[⑤]，故名为通。无垢清净，但佛果有，所以名别[⑥]。

复有二种因缘说如来法身有大我波罗蜜：一由远离外道边见[⑦]执故，无有我执。二由远离二乘所执无我边[⑧]故，则无无我妄执。两执灭息故，说大我波罗蜜。

复有二种因缘说如来法身有大乐波罗蜜：一由一切苦集[⑨]相灭尽无余故，拔除习气相续尽故。二由一切苦灭相[⑩]证得故，三种意生身灭不更生故，苦灭无余，是名大乐波罗蜜。

复有二种因缘说如来法身有大常波罗蜜：一无常生死不损减者，远离断边[⑪]。二常住涅槃，无增益者，远离常边[⑫]。由离此断、常二执故，名大常波罗蜜。故《胜鬘经》说：若见诸行无常，是名断见，不名正见；若见涅槃常住，是名常见，非是正见。是故如来法身离于二见，名为大常波罗蜜。

由此如实法界道理门故，即是涅槃，即是生死，不可分别，即是得入不二法门⑬，亦不一不二⑭，住无住处故。由灭诸惑，不住生死。由本愿⑮故，不住涅槃。由般若故，诸惑得灭。由大悲故，本愿得成。故《不可思量经》偈中说：

诸惑成觉分，生死成涅槃。
修习大方便⑯，诸佛叵思议。

注释

① **习气**：指烦恼之余气。

② **无我**：此处指声闻众生执着于偏空而不契中道的虚妄。

③ 此句义谓：如来法身无有有漏依身，超出因果轮回之界，究竟自在快乐。

④ **无垢清净**：又名无垢真如，此单就果位而言，说佛果所显之理体清净，不为烦恼所覆，此即是出缠真如。故其与在缠真如有别。

⑤ 此二句义谓：本性清净真如无论在缠、出缠，在因位、果位，其清净本性不变，故通凡圣二位，只是在凡时不知自性清净，在圣已证得本性清净。

⑥ **别**：指与在缠凡位众生自性真如为无明烦恼所覆之义有别。

⑦ **边见**：指不契中道，或偏于有，或偏于空；或偏于常，或偏于断之妄见。

⑧ **无我边**：指二乘偏执于空理的妄见。

⑨ **苦集**：分别指四谛中的苦谛与集谛。苦，梵文为 Duḥkha-āryasatya，指三界六道中之苦报。集，梵文为 Samudya，指贪嗔等烦恼及善恶诸业，此二者能集起三界六道之果报，故名集谛。

⑩ **苦灭相**：指四谛中之灭谛，梵文为 Nirodha，指灭尽惑业，脱离生死之涅槃。

⑪ **断边**：断见，固执于人之身心，断灭永不续生之义。

⑫ **常边**：常见，固执人之身心，过去、现在、未来皆常住不灭之妄见。

⑬ **不二法门**：指生死与涅槃平等不二。

⑭ **不一不二**：从俗谛看生死是苦、是断，涅槃是乐、是常，故二者有别，谓之不一；然从真谛实相来看，生死与涅槃平等无碍。虽住生死，但知生死因缘所生，本来性空，故不为生死所缠，即是涅槃。虽住涅槃，但不执着于寂灭，而是大悲为怀，广济众生，故亦在生死之中。

⑮ **本愿**：本指因地，此即说于因地所立之愿，今日得其果，对于果而名之为本愿。

⑯ **大方便**：指大乘佛教之究竟实法。

译文

再则，应当了知，无明住地如烦恼难，无漏业如烦恼所生之业难，声闻、独觉与大力菩萨之身如业所生之果报难，逢缘退堕如业果所生之过失难。如果修至声闻、缘觉、大力菩萨之身，则仍无达到常、乐、我、净的涅槃极境。只有证得如来法身，一切烦恼所余习气才能灭尽，这就叫极清净之境，一切我见与偏空之妄执灭尽，这就叫大我之境。一切二乘意所生身，因果业报之轮转灭尽，这就叫大乐之境。生死与涅槃极境通达无碍，无有分别之心起，这就叫大常之境。

再则，常乐、我、净四德又各有二缘之义理应了知，首先说清净之德的二缘之义，其分别指一、如来法身本性清净，不假修成，此名为通相。二、如来法身无垢清净，即就假借修习，出缠成净所言，此名为别相。由于无论在圣在凡，众生本性即佛性，其皆清净无染，故说本性清净为通相。无垢清净，则惟借修习而成佛果方才显现，故名之为别相。

其次，说如来法身我德之二缘之义，其分别指：一、如来法身之境远离一切外道所生边见之执着，所以没有我执。二、由于法身之境远离二乘之人偏空之执，所以不生空执。空执与我执都已遣除，从而成就了我德之义。

再次，说如来法身乐德之二缘之义，其分别指：一、如来法身灭除了一切苦、集二谛，拔除了一切烦恼所余之习气。二、由于证得灭谛，不再成就三乘意所生身，灭尽一切痛苦，这就叫乐德。

最后，说如来法身常德之二缘之义，其分别指：一、如来法身虽处生死，却不为生死所损减，如如不动，故远离了断灭之见。二、如来法身虽常住涅槃之境，然其不离生死，不执留涅槃，故远离了常见。由于如来法身离此断、常两种偏执妄见，从而名之为常德。所以《胜鬘经》上说：如果只见一切现象无常，是名断灭妄见，而不能谓之正见，如果只见涅槃常住，是名常见，也不能谓之正见。所以如来法身远离断、常两种妄见，名之谓大常之德。

由此法界实理可以了知，涅槃即生死，生死即涅槃，二者不可分别，这样就可以证入生死与涅槃平等不二的境界。也就是说，从俗谛层面看，生死是苦、是断，不同于涅槃，二者不一；从真谛无分别层面来看，生死与涅槃又平等不二，从而达到既不执着于生死，也不执着于涅槃，心无所系的自在境界。由于法身之境已断灭一切妄惑，所以其不为生死所缚。由于本在因地所立摄生之愿，所以又不执住于涅槃，而是下化济生。由于证得般若妙智，所以断灭一切妄惑。由于大悲情怀，所以能成就因地所立之愿。因此之义，《不可思量经》偈语中说：

诸惑成觉分，生死成涅槃。
修习大方便，诸佛叵思议。

佛性事能相

原典

佛性论[①]辩[②]相分第四中[③]事能品第四

复次，事能相义应知。此清净性事能有二：一于生死苦中，能生厌离。二于涅槃欲求乐愿[④]。若无清净之性，如是二事则不得成。故经中说：世尊，若无如来藏，于生死苦无厌离意，亦无欲求乐愿之心。故不定聚众生[⑤]起此二事为用：一于生死苦，观于过失为依止处[⑥]，生不定聚众生厌离心故。二于涅槃乐，观于功德为依止处[7]，生不定聚[8]众生欲求乐愿。

欲求愿乐是四种心。云何为异？初欲者，名信。信有四种：一信有[9]。二信不可思议[10]。三信应可得[11]。四信有无量功德[12]。具是四义，故名为欲。二求者，为至得此法[13]，心恒勤求，无有退悔，名之为求。三乐者，思择如、不如方便。如方便者，谓涅槃；不如方便，谓生死。思择涅槃，不求速证；思择生死，不求舍离，故名为乐。四愿者，从今发愿穷未来际[14]，恒以愿摄一切众生，未曾舍离，随所行道，并入菩提愿海所摄。[15]以自利故，不舍涅槃；为利他故，不舍生死。故有二观：一于生死，观苦过失。二于涅槃，观乐功德。故净分人[16]，由清净性，此观得成。

言净分者：一福德分。二解脱分。三通达分。福德分者，宿世[17]善根能感此身[18]，具足诸根[19]为受法器[20]。解脱分者，已下功德种子，能感未来世中解脱果报。通达分者，由圣道[21]故，能通达真如，是名净分。是人由净分为缘，净性[22]为因，故成此观，非无因缘。

若不由于此二事[23]，成观无因缘，如阐提人无涅槃性，应得此观[24]。而一阐提既无此观，故知定须因缘，观方可现。是清净性不为客尘之所染污，随三乘中未起一乘信乐。[25]又复未能亲事善知识[26]等，乃至四种圣轮亦未相应。

注释

①“佛性论”，金陵本无。

②“辩”，碛砂本无。

③“第四中”，碛砂本无。

④ **乐愿**：乐求救度众生之愿。

⑤ **不定聚众生**：不一定证悟佛性，要看机缘成否才能决定是否证悟之众生。

⑥ 此句义谓：于生死法中，观一切皆苦，并以此为根本。

⑦ 此句义谓：于涅槃乐中，观一切功德无量，并以此为根本。

⑧“聚”，碛砂本无。

⑨ **信有**：信涅槃境界真实不虚。

⑩ **不可思议**：喻指涅槃之境胜妙无比。

⑪ **应可得**：指众生通过修习大乘正法，可以证得涅槃之境。

⑫ **无量功德**：指涅槃有无量功德。

⑬ **此法**：指涅槃之境。

⑭ **未来际**：未来之边际。未来无边无际而假视为有，谓之尽未来际。

⑮ 此数句义谓：以已所修之功德回向一切众生，

使之皆能证入菩提之道。愿海，指菩萨之愿深广如海。

⑯ **净分人**：下文所说具有福德、解脱、通达三种果报之人。

⑰ **宿世**：前世。

⑱ **此身**：指此人身。佛法说人身难得，须借人身，方能修习成道。

⑲ **诸根**：指人身所有之眼、耳、鼻、舌、身、意等诸根。

⑳ **法器**：堪行佛道者，谓之法器。

㉑ **圣道**：此指大乘佛法之正道，此道无上胜妙，故谓之圣。

㉒ **净性**：佛性，佛性清净无染，故名之。

㉓ **二事**：分别指净分之缘与净性之因。前者为成道之助缘，后者为成道之根本。

㉔ 此句义谓：一阐提之人，尚无上求涅槃之心，故不成就上文所说观生死为苦，涅槃为乐之二观。

㉕ 此数句义谓：清净佛性，从其本体而言，遍一切众生之中，如如不动，不为垢染，亦无所求，本来自在。故说其遍三乘人中而未起一乘信乐。

㉖ **善知识**：指能指导人们修习正道的人。

译文

再则，要说“事能相”，应当了知，此清净“事能相”有两种含义：一、其能于生死苦海之中，生起厌离苦之心。二、其能于涅槃极境之中，生起欲求乐愿之心。如果没有此清净事能之性，则上述二义皆不得成。所以佛经中说：世尊，如果没有如来藏清净之心，众生则不能于生死苦中，生起厌离苦之心，也不能生起欲求乐愿之心。所以根器不定的众生，因此事能相二义，才能生起两种善用：一、于生死法中，观一切皆苦，并以此为根本，生起厌苦求解脱之心。二、于涅槃乐中，观一切功德无量，并以此为根本，生起欲求乐愿之心。

欲求乐愿可分为四种不同之心。哪四种呢？第一种为欲，又名为信。此信可分为四种。一是信涅槃是有非无。二是信涅槃之境胜妙无比。三是信众生假借修习大乘正法，可以证得涅槃。四是信涅槃有无量功德。第二种为求，所谓求，即是为了证得涅槃之境，心常勤求，无有退堕与后悔，故名之为求。第三种为乐，所谓乐，指思择如与不如两种方便。所谓如方便，是指涅槃。不如方便，是指生死，所谓思择涅槃，是指不求速证；思择生死，是指不求舍离众生，故名之为乐。第四种为愿。所谓愿，是指穷于无尽之未来，愿不断摄化一切众生，不曾舍离，随从自己修习之道，以自己所修之功德回向一切众生，使之皆能证入菩提之道。由于自利的缘故，所以不舍弃涅槃之境；为了利他的缘故，所以不舍弃生死。因而有两种观法。一是于生死法中，观一切皆苦过失。二是于涅槃中，观涅槃乐之无量功德。所以，具足净分之人由此清净事能之性，上述二观得以成就。

所谓具足净分之义，包含三层意义：一为福德，二为解脱，三为通达。所谓福德，是指由于前世积善德而感得此人身果报，且具足一切诸根，可以受持佛法。所谓解脱，是指已受持佛法，种下功德之因，未来世中必定获得解脱的果报。所谓通达，是指由于修习大乘佛法之正道，最后将会证得真如，这些就叫作净分。众生必以净分为助缘，以内在固有之佛性为内因，二者和合，方能成就此观。

如果不借助于净分之缘与佛性之因，此观无因缘可以成就。如一阐提之人，尚未发起上求菩提之心，故不能成就此观。由于一阐提人不具成观因缘使观不成，故可以推知，必须假借一定因缘，此观方可显现。众生本有之清净佛性，遍在一切圣凡之中，其本性不为无明烦恼所染污，如如不动，本性自在，虽遍在三乘人中而自足无求。又由于一阐提之人未能随从善知识修习，因而不能与四种圣轮相应。

原典

言四轮者：一住如法国土[①]。二依善知识。三调伏[②]自身。四宿植善根。轮有三义：一者未得令得[③]，得令不失。二者能度从此至彼，从他相续至自相续[④]，从自相续复至于他。三者能载，为能从生死得至涅槃。

一住善处[⑤]者，即是能修正行善人所住之处。若于中住，恒见此人[⑥]，故得觉意。觉者，觉悟；意者，善心。因此受持善法等事，故佛说偈言：

无知无善识[⑦]，恶友损正行。
蜘蛛落乳中，是乳转成毒。

是名应住如法国土。

二近善友。善友者，有七分，如偈言：

能施重可信，能说能忍受。
说深为善友，安弟子善处。

七分者，一能施。由能施故，令他怜爱；爱故尊重，重故可信，可信故能说[⑧]。由能说故，能忍受外难[⑨]；能忍受故，能说深理，利于善友。由说深法故，能安善友置于善处。若有能备此七德者，可堪依止为善知识。

若总论此七，不出三义：一乐怜愍[10]。二聪明[11]。三堪忍[12]。三义若少一种，则非善友。若但怜愍，不能聪明，譬如父母虽念子病，不能救治。若但聪明，无慈愍者，如怨家师不治他疾。若不能堪忍，则自行不足，怜愍、聪明亦不成就。故离虽七种，合不出三。能施、尊重、可信，此三属怜愍摄。能说及说深理，此二属聪明摄。能忍属堪忍摄。安善处并通三种。其聪明者，表离愚痴。能堪忍者，表异凡夫。三怜愍者，表异二乘[13]。唯佛世尊，备此三德，故堪为众生真善知识。

三调伏自身心者，如正教[14]行，闻时无散乱心，思时无轻慢心，修[15]时无颠倒心。若不自调伏身心者，善处善友则无所用。

四宿植善根者，以为解脱分，故修善根。善根者，谓信、戒、闻、舍、智。信者，不离三宝[16]正念。戒者，为不离善道。闻者，自闻、令他闻、不令他倒闻[17]、不障他闻。因四闻故，今世得闻及思、修等可为法器，三慧具足。舍者有二：一由昔舍物施他，今则损于贪爱。二由昔舍法施人，今则轻灭无明。由此舍故，贪爱、无明并稍轻薄，以是因缘，得解脱果。智者，是人先世已曾思择三宝、四谛[18]，故于此生得世正见，乃至尽智[19]及无生智[20]。如是之人，虽具三轮[21]，若无宿善，今生五根则不具足，便是生于八难[22]等处。故知若无宿世善根，则前三轮无所复用。

总此四义，譬之为轮。四若少一，轮则不成。解脱之名，无由得立。由此四法和合故，能得解脱道者。如轮能运能转，至解脱时，无复此能。如圣王[23]轮备有四物，所谓毂、辋、辐、轴。若无此四，轮则不成。以是义故，若未与四轮相应者，是时厌离生死观及涅槃功德观并不得成。

故经中说：一阐提人堕邪定聚有二种身：一本性法身，二随意身[24]。佛日慧光照此二身。法身者，即真如理。随意身者，即从如理起。佛光明为怜愍阐提二身者，一为令法身得生[25]。二为令加行得长修菩提行，故观得成。

复有经说：阐提众生，决无般涅槃性。若尔，二经便自相违。会此二说，一了[26]一不了[27]，故不相违。言有性[28]者，是名了说。言无性者，是不了说。

故佛说若不信乐大乘，名一阐提。欲令舍离一阐提心故，说作[29]阐提时决无解脱。若有众生有自性清净永不得解脱者，无有是处。故佛观一切众生有自性故，后时决得清净法身。故经偈言：

聪明人次第，数数细细修。

除灭自身垢，如金师炼[30]金。

聪明人次第者，明此人有解不倒[31]，修能如次学[32]。数数者，时无暂舍，恒自研求。细细者，从微至着，如闻、思、修慧，细细而习。除灭自垢者，稍除无明重轻诸惑，令清净本性永得显现。故说犹如金师能炼[33]于金，除诸滓璞[34]，金得净光明。

注释

① **如法国土**：此指能依正法修习之国家。

② **调伏**：调伏身、口、意三业，制伏一切恶行。

③ 此句义谓：未得正法，使得正法。

④ **从他相续至自相续**：相续，指众生由于因果业力而展转不断。他相续，即指事物间相互关联之因果性；自相续，即一物自身内部之因果性，与他事无关。

⑤ **善处**：上文所说如法国土。

⑥ **此人**：能修正行善人。

⑦ **善识**：善知识。

⑧ 此句义谓：由于可信，故其所说之法能为他人相信。因此义说，可信故能说。

⑨ **外难**：外道之对于正理的诘难。

⑩ **怜愍**：指怜愍无明众生，处生死苦海而不觉。

⑪ **聪明**：此非一般所谓之机敏，而指了通正法，明白事理。

⑫ **堪忍**：能忍受各种逆缘。

⑬ **二乘**：指声闻、缘觉二乘。此二乘人只求自证，无大悲摄世之慈愍。

⑭ **正教**：正法。

⑮ **闻、思、修**：又名三慧。闻慧，指依见闻经教而生之智慧。思慧，指依思惟道理而生之智慧。修慧，指依修禅定而生之智慧。此三慧中，闻、思二慧但为散智，为修慧之助缘，只有修慧，即禅定能断惑证理，名为定智。

⑯ **三宝**：指佛、法、僧。

⑰ **倒闻**：闻为闻道；倒闻，即闻非道。

⑱ **四谛**：苦、集、灭、道四圣谛。

⑲ **尽智**：佛教所谓十智之一。尽智，指断除一切烦恼所生之自信智。此境界已可实现知苦、断集、证灭、修道四圣谛。

⑳ **无生智**：十智之一。指既已达到知苦、断集、证灭、修道四圣谛之境界，更进一步无知、断、证、修等事，故名无生。能觉此无生之智，名无生智。此限于利根阿罗汉所有之智。

㉑ **三轮**：指住如法国土，依善知识，调伏自身三义。

㉒ **八难**：此谓障碍见佛闻法的八种处所或境界，又名八无暇。其分别指：（一）地狱。（二）饿鬼。（三）畜生。（四）北拘卢洲，此处以乐报殊胜，无有痛苦。（五）长寿天，指色界、无色界长寿安稳之处。（六）聋盲病哑。（七）世智辩聪。（八）佛前佛后，二佛中间等无佛法处。

㉓ **圣王**：转轮圣王、转轮王。此王身具三十二相，即位时，由天感得轮宝，转其轮宝而降伏四方，故名转轮王。

㉔ **随意身**：又名方便法身，指由本性法身为化益众生方便而示现之身。

㉕ **令法身得生**：令法身得显。因阐提众生亦本有法性之身，只为无明所覆，今借佛光慧照，除去无明，使之再显。

㉖ **了**：了义，指究竟之法。

㉗ **不了**：不了义，指方便之法。

㉘ **有性**：指一阐提亦本有清净佛性。

㉙“作”，碛砂本作“住”。

㉚“炼”，碛砂本作“练”。

㉛ **有解不倒**：有正解不为妄想所颠倒。

㉜ **如次学**：如法次第修习。

㉝“链”，碛砂本作“练”。

㉞“璞”，碛砂本作“朴”。

译文

所谓四轮分别指，一、能出生在如法之国。二、能依善知识修习。三、能调伏身、口、意三业，制伏一切恶行。四、能培植善根。轮有三种含义：一为未得正法，使得正法。得正法后，又使之不会丧失。二为能度之义，即能从生死此岸度至涅槃彼岸，自他因果相互展转。三为能载之义，指能载众生从生死到涅槃。

一、所谓出生于善处，是指能修习正道之人所住之处。如果于此处居住，能常见修习正道之人，故而获得觉意。所谓觉，指觉悟；所谓意，指善心。由于此因缘，受持修习各种善法，所以佛说偈言：

> 无知无善识，恶友损正行。
> 蜘蛛落乳中，是乳转成毒。

这些就叫作住于如法国土。

二、所谓亲近善友。善友有七种，如偈所说：

能施重可信，能说能忍受。

说深为善友，安弟子善处。

七种分别指：能施，由于广行善施，而受到众生之喜爱。由于受到众生喜爱而获得众生尊重。由于获得众生尊重，故而得到众生信赖。由于得到众生信赖，故而能说善法，为众生所听受。由于能说善法，故而可以忍受外道诘难。由于能制伏外道诘难，故而能说甚深微妙法理，利于善友。由于能说甚深微妙法，故而能安置善友于善处。如果能具备此七种善德之人，可以依此人为师，即善知识。

如果总括此七种善德，不外三义：一、乐怜愍一切悲苦众生。二、了通无上正法。三、堪忍各种逆缘。此三义若缺少一项，都不能称之为善友。如果只有怜愍之心，而不能了达正法，就像父母虽顾念子病，但不能救治一样。如果只有了达正法之智，而无慈悲怜愍之心，就如同怨家医师不为治病。如果不能忍受各种逆缘，则自己修行尚且不足，其怜愍之心与了通正法之智亦不能成就。所以分开细说可分为七种，合起来不外三义。能施、可信、尊重，此三种属怜愍之义所摄。能说与说深理，此二种为了通正法之智义所摄。能忍，为堪忍逆缘之义所摄。安置善友于善处，通为三种之义所摄。所谓了通正法，是为了表明远离愚痴；所谓能忍逆缘，是为了表明异于凡夫；所谓慈悲怜愍，是为了表明异于小乘。唯有证得佛果的人，才具备此三德，所以才能称为众生真正的善知识。

三、所谓调伏自身身、口、意，是指依正法来轨持自己的行为，见闻佛法经教，无散乱之心；思惟佛法之理，无轻慢之意；修持禅定，无颠倒之念。如果不调伏自身之身、口、意三业，那么住善处，依善友之义则无所用处。

四、所谓培植善根，是指为了获得解脱而修习善根。善根分别指信、戒、闻、舍、智。所谓信，是指正信佛、法、僧三宝。所谓戒，是指不脱离善道。所谓闻，是指自闻正法，令他人闻听正法，不令他人闻听邪法，不障碍他人闻听正法。由此四种闻法，今世即可获得闻、思、修等三慧具足。所谓舍有二种，一种是指由于过去布施财物于他人，今世则损减贪爱之情。二种是指由于过去与人讲授正法，今世则很容易灭除无明。由此二种舍因，贪爱之情与无明妄念都比较轻薄，因此而获得解脱的果报。所谓智，是说前世已思念归依佛、法、僧三宝，思惟苦、集、灭、道四圣谛，于今世获得正见，以至于获得断灭一切烦恼之尽智与能觉无生之无生智。众生既使修习到这样的境界，能够具足住如法国土、依善知识和调伏自身三种条件，如果没有前世所积之善根，那么上述三种条件亦无从实现。

总括这四种条件，以轮来作譬喻，这四轮若缺少一轮，则解脱之名无从成立。由此四种条件都和合一起，才能获得解脱之道。如同轮可以有运载之功，亦可有转动之能。若至解脱时，则不再须要假借运转之能。又如转轮王之轮，具备毂、辋、辐、轴等四物，如果无此四物，那么无以形成为轮。同样，如果不具备上文所说四种条件，则厌离生死与证得涅槃两种观法都不能成就。

所以佛经中说：一阐提之人堕入邪定聚中有二种身体：一为本性法身。二为法身所化现之随意身。佛以如日的智慧之光照了这二种身。所谓法身，即是真如理体。所谓随意身，即是从真如理体生起之身。所谓佛慧光明，观照怜愍阐提二种身者，是指两种含义：一为令阐提之人本有法身真如再度彰现。二为令阐提之人能加力修习菩提正道，以成就厌离生死与证得涅槃两种观行。

又有佛经作如是说，一阐提众生绝对没有涅槃真如之性。如果这样的话，则佛经的两种说法自相矛盾。如果把此两说加以会通，则一为了义究竟之说，一为不了义方便之说，故此两说不相矛盾。说一阐提众生有涅槃真如之性者，此为了义究竟之说。说一阐提众生没有涅槃真性者，此为不了义方便之说。所以佛说，如果一个人不信乐大乘佛法，名之为阐提之人。只是为了令其舍离阐提无明之心，才说一阐提之人永远不能解脱。如果认为众生有自性清净之性，却又永远不能解脱者，此义则大谬。所以佛观照一切众生都有自性清净之佛性，将来一定会证得法身，成就解脱。因而佛经偈中说：

聪明人次第，数数细细修。
除灭自身垢，如金师炼金。

所谓聪明人次第，是指此人有正见，能如法次第修习。所谓数数，是指修习佛法的过程中，精进不懈，毫无怠惰。所谓细细，是指修习闻、思、修三慧，由微至着，由浅入深，逐渐断除自心中的无明妄惑，使固有的清净佛性得以显现。所以说修习佛道，犹如金师炼金，只要除去金中的杂质，金就可以恢复清净而发出其本有的光明。

3 卷三

辨佛性之相（二）

佛性总摄相

原典

天亲菩萨造[1]

陈天竺[2]三藏[3]真谛译

辩[4]相分第四中[5]总摄品第五

复次，总摄义应知。摄有二种：一者由因。二者由果。由因摄者，是如来性清净，有四种因[6]，三种法与三譬[7]相似故，取海为喻。三法者：一法身清净因。二佛智德生因。三佛恩德因。法身清净因者，修习信乐大乘应知[8]。佛智德生因者，修习般若及禅定应知。恩德因者，修习菩萨大悲应知。修习信乐大乘者，与器相似[9]。此中有无量定、慧[10]大宝所遍满故，故说与器相似。修习般若、禅定与宝相似者，般若无分别故[11]，禅定不可思惟功德所依止故。般若如净宝，禅定如如意宝。修习菩萨大悲如清净水，于一切世间众生润滑一味[12]故。譬如大海，唯一咸味。菩萨大悲润诸众生，亦复如是。故此三法[13]于因地[14]中为所依、能依故，说总摄，名如来法海，是名因摄。

次由果摄者，明如来法身有三种法，与三譬相似，故能总摄。三譬相似者：如日有三，一体。二光。三明。此与三身相似故。三法者：一神通。二流灭[15]。三显净。

一神通者，譬日有明，能除障自境界无明之暗以为事用，故与日明相似。

二流灭者，谓尽、无生智[16]，能烧除业、烦恼令无余，以为事用，故与日光相似。所言灭者，即是真智。正能除惑，故与灭名。尽者，即惑无时，名为解脱，故与尽称。

三显净者，谓尽、无生境，名转依[17]。极清净故，无垢故，澄静故，与日轮相似。清净者，解脱障灭故。无垢者，一切智障灭故。澄静者，客尘[18]所不能染，以本性清净故。转依者，胜声闻、独觉、菩萨三人所依止法故[19]。

又有四种相应知：一者为生依。二灭依。三善熟思量果。四法界清净相。

一生依者，佛无分别道[20]相续依止。若不缘此法[21]，无分别道即不得生。以依缘此故，名此法为道生依。

二灭依者，一切诸惑及习气[22]究竟灭不生，无所依止故。若不依此转依法究竟灭惑者，则声闻、独觉与佛灭惑不异。[23]由不同故，故知此法为究竟灭惑依止。

三善熟思量果者，善正通达，长时恭敬，无间无余等修习[24]，所知真如是转依果。若在道中，转依为因。若在道后，即名为果。若转依非是善熟思量果者，则诸佛自性应更熟思量更灭更净，[25]而不然者，故知转依为善熟思量之果。

四法界清净相者，一切妄想于中灭尽故，此法界过思量、过言说，所显现故，故以法界清净为相。此即心行处灭，言语道断，不可诠谙，方是得无所得真如理故。[26]

注释

①“造”，碛砂本作“说”。

②“天竺”，碛砂本无。

③“三藏”二字下，碛砂本有“法师”二字。

④“辩”，碛砂本无。

⑤“第四中”，碛砂本无。

⑥ **四种因**：分别指下文所谓生依、灭依，善熟思量果、法界清净四相。

⑦ **三譬**：分别指下文之器、宝、海水三种譬喻。

⑧ 此二句义谓：修习大乘佛法之人，应当了知法身清净，此为成道之根本。

⑨“似”，碛砂本作“应”。

⑩ **定、慧**：分别指禅定与般若。

⑪ 此句义谓：以般若之智观一切法，无有分别，本性皆为清净之真如，故谓之无分别。

⑫ **润滑一味**：指平等摄受一切众生，不起分别之心。

⑬ **三法**：指信乐大乘、修习般若与禅定、修习菩萨大悲。

⑭ **因地**：相对于证得佛果的果位而言，指尚处在修习过程中的众生所行之位。因修习位众生既以此三法为所缘之初境，又依靠此三法的不断修习而证得佛果之果位，所以谓此三法既是“所依”，又是“能依”。

⑮ **流灭**：指以正智来断灭一切烦恼。流，非寂静义，喻指烦恼。

⑯ **无生智**：指大乘菩萨证无生之理的智慧。无生

之理，即是真如涅槃之境无生无灭。

⑰ **转依**：转，指转舍得到之义；依，指所依，通常指第八阿赖耶识，此识为一切烦恼的根本，所以必须转舍断灭，以达到涅槃、菩提之境。

⑱ **客尘**：指一切烦恼无明，此非自性本有，故谓之客。

⑲ 此句义谓：转依是以究竟涅槃为境，故其胜于声闻、独觉等小乘所行之境，也胜于菩萨所行之境。

⑳ **无分别道**：指究竟佛果之境界，此界没有任何分别，故名之。

㉑ **此法**：指转依之法。

㉒ **习气**：指烦恼之余习、气分。

㉓ 此数句义谓：声闻等小乘之人，虽已断烦恼，但尚有余习不断，所以非是究竟断灭。唯有证得佛果，方能究竟灭尽一切余习。所以佛与小乘所灭有所不同。

㉔ **无间无余等修习**：指精进不懈地修习。

㉕ 此数句义谓：转依是以究竟涅槃为境的，如果说转依所证之果非是善熟思量的究竟果报，那无异于说涅槃佛果尚不究竟，还有待于进一步修习，而这是不正确的看法。

㉖ 此数句义谓：清净法界，不是凡夫的言语所能说得出来，凡夫的头脑可以想象得出来，它是无上胜妙

的极境，唯有通过真正智慧才能证契。从其非凡夫心虑、言语所得，故谓之无所得；从其理能为真正智慧所证契，故又谓之得。

译文

再则，应当了知，佛性总摄之相有二种义：一是由因。二是由果。所谓由因，是指如来之性本来清净，其可分为四种因，三种法。此三法又可分别以三种不同的譬比相似，所以取海为譬喻。所谓三种法：一为法身清净因。二为佛智德生因。三为佛恩德因。所谓法身清净因，修习信乐大乘佛法的人应当了知。佛智德生因，修习般若与禅定的人应当了知。佛恩德因，修习菩萨道，行大悲摄世的人应当了知。修习信乐大乘的人，可以譬比为容器，因为此中遍满了无量无边的禅定与般若智慧的宝藏，所以说它与容器相似。修习般若、禅定的人，可以譬比为珍宝，因为般若之智妙观一切法，无有分别；禅定之功可以产生不可思议的胜妙功德。般若之智犹如清净珍宝，禅定之功犹如如意宝珠。修习菩萨道，大悲摄世，犹如清净之水，不起分别之心，平等摄受世间一切众生。就像大海一般，都是咸味，菩萨大悲摄受众生也是如此，没有分别之心。修习信乐大乘、般若禅定和菩萨大悲三种方法，既为因地众生所缘初境，又为其能依之法，所以说名为“总摄”，谓之如来法海。这些就是所谓“由因”摄。

其次，所谓“由果”摄者，表明如来法身有三种法，可分别以三种不同的譬喻来说明。这三种譬喻是指犹如太阳有三义：一体。二光。三明。此三义与法身三法相似，故借以譬比。所谓三法，分别指一、神通。二、流灭。三、显净。

一、所谓神通，譬如太阳有明，可以断除无明暗障，故谓之与太阳之明相似。

二、所谓流灭，是说以证涅槃无生之智慧，可以烧除一切业障烦恼，荡尽无余，故谓之与日光相似。所谓灭，即指真正的智慧，此智可以斩断无明妄惑，故名之为“灭”。尽者，此智亦能荡尽一切妄惑，使之无余，故又名之为解脱，以“尽”称之。

三、所谓显净，是指证达无生之涅槃极境，名之为“转依”。此境极其清净、无垢、澄静，所以与太阳之体相似。所谓清净，是说断除一切有碍解脱的障碍。所谓无垢，是说断除一切智慧的缠缚。所谓澄静，是说一切烦恼所不能染污，因为法身本性，就是清净无染的。所谓转依，是以究竟涅槃为境，故而其境胜妙于二乘与菩萨所行之境。

又应当了知转依之四种相：一为生依。二为灭依。三为善熟思量果。四为法界清净相。

一、所谓生依，是指依止转依，可以证达无分别的涅槃极境。如果不假缘此转依之法，即不能证至涅槃之境。正因如此，所以名此转依法为道生的依止。

二、所谓灭依，是指一切妄惑及其余习，究竟断灭，不再生起，无所依止。如果不假借此转依之法究竟断灭一切妄惑，则小乘证果与佛境就没有区别。由于小乘极果不同于佛境，所以可知，转依之法为究竟断灭一切妄惑的根本。

三、所谓善熟思量果，是指通过正确思惟，恭敬之心，精进修行等，可以证达真如之果。如果在修道过程中，转依是成道的原因与根本。如果成道之后，转依即成涅槃正果。如果说转依之境还不是究竟正果，那无异于说涅槃佛境尚不究竟，尚待进一步修习超越，而这是不对的。所以，转依必得究竟正果。

四、所谓法界清净相，是说法界已断灭一切妄想烦恼，非凡夫思虑、言语可以显现，故谓之清净。这也就是通过止灭一切心念，摒除一切言语，以真智才能证契的真如之理。

原典

复次，如来转依有八种法摄持应知。八法者：一不可思量。二无二。三无分别。四清净。五照了因。六对治。七离欲。八离欲因。此八合有二意：一离欲，是灭谛[①]。二离欲因，即是道谛[②]。前不可思量等三句，属灭谛摄。次清净等三句，属道谛摄。

初离欲有三句：一者，云何不可思量？于有无第四句[③]，觉、观思量不能通达故，一切众生言语、名句味等不能诠辩故，唯圣人无分别智[④]所证知故，故名不可思量。二无二者，如经中说：舍利弗，诸佛法身无二法、无分别法。所言二者，烦恼及业是名为二。如来法身无此二法，故名无二。三无分别，分别者，烦恼、业、家习、不正思惟[⑤]。由不正思惟故起二[⑥]，由通达自性故灭二。是二及分别不应不行[⑦]。

不应者，上心烦恼[⑧]不相应共行。不行者，随眠烦恼[⑨]不共随行。既不应不行此二处故，故说如来法身苦灭究竟，永无生起。云何如此？非为除灭一法，故名为灭。以本来不生，故名为灭。[⑩]如《无上依经》中说：阿难，于无生无灭法中，心、意及识[⑪]决定不生故。

释曰：心者，即六识心[⑫]；意者，阿陀那识[⑬]；识者，阿梨耶识[⑭]。于此三[⑮]中不得生故。此中若无三识，则无分别[16]；分别既无，亦无不正思惟等。既无三识，则不得起无明。是以如来法身离不正思惟故，则不起无明；若不起无明，十二有分[17]不为生缘，故名不生。

又《胜鬘经》说：是苦灭者，非灭坏法名为苦灭。坏者，破三界[18]见谛，得有余涅槃[19]。灭者，除四种生死[20]思惟烦恼，得无余涅槃[21]，故言灭坏，由苦灭名。无始时节非作非生，无灭离尽，常住恒寂，湛然自性清净，解脱一切烦恼壳，功德过恒沙数，相摄非相离，不舍离智、不可思惟，与如来法相应。[22]如来法身诸佛所说，是如来法身说名离欲。

注释

① **灭谛**：四圣谛之一。指已断除烦恼惑业，脱离生死之苦，达到真空寂灭的涅槃之境。

② **道谛**：四圣谛之一。指修习能灭各种烦恼，证得涅槃的方法。

③ **有无第四句**：有无四句，分别指四种妄惑之见。第一有句，如执着必有我身，即常见；第二无句，执必无我身，是断见；第三亦有亦无句，执我身亦有亦无，是有无相违见；第四非有非无句，执我身非有非无，是

戏论之见。

④ **无分别智**：又名无分别心，指能体会真如之智。因真如离一切相，不可分别，故须离一切情念分别之无相真智，方能冥符。

⑤ **不正思惟**：指无明妄念，不合真理，故名不正思惟。

⑥ **二**：此指烦恼与业。

⑦ 此句义谓：由于了达自性，所以烦恼、业等分别妄法，与心不相应，不共行，心静自在，脱烦恼之缠。

⑧ **上心烦恼**：贪、瞋、痴、疑、慢、恶见等六大烦恼，为一切烦恼生起之本，故又名根本烦恼。若了达自性，此根本烦恼即不得生起，故谓不相应不共行。

⑨ **随眠烦恼**：指以前根本烦恼为体而流生出来的烦恼。

⑩ 此数句义谓：涅槃之灭境，本来无生，故亦无灭，这才是究竟的灭境。

⑪ **心、意及识**：分别指六识、第七末那识和第八阿赖耶识。

⑫ **六识心**：指眼、耳、鼻、舌、身、意六识。

⑬ **阿陀那识**：此处应为第七末那识，“阿陀”，疑为“末”之衍文。此识以思量为义，无始以来无间断，执持我见、我慢、我爱。

⑭ **阿梨耶识**：又名阿赖耶识。此识以藏为义，含藏一切诸法种子，为有漏、无漏一切有为法的根本。

⑮ **三**：指六识、第七末那识和第八阿赖耶识。

⑯ 此二句义谓：阿赖耶、末那及六识为一切有为法之根本，由此才生起分别之心。

⑰ **十二有分**：无明、行、识、名色、六处、触、受、爱、取、有、生、老死等十二因缘。此为众生轮转六道的缘起，此十二因缘，以无明为根源才能生起，故谓不起无明，十二有分不为生缘。

⑱ **三界**：指凡夫生死往来之三种境界，其分别为欲界、色界和无色界。

⑲ **有余涅槃**：指生死轮回之因业已断，犹余有漏之依身苦果未尽。

⑳ **四种生死**：指菩萨在证入佛地前所具有的四种生死。其分别为：（一）方便生死，指菩萨为利生之生死，于地前及初、三地感之，灭之而入于四地。（二）因缘生死，于四、五、六地感之，灭之而入于七地。（三）有有生死，于七、八、九地感之，灭之而入于十地。（四）无有生死，十地所感之，灭之而入于如来地。

㉑ **无余涅槃**：指不仅已断尽生死之业，有余之依身也灭之无余。

㉒ 以上数句，均指苦灭尽后的涅槃妙境。

译文

再次，如来有八种转依之法应当了知。所谓八法为：一不可思量。二无二。三无分别。四清净。五照了因。六对治。七离欲。八离欲因。此八法合起来共有二义，一为远离欲望，此是灭谛境界。二是远离欲望的方法或原因，此即是指各种修道的方法。上文所谓不可思量、无二、无分别等三义，是灭谛的境界。清净、照了因、对治等三义，是修道方法。

首先，离欲有三义：一、何谓不可思量？指转依所得之境，不是执身非有非无的戏论之见可以了达，也非凡夫思虑所能了解。一切众生的言语不能穷尽其境，唯有圣人的无分别智慧方能冥契，所以名之为“不可思量”。二、所谓无二，如佛经中所说：舍利弗，诸佛法身无二法、无分别法。所谓二，是指烦恼和业。如来法身已了脱此二法，所以名之“无二”。三、所谓无分别，分别即是指烦恼、业和不合真理的思想。由不合真理的思想，才生起烦恼和业。由了达自性，就可以断除烦恼和业。由于了达自性，所以烦恼、业等分别妄法不能起用，谓之“不应不行”。

所谓不应，是指贪、瞋、痴等根本烦恼不得生起。所谓不行，是指随眠烦恼不得生起。既然根本与随眠二种烦恼都不得生起，所以说如来法身已断灭一切苦，烦恼永不生起。为何如此？并不是因为断灭一法，才名之为灭。而是因为一切法本来不生，所以才谓之为灭。如《无上依经》中所说：阿难，在无生无灭的涅槃境界，心、意及第八识均不生起。

解释如下：所谓心，即指眼、耳、鼻、舌、身、意等六识。所谓意，即指第七末那识。所谓识，即指第八阿赖耶识。如果心、意、识不生起，也就不可能产生分别之心。没有分别之心，那么不合真理的思想也就不会产生。既然心、意、识不存在，则无明妄惑也无从生起，所以说如来法身远离一切不合真理的思想，没有无明妄念的生起。如果不生起无明，那么以无明为根源的十二因缘也就不可能产生，所以名之为“不生”。

又《胜鬘经》中说：所谓的断灭苦恼，并非指断灭一切法，而是指破除对欲、色、无色三界的执着，证得有余涅槃。并进一步断除菩萨在证入佛地前所具有的四种变异生死之苦，证得无余涅槃。所以说断灭即是灭除苦恼。如来法身本来就不作不生，无灭离尽，常住恒寂，湛然清净，了脱一切烦恼，具有无量无边的胜妙功德，摄尽一切法而不相离，具足无上智慧，不可思议，与如来本性相应无二。诸佛所说之如来法身，即可名之为“离欲”。

原典

二离欲因者，为得此法身，见谛道[1]、修道[2]所摄。由境界故，说无分别智有三义，与日相似。无流[3]清净故，与日轮相似。能照了一切境界故，与日明相似。能对治一切真见暗障故，与日光相似。

释曰：真见暗障者，谓具足想烦恼[4]难、业难、果报难[5]。具足想者，以随眠烦恼为因，五尘[6]欲为缘，不正思惟为俱起因。具此三[7]故，名为具足想。是暗障如实不见[8]不知离欲法身一界故，即得生起。如此应见应知如来法身离欲。云何见知？谓如实思量，不见想[9]及不见境[10]。境者，名分别性[11]；想，名依他[12]。不见分别、依他二性故，名为真实见知[13]一界。又想者人，境者法。不见此人法想境故，名二空[14]。如是一切诸法，如来悉见悉知，由平等平等已通达如真实故，境智等无增减，是名平等观。此观能除真实见暗障，是如来法身至得家因，见修二道所摄故。以是义故，此离欲因不离二修而得成就。

二修者：一如理修[15]。二如量修[16]故。世间所知唯有二种：一人[17]。二法[18]。若能通达此二空者，则为永得应如实际，是故名为如理如量。际者，穷源达性，究法界源，故名为际。如理修者，不坏人法。何以故？如此人法，本来妙极，寂静为性[19]故，无增无减，离有离无。寂静相者，自性清净，诸惑本来无生，见此二空，名寂静相。自性清净心，名为道谛。惑本无生，净心不执，名为灭谛。是心有自性清净及有烦恼惑障[20]，如此两法无流界中善心、恶心，独自行[21]故，于一念中两心不相应故，此两法难可通达。

如《胜鬘经》说：世尊，善心念念灭不住，诸惑不能染。恶心念念灭，诸惑亦不染。世尊，烦恼不触心，心不触烦恼[22]，云何无触法而能得染[23]心？如此而知，名如理智。如量智者，究竟穷知一切境名如量智。若见一切众生乖如境智[24]，则成生死；若扶从境智，则得涅槃、一切如来法，以是义故，名为如量。至初地菩萨得此二智[25]，以通达遍满法界理故，生死、涅槃二法俱知。

又此两智是自证智见[26]，由自得解，不从他得，但自得证知，不令他知故，名自证知见。又此二智有二种相：一者无着。二者无碍。言无著者，见众生界自性清净，名为无着[27]，是如理智相。无碍者，能通达观无量无边界故，是名无碍，是如量智相。

又此二智有二义：如理智为因，如量智为果[28]。言如理为因者，能作生死及涅槃因。如量为果者，由此理故，知于如来真俗等法具足成就。

又如理智者是清净因，如量智者如圆满因。清净因者，由如理智，三惑[29]灭尽。圆满因者，由如量智，三德[30]圆满故。前不可思量、无二、无分别等三，名为离欲。以清净、照了、对治等三，名离欲因。是名如来转依，摄持八种功德。

注释

①**见谛道**：见谛道，指以智慧照见真理。

②**修道**：指在见谛道基础上，进一步修习真观，故谓之修道。

③**无流**：指没有变灭、生死之苦。

④**想烦恼**：心性作用之一，浮事物之相于心上，以此施设种种名言，谓之想。此想能生各种烦恼，故名之。

⑤**业难、果报难**：分别指轮回业因与因业所致的果报。

⑥**五尘**：指色、声、香、味、触五境，此五境能染污真性，故名为尘。

⑦**三**：分别指随眠烦恼、五尘、不正思惟。

⑧**如实不见**：不见一切法的真相。

⑨**想**：指想烦恼。

⑩**境**：由想分别所缘生的妄境。

⑪ **分别性**：三自性之一。又名遍计所执性，指由凡夫妄执，遍计一切虚妄之法为实有。境本由妄识所现起，没有实体，凡夫执为实有，所以说境由分别性而生。

⑫ **依他**：三自性之一。即依他起性，指一切现象，皆由因缘所生。他，即指因缘。

⑬ **真实见知**：此指三自性中之圆成实性，指能了别一切现象依他而起，本来性空，从而不生分别之心，圆满成就所达到的真实之性。

⑭ **二空**：因人（想）为分别妄想所起，故为虚妄不实；境为因缘所生，没有自性，亦是性空，了解此，名人、法二空。

⑮ **如理修**：修如理智。如理智，又名根本智、无分别智等，指佛菩萨照见真理之智。

⑯ **如量修**：修如量智。如量智，又名后得智、有分别智等，指如理智后照了有为万法的俗智。

⑰ **人**：指想，即分别性起。

⑱ **法**：指境，即依他性起。

⑲ 此句义谓："人"以分别性起，本来虚妄不实；"境"为依他性起，因缘所生，本性是空，所以讲人法，从其本性上说，本来是空，故名之为妙极寂静为性，无增减，离有无。

⑳ 此句义谓：心性本净，但无始时来又为烦恼客

尘所覆，所以谓一心有染、净两法。若如理修习，则去染成净；反之，则流转生死。

㉑ 此句义谓：在没有流灭的清净法界，自性清净不为烦恼所染，没有善、恶分别，故说善、恶二心各不相触，独自行用。

㉒ 此二句义谓：在清净法界，没有善恶分别，自心寂静，不为烦恼所染，故说相互不触。此心，指自性清净之心。

㉓ 此句义谓：既然自性清净心不为烦恼所触，那么众生又是怎样由本有的清净心，而幻现出染心的呢？即是说，众生本性清净，妄染又从何而生？这一问题，是佛家解释世间与佛性关系之一根本问题。一般经论，认此究极问题，非思虑言语所及，唯有证契真如之智，才能了达，故只泛讲无明所生染心，而不作文理上的进一步推论，留待真智去自悟彻见。

㉔ **如境智**：指如量智。

㉕ **二智**：指如理、如量二智。

㉖ **自证智见**：第一义之真理非从他得，从自性中得，故谓自证智所见。

㉗ 此二句义谓：无着，是指众生虽有迷情，为烦恼所染，但其本性清净。因此，若从本性层面来观照一切众生，都是同一无分别的，因而也就不会产生分别执

着之情。

㉘ 此二句义谓：如理智为根本智，是如量智的根本，故谓之因；如量智为后得智，故为果。

㉙ **三惑**：或云三烦恼、三漏，分别指：（一）见思惑，如身见、边见等，邪分别道理而起，谓之见惑。如贪、瞋等，倒想世间事物而起，谓之思惑。（二）尘沙惑，即化导障，指菩萨为教化人，必通如尘如沙无量无数之法门，但心性暗昧，不能通达，自在教化，谓尘沙之惑。（三）无明惑，即为障碍中道实相理之惑。

㉚ **三德**：分别指（一）智德，破一切无知而具无上之菩提。（二）断德，断一切烦恼，具无上之涅槃。（三）恩德，具大悲而救济一切众生。

译文

二、所谓离欲因，是指为了证得法身境界，修习见、修二道。无分别智本不可言状，但勉强言说，其有三种义，与太阳相似。法身之界无有流灭，与太阳之体相似。其能照了一切境界，与太阳之有明相似。其能对治一切真见暗障，所以与太阳之有光相似。

解释说：所谓真见暗障，是指具足想烦恼、业和果报。所谓具足想，是说以随眠烦恼为内因，以色、声、香、味、触等五境为外缘，以不合真理的思想为助因，具足这些条件，名之为具足想。此想能障碍真实见道，不能了达离欲法身的境界，故名之为烦恼。如果要证见离欲法身境界，必须合乎真理来思想，不为想烦恼和外在妄境所障。所谓境，即指三自性中之分别性。所谓想，即指三自性中之依他起性。如果能不为分别、依他起二性所障碍，就可以成就圆满的真实之性，证见法身清净境界。又，想指人，境指法，如果能了达此人、法均虚妄不实，没有自性，就名之为“二空”。如来能了知一切法，以平等之心观照一切，断除见道的障碍。这种平等无分别之心的观照方法，即是证得法身的根本，是见、修二道的基本内容之一。因此，“离欲因”必须假借见、修二道才能成就。

所谓二修，一为如理修，二为如量修。世间所知的一切现象无外乎两种：一人。二法。如果能证此人、法二空之理，则可以了达真如实际，这就叫作“如理”。所谓如量际，是指能了达一切法的本性，穷究其根源，故名之为“际”。所谓如理修，并不是说要断灭一切人、法。为什么这样说？因为人以分别性起，本来虚妄；法为依他所起，因缘所生，自性是空，所以此二者从本性上说，本来是空，寂静为性，无增无减，离有离无。之所以谓之为寂静，是指其自性清净，一切妄惑本来不生，能证得人法二空之理。所谓自性清净，即是修道；诸惑本来不生，不执着一切法，即是寂灭之境。心性本净，但无始时来又为烦恼客尘所覆，因此使一心有染、净二法。在清净法界，由于没有任何分别，染净二法各不相待，不可通达。

如《胜鬘经》所说：世尊，在清净法界，染、净二法独自行用，不为妄惑所染，烦恼不能染触到清净之心，清净之心亦不为烦恼所染触。既然如此，那么本有的清净之心不为烦恼染触，而现世众生心中的烦恼又从何而生？如果能穷源究极，了达到烦恼所生的源头，这种智慧就名之为“如理智”。所谓如量智，是指能究竟穷知一切境界名如量智。如果一切众生与如量智相违碍，则成生死轮回；如果扶从如量智理，则可证得涅槃，了知一切如来妙法，因于此义而说名为如量。证至初地菩萨可以得此如理、如量二智，从而能了解一切境界，涅槃与生死二种法也因此俱可了达。

又此如理、如量二智是从自性中证得，而非从他所得，唯有自知，而不能令他人所知，所以又名之为自证知见。此如理、如量二智有两种相状：一为无着。二为无碍。所谓无着，是指一切众生虽为烦恼所覆，不见自性，但其本性皆是清净真如，无有差别，是名为无着，此是如理智的相状。所谓无碍，是指能通达了解无量无边的不同境界，故名为无碍，此是如量智的相状。

又此如理、如量二智有二种义：如理智为如量智之根本，如量智为如理智之果。所谓如理智为根本，是指其能产生了达生死、涅槃二理的如量智。如量智为果，是指由于如理智为根本，才能了知一切真俗等不同现象。

又如理智是证得自性清净之因，如量智是获得圆满之因。所谓清净因，是说通过修习如理智，可以断灭见思、尘沙和无明三种妄惑。所谓圆满因，是说通过修习如量智，获得智、断、恩三德圆满。上文所说不可思量、无二、无分别等三义，是指“离欲”；而清净、照了、对治等三义，是指“离欲因”。这就叫如来转依所应具的八种功德。

原典

复次，转依法身有七种名应知：一沉没，沉没取[①]阴[②]故。二寂静，诸行无生故。三弃舍，弃舍诸余伴[③]故。四过度，出二苦[④]故。五拔除，拔除本识[⑤]故。六济度，济度五怖畏[⑥]故。七断，断于六道[⑦]果报故。

释曰：言沉没取阴者，取名贪爱。有四种：一欲取[⑧]。二见取[⑨]。三戒取[⑩]。四我语取[⑪]。取有二义：

一受取[12]。二受资粮[13]。受取者，如因受生爱。受资粮者[14]，为贪此受故，取四种资粮。四资粮者，即四取也。一欲取者，贪欲界[15]六尘[16]。二见取者，于欲界中唯除戒取与常见二种[17]，所余四见[18]，名之为见。贪爱此见，名为见取。三戒取者，于三界中取世间邪正二道为离苦得乐，是名为戒。贪着此戒，故名为取。四我语取，我语者，缘内身[19]故，一切内法为我语。贪着内法，名我语取。色、无色界[20]定，缘内法成故，名我语；贪着此定，名之为取。此四取前二属断见[21]，但执现在，谓无未来；后二属常见[22]，执有未来故。又前二是在家人起，后二是出家人执。又前二在家、出家斗诤因[23]。后二为在家、出家修行因。又前二欲取为所成[24]，见取为能成。后二我语为能成，戒取为所成。

复次，阴者有众多义，如别释。今略明有二义：一能生取，凡夫五阴能为取因缘故[25]。二从取生，即此五阴是取家果[26]故，故言取阴。而言沉没者，于法身中因果俱无，故称沉没。取为对治故沉，阴为报尽称没。[27]故说法身约取阴永无，是名沉没。

注释

①**取**：取着所对之境界，是爱之异名，又为烦恼

之总称。

② **阴**：指色受等五阴法，其有多义，此文有二义，详见下文。

③ **诸余伴**：此指二乘人尚余有的烦恼、业、果报三者。

④ **二苦**：此文中指凡夫苦乐二受与圣人行苦，身苦与心苦，名苦与色苦等等多种二苦，详见下文。

⑤ **本识**：指阿赖耶识，此识为一切妄法之根本，故以此名。

⑥ **五怖畏**：分别指自责畏、畏他责、畏治罚、畏恶道、畏众集五畏。详义见下文。

⑦ **六道**：指众生轮回生死的六种境界，分别为天、人、阿修罗、畜生、饿鬼、地狱六道。

⑧ **欲取**：四取之一。指于色、声、香、味、触、法六尘贪欲取着。

⑨ **见取**：四取之一。即执着邪心分别之见为真实。亦即执取五见中之我见、边见、邪见、取见。

⑩ **戒取**：四取之一。指执着于一些非理的戒律。

⑪ **我语取**：四取之一。指执着于由我见、我慢等所说法。

⑫ **受取**：对所领纳之境贪爱取着。

⑬ **受资粮**：指领纳接受欲、见、戒、我语四取。

⑭“者”，碛砂本无。

⑮ **欲界**：三界中之第一界。

⑯ **六尘**：指色、声、香、味、触、法六境，此六境能污染心，故谓之尘。

⑰ **见二种**：此指戒取见、常见二见。

⑱ **四见**：分别指身见、我见、边见与邪见四种。

⑲ **内身**：此处指我见、我慢等错误观念。

⑳ **色、无色界**：三界中之二界。

㉑ **断见**：二见之一。指固执人之身心，断灭不再有续生之义。

㉒ **常见**：二见之一。指固执人之身心，过去未来皆常住不变，没有间断之妄见。

㉓ 此句义谓：欲、见二取为出家人所断而在家人所执，故名斗诤因。

㉔ **所成**：谓欲取以六尘之境为缘，以内生之我、边等见为因方成。故谓其为见取所成。

㉕ 此二句义谓：五阴之法为凡夫生取着之心的原因，故谓阴能生取。

㉖ 此二句义谓：五阴也是由执取之心而产生之结果，故谓阴从取生。

㉗ 此数句义谓：在法身境界，一切因果均已断除，取着之心和五阴之法都已灭尽，所以谓之沉没取阴。

译文

再则，转依所得法身有七种名，其分别为一、沉没，即断除对色受等五蕴法的贪爱执取。二、寂静，即不生一切有为行法。三、弃舍，即舍除二乘人余有的各种烦恼。四、过度，即超出凡圣、身心、名色等各种二苦。五、拔除，即拔除阿赖耶识。六、济度，即了脱五种怖畏之心。七、断，即断灭众生轮回生死的六道果报。

解释如下：所谓沉没对一切色受等阴法的执取，取即名贪爱，有四种类型：一为欲取。二为见取。三为戒取。四为我语取。取的含义有两种：一为受取。二为受资粮。所谓受取，是指对于所领纳的境界产生贪爱之心。所谓受资粮，是指为了贪着所领纳的境界，执取四种资粮。四种资粮也就是上说的四种类型的执取。一、所谓欲取，是指贪着于欲界的色、声、香、味、触、法等六境。二、所谓见取，是指除了欲界中的戒取、常见两种见外，所余的身、我、边、邪四见，对此四见贪爱执着，名为“见取”。三、所谓戒取，是指为了求得三界内的快乐，摆脱痛苦而执取一些非理与正理的戒律，这即名为“戒取”。四、所谓我语取，我语，是指由我见、我慢等错误观念而产生的法，贪着于此法，即名为“我语取”。色界与无色界的禅定也没有了脱此我见、我慢，所以也名之为“我语”。贪着这些禅定境界，即名之为取。这四种类型的执取中，前两种都为断见所范围，因为其唯执取现在诸法，不信有因果未来。后两种都为常见所范围，因为其又固执现在与未来没有间断，常住不变。又前两种执取是在家人的执着；后两种为出家人的执着。前两种执取中，“欲取”为“见取”所成，“见取”能成“欲取”。在后两种执取中，“我语取”能成“戒取”，“戒取”为“我语取”所成。

再则，所谓色受等有为法，名为“阴”，阴有许多含义，兹不详述，而略明二义：一义为“能生取”，是说色、受、想、行、识等五阴之法，能使凡夫生起贪爱取着之心。二义为“从取生”，是说五阴之法也是贪爱执取之心所产生的结果，故说取阴。而所谓“沉没”之义，是说转依所得的法身境界，已了脱因果缠缚，故名为“沉没”。已断灭执取贪爱之心，故名“沈”，已除尽一切有为法及其果报，故名“没”。所以说，法身境界已断尽一切对有为法的贪爱执取，永无生起，名之为“沉没”。

原典

二寂静诸行者，一切有为法名行，与四相[①]相应故。四相者：一生。二异。三住。四灭。一切有为法约前际，与生相相应；约后际，与灭相相应；约中，与异住相相应，行役不息，故名为行。如来法身则不如是，约前无生，约后无灭，中无病老，湛然常住。无生故说寂，无灭故说静。约前不更生，离意生身[②]故。约后不更死，已过不可思惟退堕故。约前后际不被[③]损污，过无明住地[④]烦恼病故。

三弃舍诸余。诸余者，二乘人有三种余[⑤]：一烦恼余，谓无明住地。二业余，即无漏业[⑥]。三果报余，谓意生身。一烦恼余应灭。二道余[⑦]应修。三虚妄余[⑧]应除。如来已离虚妄，说名无余。二乘未离，故名为余。如来转依法身已度四种生死[⑨]故，一切烦恼虚妄已灭尽故，一切道已修故，弃生死舍道谛[⑩]故，此二[⑪]无四德[⑫]故，唯法身独住四德圆满故，是名弃舍诸余。

四过度二苦者[⑬]，苦[⑭]违逆为义。逆有二：一违圣人意，是圣人怨[⑮]，能恼圣故。二圣意违逆，以圣能除之故。二苦者：一凡夫苦乐二受[⑯]。二圣人行苦，即舍受[⑰]。又二者：一身苦[⑱]。二心苦[⑲]。又二者：一名苦[⑳]。二色苦[㉑]。又二者：一二乘界内苦[㉒]。二菩萨界外苦[㉓]。

故法身地中无二乘粗苦，故名为过。无菩萨四种生死细苦，故名为度。是名过度二苦。

五拔除阿梨耶。阿梨耶者，依隐[24]为义，是生死本，能生四种末[25]故。四末者，烦恼有二，业一，果报一。初烦恼本二者：一者一切诸见，以无明为本，无相解脱门[26]为治道。二者离诸见外一切烦恼，以贪爱为本，无愿解脱[27]为对治道。次业本一者，以凡夫性为本。凡夫性者，即是身见[28]故。次果报本一者，一切生死果报依阿梨耶识为本故。以未离此识，果报不断。于法身中由两道故，二世[29]灭尽，故说拔除。言两道者：一无分别智[30]，能除拔现在虚妄，能清净法身，即名尽智。二无分别后智[31]，能令未来虚妄永不得起，圆满法身，即无生智。拔者清净，灭现在惑；除者圆满，断未来惑，故名拔除。

六济五怖畏，五怖畏者：一自责畏。二畏他责。三畏治罚。四畏恶道。五畏众集。一自责畏者，如人作诸罪恶，昼夜怖畏。二他责畏者，既自作恶，恒恐他及冥中天神见之而怀怖畏。三治罚畏者，身所作恶，恒惧王治[32]。四恶道畏者，既有罪自随，畏生恶道[33]。五众集畏者，三业[34]不净，兼知解[35]不深，恒怖畏德众[36]。若人已证见法身，则离此五畏，故说法身为济五怖畏。

七断六道果报者，道义众多，略说二种：一行处故名为道。五阴为所行处，三世[37]为能行。又以生、老、病、死四苦所游处，故名为道。二者六种同异[38]故名为道。如人同人，异于五道，余亦如是。是同异类云何名道？有二：一众生所轮转处。二业所行处[39]。故以此二义，立名为道，如来法身无复此道。若有余涅槃业尽[40]，众生轮转果未尽；无余涅槃，因果二种俱尽，故名断灭六道。若有处[41]说如来法身，当知与此七名相应，是说名竟。

注释

① **四相**：指一切有为法都具有的生、住、异、灭四个发生、发展到变灭的阶段。

② **意生身**：梵文为 Manomaya，又译意成身。指初地以上菩萨为度众生而如意受生所得之身。

③“被”，碛砂本作“破”。

④ **无明住地**：指根本无明，此为一切烦恼所依，为变异生死之因，故谓之住地。

⑤ **三种余**：指二乘尚余三种微细惑业未尽。

⑥ **无漏业**：指二乘所作，能感方便有余土之果报者。

⑦ **道余**：此即指道谛，修习的各种方法。

⑧ **虚妄余**：此即指不真实、不合正道之念。

⑨ **四种生死**：指菩萨证入佛地前的方便、因缘、有有和无有四种生死。

⑩ 此句义谓：如来法身已了脱生死变灭之苦，此法身虽借修道而成，但既已证得法身，亦无须修道，故说舍道谛。

⑪ **此二**：指二乘人。

⑫ **四德**：指证得法身涅槃之境所具有的常、乐、我、净四德。

⑬"者"，碛砂、金陵二本均作"苦"。

⑭"苦"，碛砂、金陵二本均作"者"。

⑮ **怨**：障碍之义，此指有碍圣人之道。

⑯ **苦乐二受**：由于凡夫之乐非永恒寂静之乐，而是刹那生灭的，所以也是苦，名为乐苦。

⑰ **舍受**：与苦、乐二受形成三受，指舍去对于外境的苦乐之感，又名不苦不乐受。

⑱ **身苦**：指身体的各种疾病之苦。

⑲ **心苦**：指忧、愁、嫉、妒等苦。

⑳ **名苦**：名利追逐之苦。

㉑ **色苦**：贪着色相之苦。

㉒ **二乘界内苦**：此指二乘之人尚有烦恼、业、果报三苦未断。

㉓ **菩萨界外苦**：此指菩萨所具四种生死之苦。

㉔ **依隐**：依，指阿赖耶识为一切法之所依。隐，指阿赖耶识含藏一切法的种子于其中。

㉕ **四种末**：分别指下文所说的两种烦恼、业和一种果报。

㉖ **无相解脱门**：三解脱门之一。指修习各种离有为相的法门，达到无相的境界。

㉗ **无愿解脱**：三解脱门之一。指修习各种远离执着、贪爱的法门，达到对一切境无所乐愿的境界。

㉘ **身见**：包括我见、我所见两种。我见，指不知我身为五蕴假合而有，而计度实有我身。我所见，指不知我身边之诸物，也是因缘假合而成，而计度实为我所有物。

㉙ **二世**：指现在、未来二世。

㉚ **无分别智**：此即指如理智。

㉛ **无分别后智**：指如量智。

㉜“治”，碛砂、金陵二本均作“法”。

㉝ **恶道**：指畜生、饿鬼、地狱三道境界。

㉞ **三业**：身、口、意所造之业总称。

㉟ **知解**：此处指对于佛教真理的理解程度。

㊱ **德众**：有道德智慧的众生。

㊲ **三世**：指过去、现在与未来。只有在五蕴假合，有生有灭的现象，才有过、现、未来三世之别，在法身

界没有这种时间的前后关系，所以才说五阴为三世所行之处。

㊳ **六种同异**：指众生轮回生死的六种境界，或名六道。因每一道内众生同为一类而又异于他道众生，故谓之同异。

㊴ 此句义谓：六道是根据众生不同业报所致，故谓之业所行处。

㊵ 此句义谓：由于有余涅槃尚余依身未断，还余有微业未尽。只有证得无余涅槃，业与果报才断灭无余。

㊶ 有处：指从方便的名言层面来说。法身本来是无相可得，绝言断虑的，只是为了众生了解，才权宜说之，故名之为有。

译文

二、所谓寂静诸行，一切有为行法，名之为行，其皆不离生、住、异、灭四个发生、发展到变灭的阶段。一切有为行法，从其前际而言，都不外乎生。从其最终的结局来看，又不外乎灭。从其中间的发展来看，又不外乎住持与变异两个方面，因此，一切有为法，总是迁流不息地运行，故名为行。如来法身则不是这样，其前无生而又后无灭，中间亦无病、老等苦，而是湛然常住，寂静无动。其无生，所以说名为寂；其无灭，故又说名为静。法身无生，所以了脱了菩萨为度众生而如意受得之身。其不灭，所以已了脱各种退堕之心。其永不为烦恼所染污，所以已了脱了根本无明的缠缚。

三、所谓弃舍二乘所余之烦恼，这种烦恼有三种：一为烦恼，即根本无明。二为业，即二乘人所作能感方便有余土的各种行为。三为果报，即指为度众生而如意受得之身。又一、烦恼应断除。二、各种道谛应修。三、虚妄之法应除灭。如来法身已了脱一切虚妄。故说名“无余”烦恼。二乘之人未能断尽一切烦恼，故说名之尚余烦恼。如来法身境界已了脱菩萨证人佛地前的四种方便生死，断尽一切烦恼虚妄，一切成道之法已修，所以谓之已了脱生死轮回之苦，也无须修道。因为二乘人还不具备法身涅槃之境的常、乐、我、净四德相。唯有法身境界才能圆满具足这四德相，所以名法身境界已弃舍一切烦恼。

四、所谓过度二苦，苦即指违逆之境。逆有两种：一为违圣人意，是说障碍成圣之道。二为圣意违逆，即指以圣人之道可以断除此逆境。所谓二苦，一为凡夫的苦、乐感受，二为圣人不苦不乐的感受。又分别指：一、身体的疾病之苦，二、忧、愁、嫉、妒等精神之苦。又可分别指：一、追逐名利之苦，二、贪着色相之苦。又可分别指一、二乘人所余烦恼之苦，二、菩萨所具四种生死之苦。法身境界无二乘人烦恼之苦，故名为“过”；又了脱菩萨四种生死之苦，故名为“度”，这即是过度二苦。

五、所谓拔除阿赖耶识，阿赖耶，含藏一切种子于中，是生死法的根本，其能产生四种“末”。所谓四种“末”中，烦恼有两种，业一种，果报一种。先说两种烦恼：一为一切妄见，此妄见以无明为根本，通过修习离有为相的方法，可以断此妄见。二为一切烦恼，此烦恼以贪爱为根本，通过修习远离执着的方法，可以断此烦恼。其次说业，业以凡夫性为根本。所谓凡夫性，即指执着我、我所等为实有的各种妄见。最后讲果报，此处果报指一切生死果报，其依阿赖耶识为根本。由于还没有远离阿赖耶识的作用，所以不能断除生死轮回的苦报。而在法身境界，由于通过修习两种正道，已经了脱现在与未来二世的轮回，所以名之为“拔除”。所谓两种正道，分别指一、无分别智，此智能拔除现在各种虚妄，证契清净法身境界，故又名为“尽智”。二、无分别后智，此智能令未来虚妄永无生起，成就圆满法身，故又名为“无生智”。所谓拔，是指断灭现在妄惑，获得法身清净。所谓除，是指断灭未来妄惑，成就法身圆满，所以名之为拔除。

六、所谓济度了脱五种怖畏之心，五种怖畏，分别指一、自责畏。二、畏他责。三、畏治罚。四、畏恶道。五、畏众集。一、所谓自责畏，是指有众生作了各种罪恶之事，昼夜都感到恐惧。二、所谓畏他责，是说既然已经造作罪恶之事，时常恐惧他人以及天神在冥冥之中见之。三、所谓畏治罚，是说既已造作恶事，时常恐惧国家王法之惩治。四、所谓畏恶道，是指恐惧因造罪业而轮转于畜生、饿鬼、地狱三恶道中。五、所谓畏众集，是说如果身、口、意不干净，而且对于佛法真理所知甚浅，就会时常恐惧见到有道德智慧的人。如果已证得法身境界，则远离这五种怖畏之心，所以说法身济度了脱五种怖畏。

七、所谓断灭六道轮回之果报，“道”这个词有很多意义，略说有两种：一、行处名为道。因为有五阴假合的身心，才有过去、现在、未来三世这有生有灭的现象，所以说五阴为三世所行之处。又，生、老、病、死四苦所行之处，这些行处，都名之为“道”。二、众生轮回的六种不同境界，也名之为道。如人同人一样，都属人道而不同于其他五道的众生，故又谓之六种同异。为什么可以此六种同异来名道呢？有两个原因：一、此六种境界是众生轮回生死之处。二、此六种境界是由众生不同业力所招致不同果报所行之处。因此二义，故名之为道。如来法身没有此道，如果证得有余涅槃的境界，尚有微细业果未断。若证得无余涅槃，则因果俱已断灭，不再轮回六道，所以谓之断灭六道。如果以权宜的方便说法来讲法身境界，可与上述七名相应，所以名之为究竟。

原典

复次，说法身相者，诸苦静息是法身相，为静苦缘故。

复次，说法身味。味者有二：一不退堕，故名为味。二安乐，故名为味。众生在生死中，乃至梦中并未曾见。若修正行人，求见此法，得见之时，即得不退、安乐，故以安乐为味。

复次，说法身事。事者，以无相为事，五阴相于中尽无余故[①]。又以无戏论[②]为事。戏论有三：一贪爱。二我慢。三诸见[③]。是三戏论如来灭之已尽，故以无戏论为事。

戏论者有三义：一能违碍实理[④]。二名虚诳[⑤]世间。三障隔解脱。初[⑥]违正境[⑦]，次[⑧]违正行，后[⑨]违正得[⑩]。合此三义名为戏论。又戏论有九种：一通计我。二的计是我。三计我应生。四计我不更生。五计我有色应生。六计我无色应生。七计我有想应生。八计我无想应生。九计我非想非非想应生。

一通计我者，于五阴中通执有我[11]，而不能分别即离，但漫执故。

二是我者，于现世五阴中随取一阴为我而言。是者，是的别义，定是二处：一定在现世有。二定在一阴上执，故名为是。

三计我应生者，一切诸见不出有无二种[12]，由有见故，所以执常。于无见中，复有二种：一邪见者，谓一切无因无果[13]，并拨三世[14]故。二断见者，谓唯有现在，不信未来故。

四计我不更生[15]者，此计因断见起。

五计我有色应生者，于欲、色二界中，以色为我[16]，此执则因常见故起。

六计我无色应生者，于无色界[17]中，计受、心、法为我[18]，观色坏灭[19]，此三法[20]不灭，因常见故起。

七计我有想应生者，于三界中除无想[21]及非想天[22]，所余诸处并计有想为我[23]，因常见起。

八计我无想应生者，计无想天及草木等为我[24]，以同无想心[25]故，由因常见起。九计我非想非非想应生者，此计有顶处[26]为我，以观想为系缚，计涅槃[27]为坑堑。若不除想，无由解脱，有系缚故。若并除想，复恐失我，堕涅槃堕。[28]何以故？想与于我[29]不得相离故，不得弃及与不弃[30]，为系缚故。欲除于想，故名非想。恐失我故，不敢并除，故名非非想。由此散乱心不得涅槃，故说此等名为戏论。若能观证法身，一切戏论并不复生。

注释

① 此句义谓：法身境界非色等五蕴之法可以比拟，所以五蕴假合之身心皆不足以指谓法身极境。

② **戏论**：指非合真理、无意义之言论，与俗冗谈、滑稽等同。

③ **诸见**：指世间的各种妄见。

④ **实理**：真如、真理。

⑤ **虚诳**：十恶业之一，指以恶心欺诈他人之言语。

⑥ **初**：指"违碍实理"。

⑦ **正境**：真如法身之境界。

⑧ **次**：虚诳世间。

⑨ **后**：指障隔解脱。

⑩ **正得**：指证得法身。

⑪ **有我**：指有自性、实性。五蕴假合之身心，皆因缘所生之假有，没有自性。若执此假象为实，即名

“执有我”。

⑫ **有无二种**：此指有见与无见，所谓有见，固执实有物之见，并执其为常存不变之妄见。所谓无见，固执实无物之见。此二见通于一切法，包括边见中之断、常二见等。

⑬ **无因无果**：此为外道之妄见，否认一切事受因果报应的支配，这在佛教视为大邪见。

⑭ **拨三世**：否认三世轮回之说。

⑮ **不更生**：指无后生、后世。

⑯ 此句义谓：以色界中的有形之身为实有自性。

⑰ **无色界**：三界中的最高一界，此界无一色，无一物质，无身体，亦无宫殿国土，唯以心识住于深妙之禅定，故谓之无色界。

⑱ 此句义谓：指以无色界的受、心、法为实有。

⑲ 此句义谓：指无色界已无一色，故谓观色坏灭。

⑳ **三法**：指无色界的受、心、法。

㉑ **无想**：无想天，梵文为 Avṛha，指三界中色界净梵地中之一境界。

㉒ **非想天**：指无色界中之非想非非想天，此天在三界顶上，为三界内果报最胜之处。

㉓ 此句义谓：三界诸天之中，除无想、非想二天外，其余诸境界都是由境取像，不离心想之作用，故说

有想为我。

㉔ 此句义谓：执取三界中之无想天境界和草木等无心识之物为实有自性。

㉕“心”，碛砂本无。

㉖ **有顶处**：非想天处，此处在三界顶处，故名之。

㉗ **涅槃**：此处指三界内，无色界之非想境，此境无所爱乐、泯然寂绝，清净无为，为外道所行之涅槃极境。观想即是定前识处之有想，舍此之有想即是涅槃非想之境，此二均未证至非非想境，故都有缠缚未尽。

㉘ 此数句义谓：有想的系缚不除，无由解脱；断除了有想，证至非想的涅槃境，亦非究竟。

㉙ **我**：此指执着实有，与非想之无我相对，是为有见。

㉚ 此句义谓：弃，即弃除有想，证至非想，此为无，即堕非想。不弃，即不弃有想，此即堕于有我之见。故对于想，既不能断，亦不能不断，此即是要求在断除有想，达到无想的非想境界时，还要进一步舍弃前之无想，而实现非非想的胜境。

译文

再则，所谓法相之相，是指其已断灭一切痛苦。

再则，所谓法身之味，味有二义：一指不退堕，二指安乐。众生流转于生死苦海之中，甚至梦中，也未曾得见法身之味。如果修习正道，才能见此法身之味。此时即能获得不退堕和安乐的法身妙味，所以以安乐为味。

再则，所谓法身之事，是说法身境界以无相为事，五阴假合之相皆不足以概尽其事。又，法身以无戏论为事。所谓戏论有三种：一为贪爱。二为我慢。三为妄见。如来法身已灭尽这三种戏论，所以谓之以无戏论为事。

戏论有三种含义：一指其能障碍对真理的认识。二指其有恶心欺诈之语。三指其有碍成就解脱之道。第一义与真理之境相违，第二义与修正行相违，第三义与证得法身相违。这三义，统称为戏论。又戏论可分为九种类型：一、通计我。二、的计是我。三、计我应生。四、计我不更生。五、计我有色应生。六、计我无色应生。七、计我有想应生。八、计我无想应生。九、计我非想非非想应生。

一、所谓通计我，是指对于五阴假合的身心执为实有自性，不能了解其因缘所生，自性是空之理，从而漫生执着之心。

二、所谓的计是我，“是我”，是指执着五阴法中之一阴为实有自性，此执可分为两种，一执着现在为实有，二执着一阴为实有。

三、所谓计我应生，是指一切虚妄之见不出有无二见所括。由于有见，故而执持五阴身心常存不变。由于无见又生两种谬执：一为邪见，指否定三世因果轮回之说。二为断见，指只信现在，不信来世。

四、所谓计我不更生，是说不信来世的存在，此种计着出于断见所起。

五、所谓计有色应生，是指在欲、色二界中，执有形之色身为实有自性，此执出于常见所起。

六、所谓计我无色应生，是指执着无色界的受、心、法为实有，观照一切色相皆有变灭，唯此三法不灭，此执因常见所起。

七、所谓计我有想应生，是指在三界中，除了色界中之无想天和无色界中之非想非非想天境界外，所余一切三界诸境界，都因不离心想作用而执为实有自性，此执因常见所起。

八、所谓计我无想应生，是指执着无想天境界以及草木等无情之物为实有自性，因为它们都无心识作用的缘故。此执由常见所起。

九、所谓计我非想非非想应生，是指执着非想非非想境为实有自性。此界以有想和非想为缠缚。如果不断除有想，则无从解脱，因为有想的束缚未断。如果断除有想，达到非想，又恐失去自性而堕于空无。为什么呢？因为有想与有自性是联系在一起的，不能断除，也不能不断除。为了解除解脱的束缚，为了要断除有想，这即达到了非想之境。但又恐失去自性，堕于空无，故而又不能全部断除有想，这就达到了非非想之境。此种心境都不是真正的涅槃境界，所以说上述这些都是戏论。如果能证得法身境界，一切戏论都会断除，不再产生。

原典

外曰：于法身中何用立此相①等诸义？如汝所立法身，应决定是无②，不可执故。若物非六识所得，决定是无③，如兔角。兔角者，非六识所得，定是无故。法身亦尔，是故法身决定是无，何用诸义？

答曰：汝言非六识所见，故法身无者，是义不然。何以故？以由方便④能证涅槃，故想称正行，是名方便。由此方便，是故法身可知可见，譬如由他心通⑤故，则能得见出世圣心。

释曰：他心通者，有三种因缘⑥所得：两是方便，一是正道。方便二者：一因天耳[⑦]。二由天眼[⑧]。因天耳故，闻觉观声，由此声故，得知他心。依天眼能见他肉[⑨]心孔中有水，水相若黑则知痴[⑩]，生黄则知贪，赤则知瞋，清白则知善，见缥色时知是无记[⑪]。因于耳、目方便故，比知他心。

次正道者，若欲得他心通，须缘自心先修观行[⑫]。不用现在心观现世[⑬]心，自体不得一时见[⑭]故，以现在心能观过去心。何以故？可追缘[⑮]故。从远至近，次第向后。初则观无量念，如是渐渐至一刹那[⑯]，乃至灭一刹那，于自心观中而得自在[⑰]。然后取前人心，作自境界，以修观行[⑱]。

初入观时，须作愿心[⑲]，起要期意。先须假想观前人身身[⑳]相具足，如是遣析除皮、肉、骨三相都尽，唯余心在。[㉑]细细修习，缘前人心，随其利钝、远近、奢促，自能彻见。如彼所缘，我皆能见种种诸心故。如他圣心，虽过六根[㉒]境，亦能得见。如来法身亦复如是，虽非六识所见，由方便、正行[㉓]所以能见。故知是有，不得同无。

注释

①“相”，碛砂本作“想”。

②**无**：此指无相。

③**无**：此指不存在。

④**方便**：指使用契于一切众生之机的方法。法身涅槃实境虽是言语道断，行思路绝，无可求，但为了帮助众生了解，增强修行信心，佛教运用种种方便巧说，应机设法，以“因指见月”的方式，启发众生开悟正道。

⑤**他心通**：五神通之一，指能了知一切他人之心。

⑥**三种因缘**：指修习正道和天耳、天眼二种方便。

⑦**天耳**：为色界诸天人所有之耳根，能闻六道众生之语言及远近粗细一切音声。

⑧**天眼**：五眼之一，以色界四大所造清净之眼根，能知粗细远近一切诸色以及众生未来生死之相。

⑨“肉”，碛砂、金陵二本均作“内”。

⑩**痴**：指没有智慧。

⑪**无记**：指既不可记为善，也不可记为恶者。

⑫**观行**：于自心中观理而如理身行。

⑬**现世**：三世中之现在世。

⑭此句义谓：自心之体流转三世而不灭，所以只观现世之心，不能观照心体之全。

⑮**追缘**：根据心相之不断向上推知。

⑯**一刹那**：梵文Kṣaṇa，指时间的极少。此义是说，初入观时，妄念很多，通过渐渐修习之功，可以不

断克除妄念，以至最后断灭任何妄念。

⑰此句义谓：若能断灭一切妄念，就能使自心达到自在的境界。

⑱此句义谓：以观自心之方法观照他人之心。

⑲**愿心**：此指众生愿证佛果之心。

⑳“身”，碛砂本无。

㉑此数句义谓：观他人之心须由外至内，逐渐至深。先观外相，再观内心。

㉒**六根**：指眼、耳、鼻、舌、身、意六根，此六根能缘外境而生六识。

㉓**方便、正行**：指上述二种方便，一种正道。

译文

有外道难曰：为什么要以这些名相来说法身之义呢？按照佛法的观点，法身本来是无相可言的，不应该执着其名相。如果一个境相超出了眼、耳、鼻、舌、身、意六识的认识程度，那么此境相一定不存在。就像兔角一样，因为六识不能认识到兔角的存在，所以其必定不存在。法身境界也是如此，其非六识所能观照，所以一定不存在。既如此，还何必枉费诸多之义来辩说呢？

答曰：如果以不能为六识所观照为理由来否定法身的存在，这是不合道理的。为什么呢？因为法身之境虽然无相，但可以假借种种方便，指喻它的境界，从而激发众生修习正道。通过“因指见月”的方便设教，可以帮助众生了解法身妙境，譬如通过他心通，可以了见他人的出世圣心。

解释曰：有三种方式可以成就他心通，其中包括两种方便法，一种正道。两种方便是指：一、因天耳。二、由天眼。所谓因天耳，是说通过闻听声音而了知他人之心。所谓由天眼，是说依靠天眼，可以看见他人内心孔中有水。如果水呈黑色，则知其没有智慧。如果水呈黄色，则知其心贪着。如果水呈红色，则知其心瞋怒。如果水呈清白色，则知其心善良。如果水呈缥白色，则知其心非善非恶。通过天耳、天眼两种方便，可以比知他人之心。

其次，所谓正道。如果要获得他心通，必须首先于自心中观理并如理身行。不是用现在心观现世心相，因为自心之体流转三世，不可能以观一时之心而了知自心全体。以现在心可以观过去世的心相。为什么呢？因为可以根据现在心相去推知过去之心相，这样不断推知，次第深入。初入观时，妄念很多，但通过渐渐修习之功，可以不断克除妄念，以至最后断除一切妄念，使忘念不生，达到自在的境界。然后再以观自心的方法去观照他人之心。初入观时，须起愿心，以达到自己的目的。

首先，必须假想观照他人具足完身，然后逐渐遣除其皮、肉、骨三相，这样由外向内，次第深入，最后唯观其心相，并随其心相利钝远近等之不同，自能了彻他心。他心所见，皆能一一了知。如他人出世圣心，虽然非眼、耳、鼻、舌、身、意六根所识之境界，但亦可以通过此他心通而了知。如来法身境界也是如此，其虽非六识所能见，但通过修习上述二方便与正道之法，也可以彻见。所以法身境界是存在的，不能谓之空无。

原典

复次，更有别义知法身不无。何以故？若法身无者，则诸正行皆应空失[①]。以正见为先行，摄戒、定、慧[②]等善法故，所修正行不空无果。由此正行能得果故，故知法身非无。

若汝说法身定无，而正行能令至五阴、入等灭尽故，[③]当知正行不无果者，是义不然。何以故？涅槃不有故。若五阴等无是涅槃者，则去来二世[④]阴等并无，应是涅槃。而此二世阴等无处既非涅槃，故知不取阴无之处名为涅槃。

又若汝取此为涅槃者，狂醉等人应有涅槃。而其无[5]者，故知阴等无处非涅槃也。又若汝言现世五阴无为涅槃者，是义不然。何以故？无是无故。若法现在，则非是无，更互相违故。若法已灭，则非现在，若现在则不灭，以有、无[6]不得并故。

复次，依现在阴修圣道时，不应得涅槃故。八圣道[7]者，依现在五阴得成[8]，是时现世五阴实有未无，此中永无得涅槃义。云何如此？汝立计言，现世五阴无处名为涅槃，依现五阴修八圣道得于涅槃。是故汝执现世五阴无名涅槃者，是义不然。[9]

若汝言是时烦恼非现在故，无过失者，是亦不然。若汝言修八圣道时五阴现在者，则诸烦恼非是现世，是时烦恼不得生故，由八圣道得证、得见，是故现世得涅槃者，是义不然。何以故？烦恼先非现世故，修道则无用[10]。修圣道时，是诸烦恼未除灭[11]故，汝见非相应[12]便言非现世。若随逆流，初修行时，烦恼已不相应，此不相应，则非现世，此即是汝所计涅槃。若汝执此是涅槃者，圣道未起时已应灭惑[13]，已得涅槃故，后修圣道则无复用。是八圣道能灭诸惑及得涅槃者，是义不可。故知烦恼灭处不名涅槃。

若汝说由圣言故，欲等灭尽名为涅槃。如《吉祥经》偈说：

灭尽及离欲，无死堕微妙[14]。
若人见此经，成佛得寂灭。
无法与此等，若证则无忧。
是真妙法宝，由是义吉祥。

若汝言欲[15]等诸惑非现世、非有、是尽，由此三义名灭谛者，是义不然。何以故？第四果[16]同此义故。佛经中说：何者名阿罗汉果？以三界惑尽名罗汉果。但以欲等灭为果，此果[17]实不如此。正以出世果报四阴、戒等五身[18]为罗汉果，但由此惑灭罗汉果得成，故于果[19]中说此因[20]名。涅槃亦尔，由涅槃故，诸惑得灭，是故因中说于果名。是故汝说由八圣道能得涅槃道不空者，是义不然。

注释

①此二句义谓：如果说法身不存在，那么修正行能成道果也就落空，因为法身之果不存在的缘故。

②**戒、定、慧**：佛教修习的三学。戒，指各种戒

律。定，指禅定。慧，指般若智慧。

③ 此数句义谓：外道认为法身不存在，修习各种正行，只能断灭五阴假合之法，这就是修行的果报。

④ **去来二世**：指三世中的过去、未来二世。

⑤“无”，碛砂本作“等”。

⑥ 此二句义谓：无（不存在）与现在是对立的，如果说现在的，就不可能是无，反之亦然。

⑦ **八圣道**：八正道，分别指：（一）正见。（二）正思惟。（三）正语。（四）正业。（五）正命。（六）正精进。（七）正念。（八）正定。

⑧ 此句义谓：八圣道正是为了对治五阴假合之法而有，如果五阴之法没有，八圣道亦无从所依。

⑨ 此数句义谓：既然现世五阴不存在是涅槃，那又何必再依五阴存在而说修道证涅槃，这是矛盾的，所以说执现世五阴无为涅槃之义是谬。

⑩ 此二句义谓：如果说现世没有烦恼，则修习八圣道也就显得多余无用了。

⑪ 此二句义谓：在修习正道过程中，烦恼并未灭尽。

⑫ **非相应**：此处指修道乃断灭烦恼，故二者不相应承。但不相应承并不是说一方存在，则另一方就不存在，而是指二者不互助长而为相克灭之义。所以不能说烦恼为正道所灭，就说在修道过程中烦恼不存在。

⑬ 此句义谓：如果说烦恼与修道相对立、排斥、不相应承而说修道时烦恼不存在，并执此为涅槃境界的话，那么可以推断，未修道时烦恼已不存在。

⑭ **微妙**：喻指涅槃之境。

⑮ **欲**：此指三界中之第一欲界之欲。

⑯ **第四果**：指声闻乘的阿罗汉果。此句疑漏一"不"字，从文义上看，应是"第四果不同此义"。

⑰ **此果**：指断灭欲界之果，此果乃是三界以内果报，故谓之不同于第四阿罗汉果。

⑱ **戒等五身**：指小乘所说五分法身。一为戒，指如来身口意三业离一切过非之戒法身。二为定，如来之真心寂静，离一切妄念，谓之定法身。三为慧，如来之真智圆明，谓之慧法身。四为解脱，如来之身心已解脱一切系缚，谓之解脱法身。五为解脱知见，即指如来已实解脱，谓之解脱知见法身。

⑲ **果**：指阿罗汉之果。

⑳ **因**：指惑灭之因。

译文

再则，还可以通过别的辩义来说明法身境界是存在的。为什么呢？如果说法身之境不存在，那么修习各种正道也就变得没有结果而落空。由于以修习正见为先，同时修习戒、定、慧三学，这样的修习必定会证得一定果报，所以可以推知法身之境是存在的。如果你说法身之境不存在，修习各种正道的果报，只不过是断灭了五阴、十二入等假法，这种立义是不对的。为什么呢？因为这样就否定了涅槃的存在。如果说五阴之法断灭、不存在就是涅槃，那么过去与未来二世五阴之现象并不存在，照此推理，则过去、未来二世就应是涅槃。而实际上，过去、未来二世虽现不具足五阴假相的存在，但其并非就是涅槃。所以不能以五阴灭尽作为涅槃。

又，如果执着五阴断灭就是涅槃，那么狂醉等人也应处涅槃之境。而狂醉等人根本就没有涅槃境界，所以可知，所谓五阴断灭之处并非涅槃。如果说这一世五阴之法断灭不存在为涅槃，此义亦不对。为什么呢？因为不存在就是不存在，如果说是这一世存在的，就不能说不存在，因存在与不存在是对立的，不可同时成立。如果一现象已经断灭，则其已不存在。如果其现在存在，则说明其尚未断灭，因为存在之有与不存在之虚无不能同时成立。

再则，依现世五阴之法而修习正道的过程中，也不能谓之涅槃。所谓正道有八种，其是为了对治五阴假合之法而有，由于现世五阴之法确实存在，所以此中不能名之为涅槃。为什么这样说呢？因为按照你上述讲法，只有现世五阴不存在时才名为涅槃，又说依现世五阴而修习八正道时才能证得涅槃，而这是矛盾的。（因为既然现世五阴不存在为涅槃，又何必说依现世五阴存在而修习正道呢？）所以，如果执取现世五阴不存在为涅槃之义是不对的。如果说现世不存在烦恼、过失即是涅槃，这也不对。如果说修习八正道是因为有五阴之法还存在的话，那么同时又说现世没有烦恼，（实际上，烦恼由五阴而生，有五阴之法即生烦恼。）烦恼不生，而通过修习八正道去证见现世涅槃，这是说不通的。为什么呢？因为你已经否认现世有烦恼的存在，那么修习正道还有什么用呢？修习正道的过程中，这些烦恼实际上并没有除尽，你以为烦恼与修道性质相反，就误推出修道时烦恼不存的错谬结果。按你所说，则逆流修道，初修之时，本来烦恼很多，而你却以为修道与烦恼性质不同，不能并存，从而推出修道之时，烦恼则不存在的结论，并误以此为涅槃。如果这样的话，那么可以说，未修正道之时，烦恼已经不在，已证得涅槃，那修习正道还有何用？所以，八正道能断灭烦恼，证得涅槃之义，也就说不通了。通过上文辩义可以推知，烦恼断灭之处，不能名之为涅槃。如果说，佛经上曾说欲望断灭即是涅槃，如《吉祥经》中偈云：

> 灭尽及离欲，无死堕微妙。
> 若人见此经，成佛得寂灭。
> 无法与此等，若证则无忧。
> 是真妙法宝，由是义吉祥。

如果说欲界等诸惑非现世不存在、断灭已尽，由此三义，说名为达到寂灭涅槃，此义不对。为什么呢？因为阿罗汉果的寂灭境界并非如此，佛经中曾说：什么是阿罗汉果呢？三界之内的妄惑全部灭尽，才能谓证阿罗汉果。只是断灭欲界妄惑，还不能证得阿罗汉之果。必须获得出世果报的四阴（指无漏心心所法），以及证得五分法身，才能名为阿罗汉之果。由于断灭三界妄惑，阿罗汉果才能证成，所以从此阿罗汉之果的角度，说断三界之惑为因。涅槃也是如此，由于证得涅槃，才能断灭一切妄惑，所以从此断惑的角度，而说有涅槃之果。从上所诸义来看，说通过八正道就能证得涅槃之境，此义不对。

原典

复次，法身住时短促、有为法相、非功用得[①]，是三过失于汝义则坏。若汝所说欲等惑灭说名法身，汝所立义中则有三失：一是住时短促。短促者，诸法念念不住，是名灭尽。以灭尽故，不得暂住。汝云何立此灭尽义为法身耶？以短促时故，失法身常义[②]。二有为法相过失者。若此灭尽是法身，法身则是有为法相[③]。法身若是有为相者，无有是处。三有非功用过失者。此一切诸法依因缘灭，则是自性。[④]何以故？灭为本故。若灭非功用得，法身亦不因功用而得。既无功而得者，睡眠、狂醉等亦应皆得涅槃。以此三失故，汝义不成。

复次，若灭尽为涅槃者，则与有为诸法相应。以灭有同动、苦二法故。夫有为法皆为欲等惑火所然，故恒散动不住，则为生、老、死等所坏，是故恒苦。如佛说言：比丘，生、老、死等是有为法，故一切有为恒然恒苦。是死者，即是灭尽，此灭尽即有为。若是有为，故知汝立法身不得是常。既非常者，汝义宁立。何以故？则汝义计最静为动，最乐为苦，是故不然。[⑤]

若汝说从此一灭永无复生为涅槃者，是义不然。何以故？不离前诸过失故[⑥]。汝言永灭者，生与死灭不异故[⑦]，是义不可。若汝说永灭为涅槃者，道亦应成涅槃。何以故？无有一灭永不复生，无有此法[8]。我今随汝意说我愿有此灭[9]，若有此灭，终不能离前诸失故。

又，道灭后，烦恼亦复不生[10]。若谓永灭是涅槃者，是道用[11]灭应是涅槃。

又，若汝说，能灭[12]为涅槃者，无别涅槃以为能灭，唯以道用，正为能灭，故知道体应能为灭。[13]若汝说烦恼不生为涅槃者，是义不然。何以故？不免二种失故。若烦恼不生，即与灭尽同体，如前死灭等五难过失[14]故。是不生者，为在道前？为在道后？若在道前，未修道时，已应得之，修道无用。[15]若在道后，则属未来，过三世义，则不成立。[16]

又，汝立无生，其义云何？为是有惑故无生？为是无惑故无生？若烦恼有，则无无生[17]。何以故？有、无二法不得一时同处故。譬如一人行时不住，住时不行。以二法相违，行、住不得俱故。故知烦恼在时，则不得立以无生故。若无烦恼立无生者，是时烦恼既无，约谁而辩无生[18]耶？譬如人说石女之女不能生儿。

复次，汝立烦恼无生者，为是物有[19]？为非物有？是[20]物有者，如四大[21]等，有实法[22]有假名，此等是有物[23]。非物有者，如空华、兔角等，了自无故，故言非物有。若言是有物者，则由四缘所成[24]。四缘[25]所成故，无生义则不立。以是义故，有为、无为则无差别。[26]若汝说是物有，不为四缘成者，即同邪见外道所执自性、邻虚、我、时、方等故。若非有物是涅槃者，但有名字，便如人说兔角尖利。若尔，即同前破，则修道无用。[27]

注释

① **非功用得**：此指法身非假修习之功而证得。

② 此二句义谓：法身本具常、乐、我、净四德，如果说法身住时短促，有断灭之义，此则与法身常住不灭的本义相违背。

③ 此二句义谓：因为一切有生有灭之法都是有为法相，所以如果说法身有断灭，就无异于说法身是有为法，而这与法身本静之义又相违背。

④ 此数句义谓：如果说一切法不假借修道之功就可以自然断灭，那么无异于说断灭自身是有自性的。因为这即是说断灭依靠自身而断，有一个断灭自性的存在。而这是不可能的，断灭不可能有独立的自性，它只是修道之功的一个结果。

⑤ 此数句义谓：如果说以有为法来说名法身，那即是把法身本具的寂静、极乐之德与一切有为现象的散动、恒苦混淆不分，这是不对的。

⑥ 此句义谓：如果说一灭不生是涅槃，那也无异

于说涅槃有生有灭，是有为法，住时短促等，这与上说各种过失没有二致。

⑦此二句义谓：如果说一灭永不生，这与生死之义没有区别。如果这样的话，则无异说涅槃有生有灭，与生死之法无二。

⑧此二句义谓：灭与生是一对待概念，有生就有灭，有灭就有生，二者对待而有，唯有无生无灭方是涅槃境界。

⑨**此灭**：这里是假设说有一种不与生相待而有，一灭永无生起之“灭”。

⑩此二句义谓：修道以灭烦恼为事用，其与烦恼相待而有，如果说修道不存在了，也意味着烦恼不再生起。

⑪**道用**：修道之功用，因修道以灭烦恼为事用，二者相待而有。所以，如果说烦恼永灭是涅槃境，也就意味着道用灭尽是涅槃境。

⑫**能灭**：指上文之道用灭，因用以灭为事，故以“能”名。

⑬此数句义谓：道用与道体是不二的，没有道体就没有道用，如没有刀体就无切割之用。所以，如果说道用能灭是为涅槃，也就是说道体可灭，而道体即是自性涅槃，若说道体能灭，则与涅槃常义相违，故此说不能成立。

⑭ **五难过失**：分别指上文所谓五阴等无是涅槃，烦恼灭处是涅槃，欲等灭尽名涅槃，一灭永无复生为涅槃，道用灭是涅槃等五种错见。

⑮ 此数句义谓：如果说烦恼在修道前已经不生，这就意味着修道无用。因为修道本以对治烦恼为根本，若烦恼不存，修道何用？

⑯ 此数句义谓：如果说修道之后烦恼不生，即是说烦恼未来不生，如若这样，那么所谓涅槃过去、现在、未来三世不变之义就不能成立。

⑰ 此句义谓：烦恼与无生不能相待而有，一有则一亡。

⑱ 此数句义谓：烦恼与无生虽不能俱有，但从其意义上来看，二者又不可绝待而有。无生即指烦恼无生，如果烦恼不存在，无生之义又对何物而说呢？这是辩证的说法。

⑲ **物有**：指有自性的存在，即真有。

⑳“是”，碛砂本无。

㉑ **四大**：指地、水、火、风，此四者能造做一切色法，故谓之能造之四大。

㉒“有实法”，疑“无有实法”之误，因为在佛教看来，四大自身亦非实有，故其所造之一切色法也是无自性的假有，或云假名无实。

㉓ **有物**：指无自性的假有。

㉔ 此二句义谓：一切无自性的假有，都是因缘和合而成，就其和合而存，谓之有；就其假众缘成，非自性有，故谓之假有。一切色法均是假有。

㉕ **四缘**：分别指（一）因缘，指一切有为法中能亲生自果者，如麦种生麦，稻种生稻。（二）次第缘，又称等无间缘，谓心、心所之生起系由前念引生后念，念念相续，无有间隔。（三）所缘缘，凡心、心所之对象成为原因，而令心、心所产生结果时，心、心所之对象即称为所缘缘。（四）增上缘，指上述三缘以外一切有助于或无碍于现象发生之原因条件。

㉖ 此数句义谓：如果一切法是由四种因缘和合而成，就不能说其从某物所生或不从某物所生，所以无生义不能成立。既然生与无生都不存在，那有为（生）与无为（无生）也就没有什么区别了。

㉗ 此数句义谓：如果说假有（非有物）是涅槃，那无异于说涅槃和假有现象一样，徒有其名，而无其实，就像人说兔子有角，其角尖利一样，都是虚妄不实的。若如此，即认涅槃为虚假，违背涅槃有“我”之德，也使修道之义陷于无用。

译文

再次，如果说欲界妄惑断灭就是法身之境，那么就会犯法身住时短促、法身是有为法相、法身非功用所得这三种错误，你立义不成立。如果以欲界妄惑断灭来说法身，你所立义有三种过失。一、所谓法身住时短促。短促，是指一切法念念生灭，无停住之义，所以又谓之断灭。由于一切法有断灭之义，所以其无法暂住。你如何立此断灭之义为法身呢？如果以此断灭之义来说法身之境，则与法身常住不灭的本义相违背。二、所谓有为法相的错误。如果说断灭是法身之境，那就无异于说法身是有为法。如果说法身是有为法，就与法身本来具有的寂静之德相违背。三、所谓法身非功用所得的错误。是说如果执持一切法不假修道之功就可以自然断灭，那无异于说存在一个断灭的自性，离修道之外独立而有。而这是不可能的，断灭只能是修道功用的一个结果而已。如果说断灭不是通过修道之功而得，那么法身也就可以不假修道而得成。如若这样，那么睡眠、狂醉等态之人也就可以证得涅槃。由上三种过失，所以说欲等惑灭是名法身的立义不能成立。

再则，如果说欲等断灭是涅槃，则无异于说涅槃是有为法。因为断灭具有动与苦两种性质。一切有为法皆为欲等妄惑所起，所以其恒动不住，并产生出生、老、病、死等现象，恒起痛苦。如佛所说：比丘，生、老、死等现象是有为之法，故知一切有为之法时常痛苦。这里所谓死，即是断灭，此断灭即是有为法。若是有为法，故知以断灭来说法身之境不是常住不动之法。既然说法身非常住不动，则此义与法身具足“常”德相违背，不能成立。为什么呢？因为此立义把法身本来具有的寂静、极乐之德与一切有为现象的散动，恒苦混淆不分，所以此义不对。

如果说一灭不生是涅槃，此义也不对。为什么呢？因为这也无异于说涅槃不离断灭、是有为法、住时短促等，与上说各种过失没有二致。所谓一灭不生之义，与生死有生有灭并无不同，照此推断，则无异说涅槃有生有灭，而这是不对的。如果说一灭不生是涅槃，那么修道以灭烦恼为事，其也应成涅槃，但此不对。为什么呢？因为灭与生是对待而有的一对概念，有生就有灭，反之亦然，并不存在有灭无生的现象。（只有不生不灭方是涅槃境界）既使我假说存在一种不与生相待而有，一灭永无生起之“灭”，如果以此来名涅槃的话，仍然不能避免上文所破各种过失。

又，因为修道与烦恼也是相待而有，如果说修道不存在了，也意味着烦恼不再生起。如果说烦恼等一灭不生是涅槃境，也就同样意味着修道的功用不存在了是涅槃境。

又，如果这样的话，那就无异说涅槃非修道之功而可得。正因为说修道之功用不存在是涅槃境，从此也可推知，作为修道之道体也应是可以断灭的，因为体不离用。这也就无异说涅槃有灭了。如果说烦恼不生是涅槃境，此义亦不对。为什么呢？此义不免两种过失。如果说烦恼不生，即是断灭之义，那这就与上文所破斥的五种断灭为涅槃的谬见无二。所谓的不生之义，是指烦恼在修道前不生，或是在修道后不生？如果说烦恼在修道前不生，则即是说未修道时，已证得涅槃，那么修道又有何用？如果说在修道之后不生，则即是说烦恼未来不生，这样的话，那就意味着涅槃并不具有横三世而不生不灭之义。

再则，所谓无生，究竟指何义？是说有烦恼妄惑名无生，还是以没有烦恼妄惑为无生？如果说有烦恼的存在，则无无生之义。为什么呢？因为有与无是相对立的，不能同时说有与无并存。如当一人行走之时，不能谓之停住，反之亦然。因为行与住两种现象是对立的，不能同时并存。所以可以推知，烦恼存在的时候，不能同时说其无生。如果说无烦恼时是无生义，此时既然没有烦恼存在，那么无生又针对何物而说呢？譬如人说石女之女不会生儿，石女本身就不存在，还谈什么生儿之义。

再则，所谓的烦恼无生，烦恼是指有自性的真实存在，还是非真实的存在？所谓真实的存在，并非指像地、水、火、风四大一样只是有名无实，这是假有，不是真有。就像空幻之花，兔子有角等情况一样，并不存在这些真实的事物，所以谓之非真有。如果说烦恼是非真实的假有，则其必由不同因缘假合而有，既如此，则不能谓其为某物所生或不从某物生，所以无生之义则不能成立。既然生与无生都不存在，那么有为（生）与无为（不生）也就没有什么区别了。如果说烦恼是真实的存在，不是因缘假合而有，这就同一切邪见、外道所说一切现象都有自性，真实不虚的谬见没有区别了。如果说假有的存在是涅槃，只是假名无实，这便如同人说兔子有角，其角尖利一样虚妄。如果这样，即认涅槃为虚假，违背涅槃有“我”之德，也使修道殆成无用。

原典

外曰：若不取无生[①]为涅槃者，云何佛说无生灭尽为涅槃耶？

答曰：道依涅槃，能使烦恼未来不生，现在者灭。因[②]中说果[③]故，名涅槃为无生灭尽。

外曰：何故果说因名[④]，而不直取果体自名？

答曰：极微细故，一切法中无有能细涅槃之者，是故若得此法，一切欲等诸惑灭不更生故。假此粗名[⑤]，显以细理[⑥]，理相可知，故此经中作此说也。

问曰：云何知此涅槃极微细耶？

答曰：大仙[⑦]不乐说法故，无分别圣智所知[⑧]故，大师[⑨]观涅槃极微细故，观众生根性不相称[⑩]故，是故佛心回向寂静，入于涅槃，不欲说法。故经言：我宁不说法，疾入于涅槃故。无分别圣智所知者，如《摩健持经》说：世尊，若涅槃是有，我今自有聪明利智，云何不见？佛言：涅槃实有，汝今未得无分别圣智，故不得见。以微细故，非闻慧[⑪]所得。以真实故，非思慧[⑫]所得。思慧双能通达真、俗谛故，不得周[⑬]于妙理无思之界[⑭]。以甚深故，非世间修慧[⑮]所得。修慧但得浅理，未能通达甚深之理。以此微细，非言语能说，故借粗名显于妙理。由无分别圣智所见故，故言微细得成。

外曰：若涅槃是修道所得者，与未能修道之人不得相应。既不相应，是故不共[⑯]。若不共，则是无常。

答曰：若从此向前是无，向后是有者，可说无常[⑰]，无此义故。前际无有，故说无生[⑱]。若汝说未修道时不能得故，无无生[⑲]者，是义不然。何以故？非道所生故。此法必须因道得至，非道能生[⑳]。是故未修时，不得言无，是故无生义立。无后际故，是故无灭。中际无业、烦恼等，故无变异。以无生、异、灭等三失，故说常住，不同外道以无因故，一名常住[21]也。正义者不取因[22]为常住法，如涅槃不由因故有[23]。

汝谓邻虚[24]等亦不由因故有，无如是义。何以故？涅槃离有离无，四谤[25]不及，以不由因故得是常[26]。汝计邻虚既有，有故不得无因[27]，是有因即无常[28]故。若汝说涅槃无三失[29]故常住，邻虚等亦无三失故常住者，是义不然。何以故？汝证义相[30]不成就故。涅槃常住，不与邻虚同相、异相。邻虚等是有分别故，无有证义得成。涅槃是无分别故，涅槃常住，邻虚等常住则不得立。

复次，邻虚等亦不成就[31]。何以故？以独[32]聚[33]不成故。独者义不成，以四大不相离[34]故。若聚者亦不成就，以相粗[35]故，并非邻虚尘故。若离涅槃，无有一法是常住故。以涅槃实有常住，依方便[36]得解脱故，修道不空过故，故有涅槃。前际等无故，故知常住。过色等相故，故说非色。不离清凉等色相故，故说非非色。大功用无分别智所得故，故说真有。因出世大精进所成就道，佛所得故，故知实有。如经中说：比丘，是法实有，不生不起，不作无为。故知涅槃实常住，此法是如来转依[37]。是故名总摄竟，亦云相应。

注释

① **无生**：指烦恼不生。

② **因**：指修道断烦恼，使之不生，此为证涅槃之基，故谓之因。

③ **果**：指涅槃之境。

④ **果说因名**：烦恼无生之因来说涅槃之境。

⑤ **粗名**：指烦恼无生这一概念。

⑥ **细理**：指涅槃极境。涅槃极境乃言语道断，行思路绝，所以以无生的概念，也只是勉强指喻涅槃之境，至于其极妙之理，则非以无分别圣智才能证契，而无法表达出来。

⑦ **大仙**：佛之别名。

⑧ 此句义谓：涅槃之境唯有无分别智可以证契，而不可言说。

⑨ **大师**：亦佛之别名。

⑩ 此句义谓：众生的根性智慧，还不能了达涅槃极境。

⑪ **闻慧**：三慧之一。指依见闻经教而生之智慧。

⑫ **思慧**：三慧之一。指依思惟道理而生之智慧。

⑬ “周”，碛砂本作“同”。

⑭ **无思之界**：指涅槃极境，此境胜妙，非思虑所

得，故以此名。

⑮ **修慧**：三慧之一。指通过修习禅定而生之智慧。

⑯ **不共**：指修道之人则有涅槃，不修之人则无，此一有一无，故谓涅槃不为共有。

⑰ 此数句义谓：如果说涅槃修道前不存在，修道之后才存在，则可以说涅槃是无常。

⑱ 此二句义谓：所谓涅槃修道前无有，并不是说其不存在，而是说其尚未彰现出来。

⑲ **无生**：此指涅槃之境。

⑳ 此数句义谓：涅槃为众生本性固有，并非通过修道而产生。涅槃只是假借修道而证得，并非通过修道而产生，这是两层不同的意义。

㉑ 此句义谓：外道认为涅槃可以不假修习之因而证得，故谓之无因邪说。

㉒ **因**：此指修道，修道因烦恼而有，若灭烦恼，证至涅槃，则修道亦灭，故谓无常。

㉓ **有**：此是指存在意义的有。因涅槃虽借修道之因而得，但并非修道而后有，其为本有。

㉔ **邻虚**：又作极微、极细尘。物质（色法）分析至极小不可分之单位，称极微。

㉕ **四谤**：此指涅槃是有，涅槃是无，涅槃是有是无，涅槃非有非无四句义，此四句均有谤涅槃之义，故

谓四谤。

㉖ 此句义谓：涅槃本来是存在于众生自性中的，并非修道之因而有，所以其是常。

㉗ **无因**：此处是说，一切现象假有，都是由一定因缘而成，所以不能谓之无因自有。

㉘ 此句义谓：因缘所生法，是无常法。

㉙ **三失**：上文所说生、异、灭三过失。

㉚ **证义相**：指无分别智所证之境。

㉛ 此句义谓：邻虚本身就是不存在的妄幻。

㉜ **独**：分开所说组成一切色法的地、水、火、风四大。

㉝ **聚**：指由四大聚合而成的有色之法。

㉞ 此二句义谓：地、水、火、风四大分开来看，不能形成所谓邻虚之物，因为四大本身就不能相互分离。

㉟ 此二句义谓：如果从四大缘合而成的有色现象来看，也不能说邻虚存在，因为由四大所缘合之现象都有一定色相可知，与根本无色相可说的邻虚毫不相关。

㊱ **方便**：指假修各种正道。

㊲ **如来转依**：此处义谓涅槃是如来转依所得之境。

译文

外道难曰：如果不以烦恼无生为涅槃境，那为什么佛说烦恼无生灭尽是涅槃呢？

答曰：为了证得涅槃而修道，能使烦恼未来不生，现在烦恼断灭。从修道断烦恼这一角度来说涅槃之果，才说涅槃之境烦恼无生灭尽。

外道难曰：为什么要以烦恼无生之因来说涅槃果境，而不直接以涅槃自体境界来说名涅槃？

答曰：因为涅槃境界极其微细难名，一切法中没有能比涅槃之境更微细。所以，如果证得涅槃，一切欲望等惑都会断灭而不再生起。只有假借烦恼无生这一概念，去勉强指喻涅槃极境，便于众生了解，所以佛经中才作如此说法。

外道难曰：怎么知道涅槃之境极其微细呢？

答曰：佛并不乐于说涅槃之境，此境唯有无分别圣智才能证契。佛观照到涅槃之境极其微细，观照众生的根性、智慧还不足以了达涅槃极境。所以，佛愿妙入寂静，证入涅槃之境，而不乐说法。所以佛经中说：我宁可不说法，速证入涅槃。涅槃为无分别圣智所证契，如《摩健持经》上说：世尊，如果说涅槃之境存在，我现在有聪明慧智，为什么不能证见？佛说，涅槃之境确实存在，你尚未修得无分别圣智，所以不能证见。因为涅槃之境极其微细，所以依见闻经教所生之智慧不能了达。因为涅槃之境真实不虚，所以依思惟道理所生之智慧不能了达。这种思惟所得之智慧，只能了达真、俗二谛之理，而不能契入行思路绝的涅槃妙境。因为涅槃之境极其深入，所以通过修习世间的各种禅定智慧不能了达。禅定所生之智慧只能证得浅近理境，不能通达甚深妙境。由于涅槃之境极其微细难状，非世间言语所能说清，所以，假借无生这一概念，勉强指喻其胜妙之境。此境由无分别圣智所证得，所以谓之极微细难知。

外道难曰：如果说涅槃必须假借修道而成，未修道之人不能证得涅槃，所以涅槃不为二类人所共有。如此，则涅槃是无常。

答曰：如果说涅槃修道前不存在，修道之后才有，则可以说涅槃无常，但实际并非如此。所谓修道之前无有，并不是说涅槃在修道前不存在，而是指其尚为烦恼所覆，没有彰现出来。如果你说未修道时不能证得涅槃，并据以否定涅槃的存在，这是不对的。为什么呢？因为涅槃并不是通过修道才产生，而是通过修道才彰现出来，不是修道能生。所以，未修道时，不能说涅槃不存在，因而涅槃无生之义可以成立。因为涅槃永远存在，没有生存的边限，所以谓之不灭。其中间亦无业障烦恼等苦，所以谓之无变异。以其具有无生、无变异、无灭三义，而说其常住，这同外道所说无因是常住之法不一样的。正理应当是，不能以修道之因为常住之法，因为涅槃并不是通过修道才产生、存在。

外道所谓“邻虚”这样本来不存在的现象也不假借一定的原因根据而存在，故也谓之为常住，这是不对的。为什么呢？因为涅槃之境离有、无二边，不是以有、无等存在或不存在的现象就可以说明的。因其不假借修道之因而本来存在，所以谓之常住。如果说“邻虚”是有，那么它就不能无因自有，这样的有也就不是常有。如果说涅槃没有无生、变异、断灭三义，因而是常住，“邻虚”亦无此三义，所以也谓之常住，这是不对的。为什么呢？因为外道所谓“邻虚”之法，不能为无分别智所证得。相反，其为分别智所缘之妄境，所以说，“邻虚”与无分别智所证得之涅槃不同，涅槃是常住，“邻虚”则非常住。

再则，“邻虚”本身存在的意义就不能成立。为什么呢？因为无论是从地、水、火、风四大分开或缘合的角度说，“邻虚”之义都不能成立。如果从分开角度说，因为四大元素本身就不可能分离，所以不能从这一角度来说“邻虚”的存在。如果从四大缘合的角度说，因为由四大缘合之现象都有一定色相可知，而“邻虚”没有，所以也不能从四大缘合而说“邻虚”的存在。涅槃之外，没有任何一法是常住法。由于涅槃是真实的存在，其必须假借各种修道才能证得，所以说修道并非无用，假此而证涅槃。由于涅槃本来无生，所以谓之常住。其非世间色相所可拟喻，所以谓之非色。其境有清凉之义，故又谓之非非色。其由修习正道证得无分别智而契合，故谓之真有。其由修习出世之道，通过精进修行，证契佛果而得，故知其实有。如佛经中说：比丘，涅槃实有不虚，不生不起，不作无为，故知其实有常住。涅槃是如来转依所得极境。这些就是所谓总摄之义，也可谓之相应。

佛性分别相

原典

佛性论[①]辩[②]相分第四中[③]分别品第六

复次，分别相义应知。分别者，是如来性，明一切法如如清净，是其通相，如般若等经[④]中所说。一切法者，即三性法[⑤]。如如者，俗如[⑥]即真如，真如即俗如，真俗二如无别异故。清净者有二种：一者因中如如[⑦]，未得无垢。果地如如[⑧]无复垢秽故。二者因[⑨]果[⑩]俱净。

因中是无染清净，至果无垢清净故。如此等义，是佛性通相。为显此义故，佛说般若波罗蜜等诸经。

是佛性中分别众生自有三种：一者不证见佛性，名为凡夫。二者能证见佛性，名为圣人。三者证至此理究竟清净，说名如来。

复次，约此佛性众生事用[11]有三：一者颠倒[12]为事。二者无颠倒为事。三者无颠倒、无散乱、有别法为正事[13]。颠倒者，一切凡夫。无倒者，一切有学圣人。无倒散者，道后法身。有别法为正事者，是应化二身[14]，为度众生，皆由大悲本愿力故。

言颠倒者，一切凡夫有三倒，谓想、见、心[15]，即皮、肉、心[16]等三烦恼故。

二无颠倒者，无惑[17]、无行[18]二种倒故，即一切菩萨有学圣人。惑倒者，违逆真如故，起一切烦恼，名为惑倒。行倒者，二乘人应修常等四德，翻四颠倒[19]，行菩提道。而今不修，但修无常苦等为解脱因，故名行倒。此明是无小乘偏修之行。离此两倒故，说大乘有学圣人。

三无倒散有别法为正事者，是灭除禅定、解脱、一切智[20]等三障故，法界澄净。澄故静寂，净故无垢。不舍正事，大悲本愿恒化众生，名为如来。故约此性分别众生，是名分别相。

注释

①“佛性论”，金陵本无。

②“辩”，碛砂本无。

③“第四中”，碛砂本无。

④ **般若等经**：指说般若波罗蜜之理，即智慧度脱之理的经典的总称，其共有数十部之多。

⑤ **三性法**：指分别、依他、真实三自性现象。

⑥ **俗如**：指一切现象的实理或本性，一切现象之本性，即同真如，反之亦然。所以说俗如即是真如，真如即是俗如，此二如无有差别。

⑦ **因中如如**：指因地中的真如本性，此真如尚为烦恼所覆，故谓其未得无垢。

⑧ **果地如如**：指修习证得所显之真如本性，此真如虽与因中真如体性不二，但已除灭烦恼覆盖，故谓之不再有垢秽。

⑨ **因**：指因地佛性，此地佛性虽为烦恼所覆，但不为烦恼所染污，故谓之无污清净。

⑩ **果**：指果地佛性，此地已断灭一切妄惑所覆，故谓之无垢清净。

⑪ **事用**：指众生的运思境界。

⑫ **颠倒**：指违碍实理。

⑬ **有别法为正事**：指佛以应、化二身救度迷情众生之事。

⑭ **应化二身**：法身、应身、化身之三身之二。应身，又名他受用身，指能使初地以上菩萨感见之，并受用法乐之佛身，此为平等性智所现。化身，又名变化身，指对于初地已前菩萨、二乘、凡夫及诸道众生变化种种之身，使之感见者。

⑮ **想、见、心**：名为三颠倒。即：（一）想倒，是指对于六尘之境而思想非理者。（二）见倒，指于邪计推度事物之理，即名邪见。（三）心倒，以妄心邪识分别事物，此为诸颠倒之根本。

⑯ **皮、肉、心**：分别比喻想、见、心三颠倒的不同程度。

⑰ **无惑**：不违真如之理。

⑱ **无行**：无小乘人行法。

⑲ **四颠倒**：此指二乘人之四颠倒。即：（一）无常颠倒，指于涅槃之常而计无常。（二）无乐颠倒，指于涅槃之乐而计无乐。（三）无我颠倒，指于涅槃之我而计无我。（四）无净颠倒，指于涅槃之净而计无净。

⑳ **一切智**：佛智之名，指能平等观照了通一切法之智慧。

译文

应当了知佛性分别之相。所谓分别，是指如来性之分别相。表明一切法如如清净，这是佛性之通相，如般若波罗蜜等经典所说，即是这种通相。所谓一切法，即指由分别、依他、真实三自性所表现的一切现象。所谓如如，是说一切现象的本性，即同真如无二，真如也就是一切法的本性，这两者间没有差别。所谓清净，可分为两种：一为因地中的真如本性，此性尚为烦恼所覆，未得无垢。而果地中之真如本性，则已断灭一切烦恼覆盖，而不再有垢秽缠缚。二为因地、果地真如本性皆是清净，因地中之真如本性虽为烦恼所覆，并不为烦恼所染污，所谓处染而常净。到证得果地所显之真如本性，已断灭一切烦恼之障，故又谓之无垢清净。上述这些，都是指佛性的通相，为显此通相之义，佛才说般若波罗蜜等类经典。

如果从证得佛性的不同程度，可以把众生分为三种：一为没有证见佛性之人，此即名为凡夫。二为已能够证见佛性之人，此即名为圣人。三为已彻底证得佛性究极之理的人，此即名为如来。

另外，根据众生心行境界也可把其分为三种：一为心行颠倒。二为心行不颠倒。三为心行不颠倒、无散乱，且能广行利生之事。所谓心行颠倒，是指一切凡夫。所谓无颠倒，是指一切有学圣人。所谓无颠倒、无散乱，是指证道后所得之法身境界。所谓广行利生之事，是指已证法身诸佛，为了大悲摄化苦海众生，变现应、化二身而行救度。

所谓一切凡夫的颠倒之义有三种，这即是所谓想倒、见倒、心倒三种烦恼，也可以比喻为皮烦恼、肉烦恼和心烦恼。

所谓无颠倒之义，是指无惑、无行两种颠倒，这即是指一切菩萨有学圣人所行之境界。所谓惑颠倒，是指违背真如实理而生起一切烦恼。所谓行颠倒，是指二乘人应修常、乐、我、净之四德，去断除无常、无乐、无我、无净四种颠倒，而行大乘菩提之道。而今不修大乘之道，唯偏修小乘无常，是苦等道作为解脱的根本，故名之为行颠倒。此明是没有小乘偏修之行，离此二倒，说大乘有学圣人。

所谓无颠倒无散乱，广行利生之事，是说断除一切有碍获得禅定、解脱和一切智的迷障，已成就澄净法身极境。由澄故，可以静寂；由净故，所以无垢。证得法身后，乃以大悲为怀，不断摄化众生，这就名为如来。上文根据证得佛性之浅深来分别不同众生，这就叫作佛性分别之相。

佛性阶位相

原典

佛性论[①]辩[②]相分第四中[③]阶位品第七

复次，阶位相义应知。阶位义者，于种种法门中，若有分别广说，无流法界[④]不出六种：一自性。二因。三果。四事。五总摄。六分别。为显无流界自体故先说自性，依止此性，故起信乐[⑤]等四种胜因[⑥]。由此因故，得常住等四德[⑦]之果。由佛性故，起厌恶生死，乐求涅槃事用得成。由此自性故，得离欲、得离欲因[⑧]，名为总摄。约佛性故，故得分别三种众生。如来所说八万四千法门[⑨]为六种所摄。

次第在三位中。三位者：一不净位，谓众生界。二者净位，谓菩萨地。三者最清净位，即是佛地。故《无上依经》说：阿难，是如来法界无量无边诸烦恼壳之所隐蔽，随生死流，漂没六道[⑩]，无始轮转，我说名众生界。阿难，是众生界于生死苦而起厌离，除六尘欲[⑪]，依八万四千法门诸波罗蜜[⑫]所摄，修菩提道，我说名菩萨。阿难，是众生界已得出离诸烦恼壳，过一切苦，洗除垢秽，究竟法[⑬]然，清净澄洁，为诸众生之所愿见微妙上地，一切智地，一切无碍入此中住，至无比能已，得法王[⑭]大自在力，我说名如来。

注释

①“佛性论”，金陵本无。

②“辩”，碛砂本无。

③“第四中”，碛砂本无。

④ **无流法界**：没有流灭的真如本性境界。

⑤ **信乐**：指信仰、乐受大乘佛法。

⑥ **胜因**：指殊胜之善因。

⑦ **常住等四德**：指常、乐、我、净四德。

⑧ **离欲因**：指了脱欲念的方法。

⑨ **八万四千法门**：指佛所说各种修行方法共有八万四千种之多。

⑩ **六道**：指众生轮回之天、人、阿修罗、畜生、饿鬼、地狱诸道。

⑪ **六尘欲**：指对色、声、香、味、触、法六境之执着。

⑫ **波罗蜜**：梵文 Pāramita，到彼岸之义，用以表名菩萨之大行。

⑬“法”，碛砂、金陵二本均作“湛”。

⑭ **法王**：佛于法自在，故名法王。

译文

再则，应当了知阶位之相。所谓阶位之义，是指在各种不同的修道方法中，如果分别概括起来，要证得真如理境，不外乎六种，其分别为一、自性。二、因。三、果。四、事。五、总摄。六、分别。为了表明真如自体，所以先说一切众生之自性，依靠这一自性，才能生起对于佛法的信仰、乐持、实行和证果的四种殊胜善因。并由此胜因而证得常、乐、我、净的涅槃之果。由于自性即佛性，所以能使众生对于一切有生有灭的世间万象产生厌恶之心，而向往追求涅槃境界。正是由于一切众生内在的自性，才使他们能够远离欲念并获得离欲的修证方法，而这就名之为总摄。根据证得佛性的不同程度，可以把众生分别为三种。佛所说的八万四千种修行方法可以为上说六义所概括。

而在三位不同程度的众生中又有所不同。所谓三位：一指不净位，是说凡夫众生的境界。二指净位，是说菩萨境界。三指最清净位，是指佛的境界。所以《无上依经》中说：阿难，如来法性境界为无量无边的烦恼所覆盖，从而流转于六道轮回之中，受生灭之苦，无有穷尽，这就是众生界。阿难，如果众生能够对此境界起厌离之心，断除对色、声、香、味、触、法六种妄境的执取，修习各种成道的方法，修习菩提大道，这就是菩萨的境界。阿难，如果众生已能够出离一切烦恼，断除一切痛苦，洗净垢秽，达到究极清净澄洁的妙境，为一切众生所向往的微妙胜地，能成就一切智，实现无碍自在，难以形容的境界，得法王大自在力，这就是如来。

佛性遍满相

原典

佛性论[1]辩[2]相分第四中[3]遍满品第八

复次，遍满相应知。遍满者，凡夫、圣人及诸如来无分别性[4]次第三位中：一颠倒虚妄[5]。二无倒圣道[6]。三四德究竟清净[7]。此三处平等通达相，并随道理遍满故。譬如土、银、金等器中，虚空遍满，平等无差别。如来法界遍满三位中，亦复如是。是故从位次第，说此遍满。如《无上依经》说：阿难，是如来界于三位中一切处等，悉无罣碍，本来寂静。譬如虚空，一切色种不能覆，不能塞。若土、银、金器，虚空处等[8]，悉无罣碍，是名遍满。

注释

①"佛性论"，金陵本无。

②"辩"，碛砂本无。

③"第四中"，碛砂本无。

④ **无分别性**：指佛性。

⑤ **颠倒虚妄**：指凡夫位，以颠倒为事，故名。

⑥ **无倒圣道**：指有学圣人位。

⑦ **四德究竟清净**：指如来位，已证涅槃常、乐、我、净四德圆满，故名。

⑧ **等**：指容器的材料虽然不同，但其内充满之虚空却同等无别。

译文

再则，应当了知佛性遍满相。所谓遍满，是指佛性遍及于凡夫、圣人和如来三位之中。尽管凡夫以颠倒为事，圣人无颠倒之心，如来究竟清净，此三位众生有证理程度之差别，但三位众生的本性都同是佛性遍满，没有差别，就好像用土、银、金等不同材料所成的容器一样，材料虽然不同，但其中都充满了虚空，这一点是没有差别的。佛性遍满于凡夫、圣人及如来不同境界的众生心中也是如此。所以，就不同众生都有佛性来说，佛性具有遍满之相。如《无上依经》中说：阿难，如来之性平等遍满于一切众生，没有任何障碍，一切众生本性都是寂静澄洁的。犹如虚空遍满一切处，一切色种不能覆，无所阻塞。又如由土、银、金等不同材料所成的容器之中，都平等充满虚空一样，没有差别，这就叫作遍满。

4　卷四

辨佛性之相（三）

佛性无变异相

原典

辨相分第四中[①] 无变异品第九

复次，无变异义应知。离有六义，合则成三。离有六种者：一无前后际变异。二无染净异。三无生异。四无转异。五无依住异。六无灭异。

言无前后际变异者，如佛为海智菩萨说《解节经》偈言：

客尘相应故[②]，有自性德故[③]。

如前后亦尔，是无变异相。

复次，释不净位中有九种客尘，非所染污，故不净。[4] 净位 [5] 中，常、乐、我、净四德及如来恒沙功德恒相应故，故说如来性前后无变异。

若略说一切烦恼客尘，凡有九种：一者随眠贪欲烦恼。二随眠瞋。三随眠痴 [6]。四贪瞋痴等极重上心惑 [7]。五无明住地 [8]。六见谛所灭 [9]。七修习所灭 [10]。八不净地 [11]。九净地惑 [12]。若烦恼在世间离欲众生 [13] 相续中，为不动业增长家因 [14]，能生色、无色界。为出世无分别智所灭 [15]，是名随眠欲、瞋、痴等三毒。

释曰：言烦恼在者有二：一有体说在，二无体约因 [16] 在，故说在。言体在者，即见谛随眠 [17]，未得治道 [18] 故言在。约因在者，即思惟随眠 [19] 已得治道 [20] 故。以思惟 [21] 用见谛 [22] 为因，思惟虽灭，由有见谛为思惟因，故言因在。思惟必由见谛而生，若除思惟，因有根本见谛惑在，后更能生思惟之惑，故言思惟因在。

不动业增长家因者：一思惟能成业 [23]。二见谛能得果 [24]。何以故？断思惟尽，业不成故。断见谛尽，不感果故，故说不动业为增长家因。能生色、无色界故。为出世无分别智所灭者有二种灭：一者性灭 [25]。二治道灭 [26]。一性灭者有二：谓念念灭及相违灭 [27]。相违灭又有二种：一等类相违，如贪违瞋等。二不等类相违，如正思惟违欲、瞋等，是名性灭。二治道灭者有二种：一通。二别。通道者，谓观真如，灭三界烦恼。二别道者，如不净观[28]等，能灭贪、瞋等烦恼。如苦谛观[29]，灭苦谛惑，不灭集谛[30]惑故，名随眠欲、瞋、痴等。

四三毒极重上心惑者，有诸烦恼在欲行众生[31]相续中，为罪福两行增长家因[32]，但生欲界，修不净观等所破[33]，是名贪瞋痴极重上心烦恼。

五无明住地惑者，在阿罗汉相续中，为无流业生家因[34]，能生意所生身[35]，为如来菩提[36]所破，是名无明住地惑故。阿罗汉约安立谛观[37]，能破诸烦恼。此无明住地，非安立谛观所能破故[38]，犹在罗汉相续中，为无流业生家因。无流业生家因者[39]，流有三义：一者流入三界生死。二者退失。如失欲界流往色界，或失色界流下欲界，则随生死不定一处，故名为流。三者流脱功德善根，失戒、定、慧。譬如破塘，水则不住。无此三流，故名无流。业者，作意为义。此意业能生四种生死[40]。如来菩提破者，如来菩提，非安立谛观，是名如来菩提。因此道[41]故，能灭此惑[42]，故名无明住地。

六见谛所灭惑者有二种学人：一凡夫。二圣人。此惑在学道凡夫相续中，无始已来未曾见理，因初出世圣道[43]所破名为见谛。

释曰：学道凡夫相续中者，若小乘则从暖、顶、忍、世法[44]。此四是学道凡夫位，见谛随眠其未能灭，故言在中[45]。无始时节未见者，从无始以来讫至此道[46]所未曾见安立圣谛[47]，故言未曾得见。初出世圣道所破者，始自苦法忍初念[48]之道能破烦恼，名为见谛。自此后去，并属思惟[49]平等观[50]者，有利有钝。若利根人，于一念中则等观四谛，八十八惑[51]一时俱断，皆名见谛。若钝根人，于次第观者，则初念观苦不见余三谛。但断苦下四谛，名为见谛。余未断者，皆属思惟，是名见谛所灭惑。若大乘则十信等诸位[52]。圣人者，初地以上。

七修道所灭惑者，在学道圣人相续中，昔已曾见[53]，出世圣道所破，是名由修道所灭惑。

八不净地惑者，在未究竟行菩萨相续中，对障菩萨七地，为无相无功用道[54]所破对障故。

释曰：七地者，即前七地[55]已还故。无相无功用道者，即八地以上[56]。无相者，即真如境。无功用者，即自然升进道，是名不净地惑。

九净地惑者，在究竟行菩萨相续中，能障八地以上三地，譬金刚定慧[57]所破。言究竟者，八地以上见境皆周[58]，无更别境所未见者，故名究竟。但方便由有浅深故[59]，诸地为别故。分别烦恼有此九种，约此烦恼立众生有四种：一凡夫。二罗汉。三有学。四菩萨。此四种众生依无流界，由四烦恼故不净[60]。第一众生[61]，由四烦恼[62]故不净。第二众生[63]，由一烦恼[64]故不净。第三[65]，由两烦恼[66]故不净。第四众生[67]，由两烦恼[68]故不净。

第一凡夫由四惑者，前三是随眠贪、瞋、痴等，后一即上[69]心烦恼。由此四故不净。二由一惑者，即罗汉由无明住地故不净。三由二惑者，谓见谛、思惟，即有学圣凡夫[70]。学道凡夫由见谛烦恼故不净，有学圣人由思惟烦恼故不净。是名由二惑。四由二惑者谓净、不净，即是从初地已[71]上至七地菩萨，由不净地惑故不净。若从八地已[72]上三地，由净地惑故不净。是名由二惑故言不净。

注释

①“第四中”，碛砂本无。

② 此句义谓：佛性在众生凡夫不净位中，为客尘所覆。

③ 此句义谓：佛性无论在凡夫位或在如来位，其性恒常不变，这就是自性之德。

④ 此数句义谓：佛性在凡夫位中，为九种客尘所覆，其性并不被染污，但就其所处之位，而谓之不净，并非指其性有不净。

⑤ **净位**：指修习证得如来果位。此位中之佛性彰现，故谓之具足四德等。

⑥ **上说三种烦恼**：分别指贪、瞋、痴三毒。

⑦ **极重上心惑**：指由贪、瞋、痴三毒并起而造成的烦恼妄惑，此惑极为深重，故名之。

⑧ **无明住地**：根本无明，此为一切烦恼之根本，故名无明住地。

⑨ **见谛所灭**：指学道凡夫或有学圣人通过各种见道方法才能断除的烦恼。

⑩ **修习所灭**：指有学圣人通过修道所断之妄惑。

⑪ **不净地**：此指菩萨十地位中的前七地位。

⑫ **净地惑**：指八地以上菩萨所具之微细妄惑。

⑬ **离欲众生**：此指已脱离三界中欲界缠缚之众生。

⑭ **不动业增长家因**：此指由见、思二惑所造之业、果报，唯有断此二惑，方可了脱因果轮回之痛苦。

⑮ **灭**：此指断灭离欲众生所具有的贪、瞋、痴三种烦恼。

⑯ **因**：指产生烦恼的原因。

⑰ **见谛随眠**：是见惑，指以妄计推度而产生的迷情。其中有我见、边见等，此惑于见道之位见理后可断。

⑱ **治道**：此指见理。

⑲ **思惟随眠**：是思惑，又名修惑。指凡夫之思念，

对于事物而起之惑，包括贪、瞋、痴等。通过修道之位思惟真理而可断之。

⑳ **已得治道**：指此时已入于见道之位。

㉑ **思惟**：此指思惑。

㉒ **见谛**：此指见惑，见惑为思惑之根本，故谓思惑以见惑为因。

㉓ 此句义谓：由思惑之贪、瞋、痴三毒而能造种种业。

㉔ 此句义谓：由见惑之我、边诸见，能生种种苦果。

㉕ **性灭**：一切烦恼之法本身就迁灭不住。

㉖ **治道灭**：指通证见真理而断灭烦恼。

㉗ **相违灭**：此中有两种含义，一种是指不同烦恼之间的相互消长，如贪心起而瞋心落等，此亦名为“等类相违”。另一种是指以正确的方式来消解烦恼，此名为“不等类相违”。

㉘ **不净观**：五停心观之一，指为了治贪心而观身之不净。此中有两种，一观自身不净，二观他身不净。

㉙ **苦谛观**：指观世间一切法皆苦。

㉚ **集谛**：四谛之一，指一切法皆苦的原因。

㉛ **欲行众生**：指欲界众生。

㉜ 此句义谓：指欲界众生烦恼执持于欲界的苦、乐，故谓之两行增长之因。

㉝ **所破**：指破欲界众生之极重上心烦恼。

㉞ 此数句义谓：根本无明是阿罗汉境界微细妄业的根本。无流业，指阿罗汉境界已脱离三界，不再流转生死，故谓之无流业。

㉟ **意所生身**：指菩萨、罗汉为济度众生而如意受身。

㊱ **菩提**：梵文 Bodhi，指觉悟之义。

㊲ **安立谛观**：有差别、名言者名安立谛，罗汉尚未得无差别智慧，故谓之安立谛观。

㊳ 此句义谓：修安立谛观尚不能断除根本无明，此唯有如来智能断。

㊴ "者"，碛砂本无。

㊵ **四种生死**：指方便、因缘、有有，无有四种生死。

㊶ **此道**：指如来菩提之道。

㊷ **此惑**：指根本无明。

㊸ **初出世圣道**：指最初的无漏之圣道，此即指小乘所说八忍八智中的苦法忍智。

㊹ **暖、顶、忍、世法**：俱舍四善根。暖法，指念住后所生之善根，有下、中、上三品，都具有观苦、集等四圣谛，修苦、空等十六行相之位。暖喻见道前之相。顶法，暖法上品后念所生之善根，也有上、中、下三品，都具有观四谛，修十六行相。此位处于进退之

间，或进而上于忍位，永不退堕；或退而下于暖位。忍法，生于顶法后念之善根，亦有上、中、下三品，忍可决定四圣谛，为最殊胜之位。世法，又名世第一法，生于上忍后念之善根，无上、中、下三品，此法为有漏法中之最高法，故名世第一法。此位必生无漏智，入于见道，真正证悟胜谛。

㊺ **在中**：指见谛烦恼或见惑在学道凡夫位中未断。

㊻ **此道**：指凡夫修道之位。

㊼ **安立圣谛**：指小乘圣人所观之理境，此境尚有差别、名言所显，故名此。

㊽ **苦法忍初念**：指小乘俱舍宗所说八忍八智中的第一苦法智忍，此忍能断除欲界苦烦恼下之见惑。

㊾ 此二句义谓：苦法智忍以后诸忍智，如苦法智、集法智等，均是思惟见道，故名此。

㊿ **平等观**：又名空观，以空为平等而观一切法平等无差别。

(51) **八十八惑**：指见惑之数共有八十八种之名，名繁不具引。

(52) **十信等诸位**：指菩萨五十二位修行中之第一十位。十信，分别指信心、念心、精进心、慧心、定心、不退心、护法心、回向心、戒心、愿心。

(53) **曾见**：指已入见道位。

⑭ **无相无功用道**：指八地以上菩萨所修之道。

⑮ **前七地**：指菩萨十地中之前七地，分别为欢喜地、离垢地、发光地、焰慧地、难胜地、现前地、远行地。

⑯ **八地以上**：分别指十地中的不动地、善慧地和法云地。

⑰ **金刚定慧**：又名金刚喻定，指菩萨于最后位断最极微细烦恼之禅定。其智用坚利，譬如金刚，故名之。

⑱“周”，碛砂本作“同”。

⑲ 此句义谓：八地以上菩萨所见之境虽周遍无碍，但若从其方便说法来看，八、九、十三地所见境界，仍有浅深之别。

⑳ 此数句义谓：此四种众生，若依照究竟涅槃的境界来说，尚有四种烦恼未断，所以名之为不净。

㉑ **第一众生**：指凡夫。

㉒ **四烦恼**：分别指贪、瞋、痴与极重上心惑四种烦恼。

㉓ **第二众生**：指罗汉。

㉔ **一烦恼**：指根本无明。

㉕ **第三**：指有学圣凡。

㉖ **两烦恼**：指见、思二惑。

㉗ **第四众生**：指菩萨。

⑱ **两烦恼**：分别指不净地和净地烦恼。

⑲“上”，碛砂本作“止”。

⑳“夫”，碛砂、金陵二本均无。

㉑“已”，碛砂、金陵二本均作“以”。

㉒“已”，碛砂、金陵二本均作“以”。

译文

再则，应当了知佛性无变异之相，其义分开细说有六种，综合起来则为三种。所谓细说六种，分别指一、无前后际变异。二、无染净异。三、无生异。四、无转异。五、无依住异。六、无灭异。

所谓无前后际变异，如佛为海智菩萨所说《解节经》中偈言：

客尘相应故，有自性德故。
如前后亦尔，是无变异相。

再则，所谓不净位，其中佛性为九种烦恼客尘所覆，故谓之不净。尽管如此，佛性也并不为烦恼所染污，所谓处染而常净。在净位中，佛性彰现，具足常、乐、我、净四德和无量无上胜妙的功德，因此，佛性无论在染、出染，其性常清净，故说其无前后变异。

一切烦恼客尘可细分为九种：一为贪烦恼。二为瞋烦恼。三为痴烦恼。四为贪、瞋、痴并起之极重心惑。五为根本无明。六为学道或有学圣人修习见谛所灭之烦恼。七为修道方能断之烦恼。八为不净地烦恼。九为净地烦恼。如果烦恼在了脱欲界的众生心中，为“不动业”增长的根本，能生色、无色二境界。此烦恼为出世无分别智才能断灭，此烦恼也就是贪、瞋、痴等三毒。

解释说：所谓“烦恼在”有两种：一为有体在。二为无体有因在。所谓有体在烦恼，是指见惑，未断见惑之众生尚未见道，所以言烦恼在。所谓有因在烦恼，即指思惑，未断此惑众生虽已入见道位，但由于见惑为思惑之根本，所以思惑虽然断灭，而作为思惑之因的见惑尚在，故言因在。思惑必因于见惑而生，如果断除思惑，因有根本见惑尚在，以后还能生起思惑，所以说思惑之因在。

所谓“不动业”增长根本有两层含义：一、由思惑能生起种种业。二、由见惑能生种种果报。为什么呢？因为断尽思惑的话，就不会起惑造业。如果断除见惑，就不会招引各类恶果。所以谓之“不动业”增长之根本，能生色、无色二境界。所谓为出世无分别智所断灭，这种断灭有两种：一谓性灭，一谓治道灭。一、所谓“性灭”，即指一切烦恼之法本性就是迁流变灭的，其又分为两种，一指一切烦恼念念生灭。另一种是指所谓“相违灭”。所谓“相违灭”又有两种含义，一种是指同一烦恼不同类型之间的相互消长，如贪心与瞋心相互消长，这即名为“等类相违”。另一种是指以正确的修行方法来断除烦恼，此即名为“不等类相违”。这些就是所谓“性灭”。二、所谓“治道灭”，是指通过达观各种真理而断灭烦恼，此有两种：一为通道，二为别道。所谓通道，是指通过达观真如本性，断灭三界内的烦恼妄惑。所谓别道，是指如通过修习不净观等，可以断灭贪、瞋等烦恼。如通过修习苦谛观，可断灭苦谛之惑，而不能断灭一切苦之根源，即集谛惑。这些即名贪、瞋、痴等烦恼。

四、所谓贪、瞋、痴三毒并起之极重心惑，是说烦恼在欲界众生心中，执持于欲界之苦乐二法，只能生于欲界。此烦恼可以通过修习不净观等所断灭，这种烦恼即名贪瞋痴三毒并起之极重心惑。

五、所谓根本无明，此无明为阿罗汉境界微细妄业之根本，即所谓无流业之根本，能生意生身，此无明可以通过修习如来菩提之智所断灭。阿罗汉通过有差别名言的智慧，可以断灭各种烦恼。但此根本无明，却非阿罗汉所具之智慧能断，所以说阿罗汉尚余此根本无明未断，此无明为无流业生起之根本。所谓“流”有三种含义：一指流入三界内，轮回生死之中。二为退失，如从欲界流往色界，或从色界流下欲界，如此一来，则随生死轮转之不同而不定一处，所以名之为流。三指流脱各种功德、善根，如流失持戒、禅定、智慧三功德。这就像塘破水流一样。如果无此三流之义，则名为“无流界”，这是阿罗汉等所行境界。所谓“业”，是指作意之义，由此意业未断，能生起方便、因缘、有有、无有四种生死。所谓此烦恼为如来菩提之智所破，这是因为如来之智，无有名言差别，修习此智，方可断除根本无明。这些即是根本无明之义。

六、所谓修习见谛所灭之烦恼，是针对两种学人所言。一指凡夫。二指圣人。学道凡夫位的众生，由于无始以来未曾见到真理，故说此烦恼存在于凡夫心中。此烦恼可以通过修习初步的无漏之圣道所断灭，故名之为见谛所灭。

解释曰：所谓此烦恼存在于学道凡夫心中，是指如果小乘之人，修习暖、顶、忍、世第一等俱舍四善根，由于此四善根尚为学道凡夫位，此位中之见惑未断，故说见烦恼存在其心中。所谓无始以来未曾见到真理，是说处此凡夫位之众生从来就未修到小乘圣人所观之理境，所以谓之未见。所谓由无漏圣道所断灭，是指通过修习苦法智忍，可以破除此烦恼，故名之为见道之谛理。见道以后，再通过修习各种思惟，就可以实现平等观。修习平等观的人，有利、钝之别。根器锐利之人，可于一念间就通达四圣谛理，一时间全部了断障碍见道的八十八种妄惑。根器鲁钝之人，则须逐渐修习，逐一达观苦、集、灭、道四谛之理，这些即名为见谛所灭。见谛所未能断灭之烦恼，皆属于思惑。如果学道凡夫是指大乘学人，则意指修习已入十信位的众生。所谓圣人，即指已入十地菩萨位之初地以上菩萨。

七、所谓修道所断之烦恼妄惑，是指学道圣人，虽已修习见谛，已得见道，但尚有思惑未断。此惑可以通过修习无漏圣道所破，故以此名。

八、所谓不净地烦恼妄惑，是指尚未修习究竟菩萨道的众生所具之妄惑，此惑有碍于七地菩萨的修行，可以通过修习无相无功用道所断灭。

解释曰：所谓七地，是指菩萨修行十地中的前七地。所谓无相无功用道，即指八地以上菩萨修习之道。无相，即指真如理境。无功用，即指八地以上菩萨修行可以不费功力，自然升进入道。这些即名不净地惑。

九、所谓净地烦恼妄惑，是指已修行究竟菩萨道的众生所具之妄惑，此惑有碍八地以上菩萨的修行，可以通过修习金刚喻定之智慧所断灭。所谓究竟，是说八地以上菩萨所见境界周遍无碍，没有不能了见的境界，故名为究竟。但如果从八、九、十三地所见境界仍有浅深差别来看，尚有障碍与无碍的微细区别，所以还有妄惑存在。根据上文所述九种烦恼类型来区分众生的等级，可分为四种：一为凡夫。二为罗汉。三为有学圣凡。四为菩萨。这四种众生，如果依照究竟涅槃的境界来说，尚有四种烦恼未断，所以名为不净。凡夫有四种烦恼不断，故名不净。罗汉有一种烦恼未断，故名不净。有学圣凡有两种烦恼未断，故名不净。菩萨亦有两种烦恼未断，故名不净。

一、所谓凡夫的四种烦恼，分别指贪、瞋、痴三毒和由此三毒所起之极上心惑。由此四种妄惑未断，所以名为不净。二、所谓罗汉一种烦恼，即指根本无明，由于此惑未断，故名之不净。三、所谓有学圣凡二种烦恼，分别指见惑与思惑。学道凡夫未断见惑，故名不净；有学圣人未断思惑，亦名不净。四、所谓菩萨有二种烦恼，是指净地与不净地烦恼。从初地至七地菩萨，由于未断不净地妄惑，故名之为不净。八地以上菩萨，由于未断净地妄惑，故名为不净。所以说，菩萨由此二惑未断，名为不净。

原典

复次，为现此九种烦恼，故立九譬者。

一为显贪欲烦恼故，立莲华化佛譬。譬如莲华，初开之时，甚可爱乐，后时萎悴，人厌恶之。贪欲亦尔，初依尘[①]成，后依尘坏，故以华譬贪。而华坏时，化佛出世，如贪覆法身。

二为瞋烦恼故，以蜂为譬者。如蜂若为他所触，放毒螫人。瞋亦如是，若心起瞋，即能自害，复能害他。而未甘蜜，即譬法身，为瞋所覆故。

三为无明惑故，立谷中粳粮譬。譬如白米，为糠所覆，不得受用。法身亦尔，为无明㲉所隐覆，故不得现。

四为上心三种烦恼，立金堕不净譬。譬如净洁金宝，为粪所涂，违逆人心。离欲之人，亦复如是。为上心烦恼违逆其意，故说此譬。法身本净，为上心惑所覆，故言不净。

五为显无明住地故，立贫女宝藏譬。譬如贫女宅中地下有金宝藏，为地覆故，受贫穷苦。二乘亦尔，为无明所覆，不见佛果，故受四种生死[②]之苦。

六为显见谛惑，立庵罗[③]树子譬。譬如庵罗子生芽之时，必破其皮，然后得出。皮譬见谛，芽譬法身。

见谛亦尔，初见真理，即破此惑，法身显现故。

七为[4]显思惟惑故，立弊帛裹金宝譬。譬如败衣，不堪服用。身见贞实[5]先来已破[6]，圣道对治，数数习[7]故，思惟烦恼无复势力，譬彼败衣，金如法身，为思惑所障。

八为显不净地惑，立贫女怀王子譬。譬如转轮王[8]子在贫女腹中，胎不能污。七地以还烦恼亦尔，虽名烦恼，而有三德：一者无染浊[9]，智慧慈悲所含养故。二者无过失，以不损自他故。三者无量功德，能成熟佛法及众生故。若长烦恼，即成凡夫，不能成熟佛法。若断烦恼即成二乘，不能成熟众生。

九为显净地惑故，立摸中金像譬。譬如铸金像未开摸时像已成熟，水等诸物不能破，唯斧等乃能破故。八地以上惑亦如是，唯金刚心[10]能破究竟故。

注释

① **尘**：指一切世间之事法，能污染真性，造成烦恼。

② **四种生死**：指方便、因缘、有有、无有四种生死。

③ **庵罗**：又名庵罗，一种果物之名。

④“为”，碛砂本无。

⑤ **贞实**：真实、真理之义，身见真实，此指见谛

所见道。

⑥ **已破**：指已破见惑。

⑦ **数数习**：不断修习。

⑧ **转轮王**：梵文 Cakravarti-raja，此王身具三十二相，即位时，由天感得轮宝，转其轮宝而降伏四方，故名之。

⑨ **无染浊**：指不为烦恼所染污。

⑩ **金刚心**：指金刚喻定。

译文

再则，为了说明九种烦恼，而立九种譬喻。

一、为了说明贪欲烦恼，立莲华化佛譬。譬如莲华，初开之时，甚为可爱，后来凋萎，人皆恶之。贪欲也是这样，最初是由世间凡尘所起，后又随尘坏灭，可以以华来比喻贪欲。而当华坏之时，化佛出世。贪欲也是如此，其能覆障法身，一旦贪欲去除，则法身彰现。

二、为了说明瞋烦恼，而以蜂为譬。譬如蜂若为他物所触，其必放毒咬人。瞋烦恼也是如此，如果瞋心生起，即不仅害己，而且害人。而未得蜂之甘蜜，正是譬喻法身为瞋烦恼所覆障。

三、为了说明痴烦恼，立谷中粳粮为譬。譬如白米，为糠所包覆之时，还不能受用。法身也是如此，当其为愚痴无明之心所隐覆时，也不能显用。

四、为了说明由贪、瞋、痴共起之上心烦恼，以金堕不净为譬。譬如洁净的金宝为污粪所涂，让人恶心。了脱欲念的人也是如此，其如果为上心烦恼所障，也会心生妄惑，故以此譬。法身本来清净，由于为上心烦恼所覆障，所以谓之不净。

五、为了说明根本无明，以贫女宝藏为譬。譬如贫女家中地下有无数金宝，只是由于为地所覆不得见，才受贫困之苦。二乘也是如此，他们由于根本无明所覆障，所以不能证见佛果，受方便、因缘、有有、无有四种生死之苦。

六、为说明见谛所灭之烦恼，以庵罗树子为譬。譬如庵罗树种子生芽之时，必破其外皮所覆，然后方能生长出来。皮就好像见惑，芽好比是法身。初见真理，即破除了见惑，法身得以显现。

七、为了说明思惑，以弊帛裹金宝为譬。譬如破败之衣，不堪服用。由于已修见谛破除见惑，所以只要不断修习圣道，思惑就可以渐断。思惑就像破败之衣，衣内金宝譬如法身，唯有假借修习之功，才可以获得金宝法身。

八、为了说明不净地之烦恼，以贫女怀王子为譬。

譬如转轮王子在贫女腹中，其胎不为污染。七地以内的烦恼也是如此，其虽名烦恼，却仍具有三德：一、其不为烦恼所染污，由于其有智慧、慈悲所含养。二、其无过失，因为其既不自损，也不损他。三、其具有无量功德，可以成就佛法而又广济众生。如果任其烦恼生长，就会变成凡夫，不能成就佛法。如果断除烦恼，即能成就二乘果位而不能济度众生。

九、为了说明净地烦恼，以模中金像为譬。譬如所铸金像，未开模时，其中金像虽已造就，不为水等诸物所破损，只有借斧等锐器，才能破损。八地以上烦恼也是如此，只有通过修习金刚喻定才能断灭。

原典

因三种自性①为显心清净界，名如来藏，故说九种如莲华等譬。三种自性者：一者法身②。二如如③。三佛性④。合此九譬为三⑤，初三⑥譬法身。次一⑦譬如如。后五⑧譬佛性。云何如此？明诸佛法身有二种：一正得。二正说。言正得法身者，最清净法界，是无分别智境，诸佛当体是自所得法。⑨二正说法身者，为得此法身，清净法界正流从如所化众生识⑩生，名为正说法身。正说法身又有二种：一深妙。二粗浅。为安立此二道理。一深妙者，为安大乘道理[11]。二粗浅为二乘人说此道理。复次，第一义谛[12]为安立菩萨甚深法藏[13]，约真俗二谛，安立二乘十二部等种种法藏[14]。

释曰：一正得法身者，体是真如，世间无物可为譬者，故还取花中佛像[15]为譬。二正说深妙法身者，以真如一味[16]故，故取蜂家蜜为譬。三粗浅正说法身者，以显真俗种种义味[17]故，故取糠中米为譬。由此三譬，显诸佛正得法身、正说法身。是三法身遍满摄藏一切众生界无余[18]故，故经说：无一众生出如来法身外者，如无一色出虚空外者故。

次金堕不净一譬，譬如如者，如如有三义故，取金为譬。一者性无变异。二者功德无穷。三者清净无二。自性亦如[19]，无变异故。功德亦如，无增减故。清净亦如，无染污故，故曰如如是真如。如在一切邪定聚[20]及一阐提[21]诸众生中，本无差别。若至客尘灭后，说名如来藏。故说一切众生为如来藏，能藏如来不得显现。为显此清净无二故，佛说此经：文殊师利，诸佛已出离于我取根本[22]，由此自性清净，应一切众生清净。是自性清净与众生清净无有二故[23]，为显此如故说金宝譬。

后五譬佛性者，佛性有二种：一者住自性性[24]。二者引出性[25]。诸佛三身[26]因此二性，故得成就。为显住自性故，说地中宝藏譬。此住自性佛性者有六种德，故如宝藏。一者最难得。佛性亦尔，于无数时节起正勤心[27]，因福德、智慧满足庄严，方始显现故。譬如意宝藏，由胜因[28]乃感。二者清净无垢。由佛性与烦恼不相染故，是故譬如意宝不为不净所污。三者威神无穷。明六神通[29]等功德圆满故，如意宝亦尔，随意能办，故说宝藏譬。四者能庄严一切世间功德善根，于一切处相称可故。如意宝亦尔，能为世间种种庄严具。五者最胜。于一切法中无与等[30]故，亦如如意宝，物中最胜故，说宝藏为譬。六者八种世法[31]中无有变异，为十种常住[32]因故。真宝[33]亦尔，虽烧打磨，不能改其自性，故取宝藏以譬住自性佛性。

二者引出佛性，从初发意至金刚心[34]，此中佛性名为引出。言引出者，凡有五位：一能出阐提位。二能出外道位。三出声闻位。四出独觉[35]位。五出菩萨无明住地[36]位。此法身能破烦恼壳，其体显现故，第六说庵罗树芽为譬。如彼树芽能破皮肉，得出生为大树王故，说引出佛性如庵罗树芽，能生大树王故。为约此两因[37]故，佛说三身果。

一者因住自性佛性，故说法身。法身有四种功德，是故第七说败帛裹真金譬。四功德者：一自性有[38]，如金本有，非所造作。二清净，如金本净，尘垢不能染污。三为一切功德所依处，如金能感[39]种种贵物故。四平等所得，谓一切众生并同应得，如金无的主[40]众人共有，随其功力修者即得，故说法身犹如真金。

二者因引出佛性，故说应身。应身有四种功德，是故第八说如贫贱女人有转轮王胎。四功德者：一依止[41]，依止者，三十七道品[42]是所依止。二者正生，谓欲得应得[43]，即是未知欲知根[44]。三者正住，谓正得，即是知根[45]。四正受用即知已根[46]。合此四义，名为应身。如胎中转轮王子亦有四义：一以宿业[47]为依止。二未得王位欲得如初生。三正得王位如住。四得已不失如受用。是故应身以胎中转轮王为譬。

三者因引出佛性复出化身，化身者有三事：一有相，如水中月，以影相为体故。二由功力，以宿愿所作故。三有始有终。故第九立摸中佛像为譬。

释曰：三义者：一有相貌，譬如月影，但似而不真实。化身亦尔，非实体故。二由人工造作者，譬化身宿愿[48]所起。三明有始有终者，譬化身随缘变化，故能有始有终。

注释

① **三种自性**：指分别从自性的三个角度来说自性之相。

② **法身**：佛之三身之一，即佛之真身。关于法身，佛教性相二宗的解释不尽相同。在此即指三身中之自性身，唯为清净法界之真如，此真如为佛之自性，具有常、乐、我、净诸德，为一切有为无为功德法之所依，故名法身。其侧重于从本体、清净界来名之。

③ **如如**：法性理体不二平等，故云如，一切法从本性上说皆是真如，故名如如，是正智所契之理体。

④ **佛性**：佛指觉悟之义，指一切众生皆有觉悟之性，名为佛性。因此名侧重于觉智。

⑤ **三**：指法身、如如、佛性三义。

⑥ **初三**：指九譬中的莲华化佛、蜂譬，谷中粳粮譬。

⑦ **次一**：指金堕不净譬。

⑧ **后五**：指贫女宝藏、庵罗树、弊帛裹金、贫女怀王子、模中金像等譬。

⑨ 此数句义谓：正得法身即是唯可以正智契会、证得而无法言传之自性体。

⑩ **众生识**：指众生的心识。此义是说，正说法身是根据众生心识理解的程度，加以施教言说的。

⑪ 此二句义谓：所谓深妙，是指各种大乘经教所说之理。

⑫ **第一义谛**：二谛之一，为世俗谛之对称。又云真谛、圣义谛等。以名深妙之真理，此真理为诸法中第

一，故以此名。

⑬ **法藏**：又名佛法藏，此指佛教经典之库藏。

⑭ **十二部等种种法藏**：又名十二部经，指佛经分为十二种类之名。其分别为：（一）修多罗，指经典中直说法义之长行文。（二）祇夜，即颂，指应于前长行之文重宣其义者。（三）伽陀，即讽颂，不依长行，直作偈颂之句。（四）尼陀那，即因缘，指经中说见佛闻法因缘等。（五）伊帝目多，即本事，指佛说弟子过去世因缘之经文。（六）阇多伽，即本生，佛说自身过去世因缘之经文。（七）阿浮陀达磨，即未曾有法，记佛现种种神力不思议事之经文。（八）阿波陀那，即譬喻，经中说譬喻之处。（九）优婆提舍，即论议，以法理论议问答之文。（十）优陀那，指佛无问自说之经文。（十一）毗佛略，即方广，说广大方正之理的经文。（十二）和伽罗，指于菩萨受成佛之记之经文。

⑮ **花中佛像**：莲华化佛譬。

⑯ **真如一味**：指一切法从其自性来说，都同一真如，无有差别。

⑰ **真俗种种义味**：真、俗二谛之理。

⑱ 此数句义谓：一切众生本性皆藏有如来法身，即可说如来法身遍满一切众生而无余。三法身，指正得法身、正说深妙法身和正说粗浅法身。

⑲ **如**：此指如如不动，无变化之义。

⑳ **邪定聚**：三聚之一。指毕竟不能证悟之人。

㉑ **一阐提**：指业障深重，必定不能证佛果的人。

㉒ **我取根本**：我取即我语取，指执着于由我见、我慢所说之法。我取根本，即指无明妄惑。

㉓ 此二句义谓：众生清净，即是指众生自性清净无染，故与自性清净之义没有差别。

㉔ **住自性性**：三佛性之一。指一切众生本有之，为自性而常住者，故名之。

㉕ **引出性**：三佛性之一。指依修行之功而使本有之佛性渐为引出，故名之。

㉖ **三身**：分别指法、应、化三身。

㉗ **正勤心**：指四正勤。即：（一）勤精断除已生之恶行。（二）勤精使未生之恶不能更生。（三）勤精促成未生之善而令生。（四）勤精增长已生之善行。一心精进，行此四法，名为四正勤。

㉘ **胜因**：殊胜善妙之因。

㉙ **六神通**：分别指（一）身通，即变现不思议境界之通力。（二）天眼通，即得色界天眼根，能照久无碍。（三）天耳通，即得色界天耳根，听闻无碍。（四）他心通，即能知他人心念。（五）宿命通，即知自已及六道众生宿世之生涯而无碍。（六）漏尽智证通，指已

断尽一切烦恼诸漏。成就此六通，限于三乘之圣者。

㉚ **等**：此指没有一法可与佛性匹等。

㉛ **八种世法**：此指生、住、异、灭，生生、住住、异异、灭灭，即四本相，四随相，合之则有八相。以此八相迁流万物，使一切现象皆常流不住。此句则谓，佛性不随一切现象之变灭而变灭，而是常住不灭，故谓之无有变异。

㉜ **十种常住**：分别指七种常住果与三种常。七种常住果，指：（一）菩提。（二）涅槃。（三）真如。（四）佛性。（五）庵摩罗识。（六）空如来藏。（七）大圆镜智。三种常指：（一）本性常。（二）不断常。（三）相续常。此即分别指法、报、化三佛身常住义。住自性佛性为此十常之根本，故谓之为十常住因。

㉝"宝"，碛砂本作"实"。

㉞ **金刚心**：指菩萨之最后心，等觉之位，以观心最为明利，故名之。

㉟ **独觉**：又称缘觉，指独自悟十二因缘而成道者。

㊱ **菩萨无明住地**：指菩萨尚有根本无明未断，唯佛能断，故名此。

㊲ **两因**：指住自性佛性与引出佛性。

㊳ **自性有**：指法身为自性本有。

㊴"感"，碛砂本作"成"。

㊵ **的主**：归主。

㊶ **依止**：指依赖、止住于有力有德之处而不相离。

㊷ **三十七道品**：又名三十七品，三十七分法。即指能证涅槃菩提之境的方法有三十七种，如四念处、四正勤、四如意足、五根、五力、七觉支、八正道等。

㊸ **欲得应得**：指欲知四圣谛理，而以无漏智为因而了知之。

㊹ **未知欲知根**：三无漏根之一，又名未知当知根，即见道之无漏智。是指见道位众生，未曾见知苦、集、灭、道等四谛之境，自此因无漏智而能见知，故名此。

㊺ **知根**：三无漏根之一。又名已知根，指为修道之无漏智，即是说为断修惑，数数修四谛观之境。

㊻ **知已根**：三无漏根之一。又名具知根，指无学圣人的无漏智。其是说无学圣人起尽知或无生智，则已知四谛之理，因有此自知之心，名为具知。

㊼ **宿业**：指过去世的业。

㊽ **宿愿**：指于过去世所发的愿，此愿起用时，必有功力，故又谓之愿力。

译文

分别从自性的三个角度来说自心清净境界，这又可名为如来藏。即是说，自性有三种：一为法身。二为如如。三为佛性。以上述九种譬喻可分别比说此三自性，以最初三譬喻可比说法身，第四譬喻可比说如如，后五譬喻可比说佛性。为什么这样说呢？这表明诸佛法身共有两种：一为正得法身。二为正说法身。所谓正得法身，是指最清净法界，此法身唯有通过无分别智才能证契，是不可言传的本体之境。所谓正说法身，是说为了证得清净法身境界，可以根据众生心识理解的程度，加以施教言说。正说法身又分为两种：一谓深妙。二谓粗浅。一、所谓深妙，是指安立各种大乘教理的经典。二、所谓粗浅，是指为二乘人所说各种教理的经典。再则，为了讲深妙之第一义谛，才说菩萨等大乘佛教的经典；为了说真俗二谛之理，才说二乘十二部经等经典。

解释曰：一、所谓正得法身，即是真如，世间无有一物可以比譬其妙，所以勉强以莲华化佛为譬。二、所谓正说深妙法身，是为了显现大乘佛法的真俗不二，同一真如之理，所以以取蜂家蜜为譬。三、所谓正说粗浅法身，是为了显现真、俗等种种不同之法及其义涵。所以以糠中之米为譬。由上述三种譬喻，可以显现诸佛正得法身、正说法身的意义。一切众生本性皆具有正得、正说深妙和正说粗浅三种法身，所以佛经上说，没有一个众生能出如来法身之外，犹如没有任何一物能出于虚空之外。

再则，以金堕不净一譬来比譬如如之义。所谓如如有三层含义，所以以金为譬。此三含义分别为一、本性没有变异。二、具有无穷无量之功德。三、本性清净，没有差别。一切众生的自性都是如如不动的，因其没有变异之相。自性功德亦是如此，因其没有增减之相。自性清净也是如此，因其不为妄惑所染污。所以说，如如即是真如，其遍满于一切善恶众生心中，本来没有差别。如果断灭一切烦恼障蔽，即名为如来藏，所以说，一切众生都有如来藏，因为烦恼所障，故不得显现。为了显现此清净自性本来没有差别，所以佛说如下经文：文殊师利，诸佛已了脱对一切法的执取之心，所以不同于众生为无明妄惑所覆，不能见自本性。但从自性层面说，佛与众生并无差别，这即是如如之义，为显此义，故以金堕不净为譬。

所谓以五种譬喻来说明佛性之义，佛性有两种：一名为“住自性佛性”。二名为“引出佛性”。佛所具有的法、应、化三身即因此二种佛性而生。为了说明“住自性佛性”，才说贫女宅中地下宝藏譬。此“住自性佛性”有六种功德，所以喻如宝藏。其六功德分别为一、最难得，是说要证契佛性，必须经历无数时节的精进修习，到福慧圆满，方可证得。这就好像如意宝藏，必须假借各种殊胜善妙之因才能获得。二、清净无垢，是说由于佛性不为烦恼所杂染，就好像如意宝藏不为不净之物所污损一样。三、威神无穷，是说证契佛性将具足身通、天眼通、天耳通、他心通、宿命通和漏尽智证通六神通，如同如意宝，可以随愿办各种事，故以如意宝藏来譬比。四、能使世间一切功德善根圆满庄严，如同如意宝，能使世间种种之物更加富丽庄严。五、最胜，是说佛性无上胜妙，无有一法可以匹比，如同如意宝，为一切物中最胜妙之物。六、佛性没有生、住、异、灭等八种变灭之相，为一切常住法的根本。如同真宝，虽烧打磨，不能改其本性，所以以如意宝藏来比譬“住自性佛性”。

二、所谓“引出佛性”，是指从初发心修行位到证得菩萨最后心位这一阶段，通过修习之功而逐渐引出的佛性。所谓引出佛性，可分为五位：一为出阐提位，长养对佛法的信仰之心。二为出外道位，摒除不正确的观念，归于正道。三为出声闻位，归心于大乘佛法。四为出独觉位，长养慈悲救世的大乘情怀。五为出菩萨无明住地位，断除菩萨所具有的根本无明之惑。此引出法身，可以断破烦恼之壳，显现本有佛性，所以以庵罗树芽为譬，譬如庵罗树发芽之时，能长成大树之王。因此“住自性佛性”和“引出佛性”才说佛有法、应、化三身之果。

一、因“住自性佛性”而说有法身的存在。此法身有四种功德。所以又以败帛裹真金为譬。所谓四种功德分别指：一自性本有，是说法身如同真金，本来是有，非假造作而成。二清净，是指法身清净，如真金本来干净，不为尘垢所染污。三为一切功德所依止之处，是说法身如同真金，能生成种种贵重之物。四平等所得，是说法身能为一切众生所证得。如同真金无有归主，众人共有，随各人修习之功即可得之。法身也是如此，为一切众生所本有，只要假借修习即可证得，所以以真金为譬。

二、因“引出佛性”而说有应身的存在。应身有四种功德，所以以贫女怀转轮王子为譬。所谓四种功德，分别指：一依止，依止即是说依赖止住于能证涅槃菩提之境的三十七种修道方法。二正生，指欲了知四圣谛理而借无漏智为因可实现之，这即是指三无漏根之一的“未知欲知根”，也即指见道的无漏智。三正住，即指三无漏根之一的“知根”，也就是修道之无漏智。四正受用，即三无漏根之一的“知已根”，指无学圣人的无漏智。具足此四义，即名之为应身。如同贫女胎中怀有转轮王子也有四义，其分别为：一以过去世的善因为依止。二虽未得王位，但必得王位，这如同应身之正生义。三能正得王位，这就如同应身之正住义。四既得王位不再失去，这就如同应身之正受用义。所以以贫女胎中怀转轮王子来譬比应身四功德之义。

三、因“引出佛性”又能说有化身的存在。所谓化身有三种特征：一有相，如水中月影，以影相为体。二由功力，指由过去发愿之力所形成。三有始有终。所以以模中佛像为譬来说明。

解释曰：所谓化身三义中，一指模中佛像有相可见，譬如水中月影，影虽似月，但并非真实之月。化身也是如此，其虽似法身，但并非法身之体。二指佛像由人工造作而成，此可譬比化身由过去世所发愿力而成之义。三说模中佛像有始有终，此可譬比化身随缘变化，故有始有终之义。

原典

复次，以三义故显此三身。初甚深义，显于法身。甚深者，体微细故，故此法身具足五相、五种功德。五相者：

一者无为相。离生、老等四相[①]过失故。

二者无一异相。真与俗谛不一不异，复有二种：一约法辩。二就人论。约法辩不一不异者，为真通故，不可言异。[2]以俗别故，不得言一[3]。如螺白色，螺之与色不一不二。若言异[4]者，见取螺白色时不应得于螺解。若言一者，不应有香味触异[5]，但应是色。二约人论真俗不一不异者，若真与俗一，凡人见俗则应通真[6]，若通真者，应是圣人。以不见真故，故知不一。若言异者，圣人见俗不应通真[7]，若不通真，即是凡夫。以圣人见故，不得为异，是故不一不异。

三离二边相者。有六种中道[8]故，能出离六种二边。何者为六？一者执可灭灭。二者执可畏畏。三者执可执执。四者执正与邪。五者执有作无作。六者执不生同生。

一执可灭与灭者。有人谓言，一切诸法毕竟可灭，是名一边。毕竟灭尽，是名为空[9]，复是一边。因此二边偏执而生怖畏，为离此二边偏执故，佛说诸法不有，故非可灭[10]。不无[11]，故非不灭[12]。非灭非不灭，是名中道。故佛立虚空[13]譬，所以《宝顶经》云：迦叶，譬如有人怖畏虚空，椎胸叫呼作如是言：善友，汝等为我除此虚空，除此虚空。迦叶，于汝意云何？此空为可除不？迦叶言：不可，世尊。佛言：迦叶，若有如是沙门[14]、婆罗门[15]怖畏性空[16]，我说是人失心狂乱。所以者何？迦叶，一切诸法并是说空方便[17]，若畏此空，云何不畏一切诸法？若惜诸法，云何不惜此空？

问曰：此经为显何义？答曰：为示一切诸法本性非有，故说法空[18]，非关法灭，然后得空[19]，故于空性不应生怖，是名离可灭灭二边，显非能灭所灭中道[20]。

二执可畏畏二边者。以分别性[21]所起色等六尘[22]，执为实苦[23]，是为一边。生怖畏心，复为一边。此是因依他性执分别性，于中计有实苦而生怖畏[24]。为离此二边偏执，欲显中道故，佛以画师为譬：迦叶，譬如画师作罗刹像[25]，像甚可畏，画师见像自生怖畏，覆面不[26]敢看，失心颠狂。迦叶，如是凡夫由自所作色等诸尘，流转生死，于如是法不能通达如实道理[27]。此譬为显何义？为明色等诸尘，非是实有[28]，但以妄想分别所作。如彼画师自分别作罗刹恶像，见还生怖。是人亦尔，自于空[29]中而生怖畏。

释曰：初一譬[30]，约声闻小乘说，此第二譬[31]，约大乘说。云何如此？以小乘人于[32]真如中，不数习[33]故，故生怖畏。大乘人能数数习空[34]，故不生畏，如师[35]子子闻师子吼不生怖畏。若不了分别、依他二性，执为实有，故被染污。

三可执[36]执二边者。分别可执与能执[37]，以为实有。为离此二边故，经中佛以幻师为譬：迦叶，譬如幻师[38]作诸幻像[39]，所作虎等还食幻师。迦叶，如是观行，比丘[40]随观一境，显现唯空故[41]，实无所有[42]，虚无真实。云何能得离此二边？由依意识[43]生唯识智[44]。唯识智者，即无尘体智是唯识智，若成，则能还灭自本[45]意识[46]。何以故？以尘无体故，意识不生[47]。意识不生故，唯识自灭[48]。故意识如幻师，唯识智如幻虎。以意识能生唯识故，唯识观成，还能灭于意识。何以故？由尘等无故，意识不生，譬如幻虎还食幻师。如提婆[49]法师说偈言：

意识三[50]有本[51]，诸尘是其因。
若见尘无体，有种[52]自然灭。

四邪正二边者。正者，通达位[53]中真实观行[54]分别为正。未通达前分别[55]为邪。为离此二边故，以两木生火为譬。如经中说：迦叶，譬如二木相揩，即能生火。火生之时，还自烧木。如是正相真实观行与邪相治[56]，生圣智[57]根。智根若成，还除邪正二分别[58]故，譬如火生还烧两木。两木若尽，火亦无依。邪正不二，故言中道。

五有作无作二边者。有作者，有人执言，欲修智慧，必先作意[59]，然后事成[60]。无作者，有人执言，智慧无事无能[61]。何以故？由解[62]惑相对，由解生故，惑自然灭，非解能除[63]，故说智慧无事无能。为离此二，是故立于油灯为譬。如经：迦叶，譬如燃灯，灯光既起，黑暗即灭。而彼灯光虽不作意言能灭暗，暗由我灭，而必因于光起，暗方得灭。是故灯光虽不作意，不无事能。智慧亦尔，不作是意我能灭惑，而亦非不由智慧生，惑便除灭，故知智慧不无事能。若说作意我能灭惑，是名增益[64]，即有作边。若说智慧起时，无明自灭，不由智慧，是名损减[65]，即无作边。为离此二边，故说智慧生不作意，非不作意。非作故不增，非不作故不减，是名中道。

六不生同生二边者。一不生执[66]者，譬如凡夫相续中烦恼恒起，未曾生道，由惑碍故，未来亦尔，故知永不解脱，即是一边。二同生[67]者，明诸惑于无始长时本有，若对治道与惑同时起者，可能灭惑。若道始生，此道力弱不能灭惑，故知永不解脱。为离此二边，是故佛说第二灯譬。

迦叶，如崄暗山岩及庙堂房舍，无数千年暗在其中，未曾有人燃灯照了。设有人能于中燃灯，得成以不？答言：得成。迦叶，此中诸暗得作念言：我住此已久，我今不去，是暗能作此意以不？不可，世尊。何以故？灯光既成，不得不去。迦叶，如是烦恼及业从无数劫来在众生相续中，若能生一念正思惟[68]者，则久劫烦恼悉皆自灭。迦叶，是灯光者，即譬圣无分别智。黑暗者，即譬众生烦恼业。

由此灯譬，破道不生执。何以故？以道依因缘生故，若因缘未合，道不得生。因缘具者，道即得生。由如燃灯后方暗灭，暗灭譬者，破同生执。以暗分羸弱，故可灭。是无颠倒境界故，以白净最强有真实境无颠倒故，是名离六种二边，显六种中道。

注释

① **四相**：指生、老、病、死四种变灭之相。

② 此数句义谓：之所以说真与俗不异，是因为真、俗之本性都同是真如、无有差别。从这一本性的层面来说，真俗不二。

③ 此二句义谓：真与俗本性虽一，但从现象的层面观照，则真与俗毕竟不同，故不得言一。

④ **异**：指螺与其自身白色相异。

⑤ **香味触异**：此指螺本性所具有的香味，可触性等不同属性。这些属性不同于可观的色，故云异于色。

⑥ 此数句义谓：如果说真与俗没有差别，那么凡人见到俗，也就理应了知了真谛，而这也就不能称为凡人，而是圣人了，故此立论不对。

⑦ 此句义谓：圣人所行之境，为真俗无碍理境，

能于俗中见其本性真谛，此为圣人与凡人之不同处。

⑧ **中道**：不偏执于一端，而能全面了达事物之性。

⑨ **空**：此指中观学派说的性空。其实性空并不是说，一切法灭尽是空，所以执此为空，名为边见。

⑩ 此二句义谓：一切法皆因缘而有，没有自性。就无自性，故谓之“不有”，自性不有，所以也无所谓可灭。

⑪ **不无**：指一切法虽无自性，但因缘而成，仍是“假有”。

⑫ **非不灭**：既然一切法是假有现象，迁流变灭，所以从假有角度又说其非不灭。

⑬ **虚空**：佛教各派所说不尽相同，此即指世人所谓虚空，是有为法，不免生灭。

⑭ **沙门**：梵文为Śrmana，指勤修佛道之义。原不论外道、佛徒，总为出家者之名。

⑮ **婆罗门**：梵文为Brāhmaṇa，印度古代四种姓之一，指奉事大梵天而修净行之人。

⑯ **性空**：此指上文所说虚空。

⑰ **说空方便**：空，此指虚空，并非指自性空。此句义是说，讲有为法虚空，只是一种方便说法。

⑱ **法空**：此空即指一切法因缘性空，是中道之空。

⑲ 此二句义谓：所谓法自性空，并非是说一切法

变灭之后才谓之空，而是指一切法本身是因缘所生，没有自性。从这一角度才谓法空。这样，法空与虚空并不是一个意思。

⑳ **非能灭所灭中道**：非能灭，指一切法自性是空，无有能灭之体；所灭，是说一切法之假有现象因缘而成，缘散即灭，是有为法。只有同时了解这两层意义，才是中道。

㉑ **分别性**：三自性中之遍计所执性。

㉒ **六尘**：指色、声、香、味、触、法六境。

㉓ 此句义谓：一切色等所成有为之法皆有生灭，若执此为实苦。此即是一边之见。

㉔ 此数句义谓：一切色等诸法本是依他，即因缘和合而有，没有自性。所以如果执着此虚幻假有之法的生灭是实苦，便是没有了知一切法性是空，从而苦亦性空而非实有之理。

㉕ **罗刹像**：罗刹，梵文 Rākṣasa，恶鬼之总名，其相暴恶可畏。

㉖“不”，碛砂本无。

㉗ **如实道理**：真实之理。

㉘ **实有**：自性有义。

㉙ **空**：此指没有自性的色等诸尘。

㉚ **初一譬**：指上文佛说虚空譬。

㉛ **第二譬**：指画师譬。

㉜“于”，碛砂本作“说”。

㉝ **不数习**：指不能精进不懈地修习真如之法。

㉞ **习空**：指修习般若中观空法。

㉟ 师，通“狮”字。

㊱ **可执**：指所执之境，即色等诸尘。

㊲ **能执**：指能执取诸尘之意识心。

㊳ **幻师**：此喻指意识，其能分别生起诸尘，又能生唯识智。

㊴ **幻像**：此喻指由意识虚妄分别所成的唯识智。

㊵ **比丘**：梵文为Bhiksu，为出家受具足戒男众的总称。

㊶ 此句义谓：观一切法唯是心识所生，故谓诸法是空。这即是唯识学所说唯识无境说。

㊷ **实无所有**：指境无有。

㊸ **意识**：此是概指八识，非指一识。

㊹ **唯识智**：指能了知一切法唯识变现，没有实体的唯识无境之智。

㊺“本”，碛砂本作“大”。

㊻ **意识**：泛指八识。

㊼ 此二句义谓：因为由意识所生之法是虚幻无体的，所以意识也就无所谓生起之义。

㊽此二句义谓：既然意识无生起之义，那么所谓一切法唯识所成之义也就自然不成。

㊾**提婆**：印度本执师子国人，龙树之弟子，与龙树一起共弘大乘般若中观学说。

㊿**意识三**：疑指第八阿赖耶识、第七末那识及前六识之总称。

51 **有本**：指虚妄分别之性，此性为一切妄法根本。

52 **有种**：此指八识。

53 **通达位**：观修万法唯识之理，由浅入深，共有五个阶段，或曰五位。其中第三为通达位，指菩萨通过一阿僧祇劫之行，已登初地位之入心（十地中每一地都有入心、住心、出心三心），能通达人、法二空无我之理，即见道之位。

54 **真实观行**：指通达位中观人、法二空之观行。

55 **未通达前分别**：指修唯识观尚未进入通达位之前诸位，此诸位尚无见道，故名为邪。

56 此句义谓：通过修习人、法二空之观行，可以对治一切邪见。

57 **圣智**：指如理智正照真谛，离虚妄分别，名为圣智。圣，正之义。

58 此二句义谓：如果证达无分别圣智，就已远离一切分别之相，包括正、邪之分别，达到邪、正不二的理境。

⑲ **作意**：指心起动而攀趣所缘之境之作用。

⑳ 此二句义谓：要修习证得智慧，必须首先期意证达，而后方能通过修习之事功而成就，即先有愿望，后借行证。

㉑ 此句义谓：要成就圆满智慧，并不需要期意愿证和假借修习之事功，就自然可以实现。

㉒ **解**：指解脱之智慧，能对治妄惑，故谓之与惑相对。

㉓ 此句义谓：妄惑与解脱智慧相对，故不能并起，一起必一灭，所以解脱智慧生起之时，妄惑自灭，而并非由智慧所灭。

㉔ **增益**：增益执，此指执着非有为有，如执无作意而为有作意，即为增益。

㉕ **损减**：损减执，此指执有为非有，如智慧有灭惑之功能，若执为无，便是损减。

㉖ **不生执**：指执持凡夫永远不能见道解脱之谬见。

㉗ **同生**：指偏执于治道与妄惑同生，道永不能灭惑，众生永无解脱之谬见。

㉘ **正思惟**：此指合乎道与真理的思想。

译文

再则，可以分别以三义来说明佛之法、应、化三身。首先，以甚深之义表现法身。所谓甚深，是指其体微细难知，由于此义，法身具足五相和五种功德。所谓五相分别指：

一、无为相，即法身已了脱生、老、病、死等生灭有为之相。

二、无一异相，即指真与俗不一不异。这种真俗不一不异又分为两种，一从法理上说，二从人论。从法理的角度说不一不异，是说如果从一切真、俗的本性真谛来看，其都是同一佛性真如，没有差别，故谓真俗不异。真俗本性虽一，但如果从俗谛的现象层面来看，则又不能说真与俗没有区别，故不得谓是一。就好比白色的螺，螺体与螺色之间关系也是不一不二。如果说螺体与螺色相异，那么当见到白色螺时，就不应说有螺的存在。（因为所见唯色，而色与螺异，所以见色不能推知有螺的存在。）如果说螺体与螺色是一，那么螺就不应该还有香、味、触等其他属性，而唯有一色。（但实际上，螺还有其他属性存在，所以不能说螺体与色是一无别。）从人论真、俗不一不异，是指如果说真俗是一无别，那么凡夫之人见到俗也就理应可以了知真。如果凡夫能了知真，那就不能谓之凡夫而应称其为圣人了。因为凡夫不能由俗见真，所以说真与俗不一。如果说真与俗是异不同，那么圣人就不能于俗中见真谛。如果不能于俗中见真，即是凡夫，不能谓之圣人。由于圣人能于俗中见真，所以又不得说真俗是异，而只能说真俗不一不异。

三、离二边相，是指法身之相契合六种中道，远离六种二边之见。何为六种二边之见呢？一为执可灭灭。二为执可畏畏。三为执可执执。四为执正与邪。五为执有作无作。六为执不生同生。

一所谓执可灭灭。如有人说，一切诸法毕竟变灭，不得久住，这就名之为执可灭之边见，如果认为一切诸法毕竟灭尽就是中观理论所说的性空，这又是对灭的一种偏执。因此二种偏执会产生怖畏生死之心，为了远离此二种偏执，佛才说一切法皆因缘而生，自性不有，所以从自性上说也无所谓可灭。一切法自性虽无，但假有不失。就一切假有迁流变灭而又谓之非不可灭。一切法的自性不灭而其假有可灭，这就是中道。为明此义，佛立虚空为譬。《宝顶经》中说：迦叶，如果有人怖畏虚空之法不免生灭，捶胸叫呼，作如下言：朋友，为我除去此种虚空，除去此种虚空。迦叶，你认为此虚空可除不？迦叶回答说：世尊，不可。佛又对迦叶说：如果有出家人、修净行之婆罗门还怖畏此种虚空，我说此人已失去智慧，心生狂乱。为什么这样说呢？迦叶，因为说一切法不免生灭，只是就其假有的层面而作的方便施说，并非指一切法的本性有生有灭。如果怖畏此种虚空，那又为什么不畏一切有为法？（因为有为法本身就有生有灭）如果执着一切有为生灭之法，又何必害怕此有生灭之虚空？有人问道：此《宝顶经》究竟是要说明什么道理？回答曰：此经是为了表明，一切诸法因缘所生，所以自性是空，从这一角度而说诸法性空。这并不是说，一切法变灭之后，才谓之空。既如此，故不应对一切法本性是空产生什么怖畏之心。这样也就可以远离可灭灭二边见，而认识到一切法自性是空，无有能灭之体；一切法因缘假有，缘散即灭的非灭非不灭的中道。

二所谓执可畏畏。是说由分别性虚妄执着而产生色、声、香、味、触、法六尘，并执此六尘所成有为法皆苦，这即是一边之见。由此而生怖畏之心，又是一边之见。因为一切色等诸法都是依他，即因缘而有，没有自性。所以，如果对于没有自性的诸法执为实有其苦，并生怖畏之心，便是没有真正了知一切法性是空，从而苦亦性空而非实有之理。为了远离这两种偏执，显示中道妙理，佛立画师为譬。佛经中说：迦叶，譬如画师画恶鬼之相，其相极其可畏。画师见此相也自生怖畏之心，掩面而不敢看，并失心颠狂。迦叶，一切凡夫也是如此，他们以分别之性，遍计色等诸尘为实有，从而流转于生死苦海之中，不能了知一切色等有为之法是性空假有，（如画师所画之相一样）此譬是为了表明何意呢？是为了表明色等诸尘，非是真实的存在。只是由于分别虚妄之心所生起的假相。就像画师对自己画的恶鬼等相产生怖畏之心一样，都是把虚假的现象误认为实有而产生的。

解释曰：虚空之譬，是为声闻小乘之人而说；而此画师之譬，则是针对大乘人所说。为什么呢？因为小乘之人并没有精进修习真如实理，所以不能了知虚空真义而生怖畏之心。大乘之人则能精进修习中观空宗之法，所以对于假有现象之生灭能无所畏惧，如同狮子之子不畏狮子之吼一样。如果不能了知分别、依他二性所起之法为虚假不实，妄执实有，就会使心染污，不明真理。

三所谓执可执执。是说把所执之境与能执之心都误认为实有，为了远离此二种边见之执，佛在经中以幻师为譬。如经中说：迦叶，譬如幻师画诸幻像，二者皆虚假无实，其所作虎等幻像还食灭幻师。迦叶，出家受具足戒的比丘们应修如是观行，即随观一境，皆心识所生，唯识无境，境实是空，虚假不实。怎样才能远离所执与能执的两种边见？通过心识可以产生唯识智。所谓唯识智，即是指能了知一切法唯识变现，没有实体的智慧。此智慧若成，又可以反过来断灭心识。为什么呢？因为心识所生之境既然虚假不实，那么能生之心识也就不能说有生起之义。既然心识无生起之义，那么所谓一切法唯识所生之义就自然不成。所以说心识如同幻师，唯识智如同幻虎，因为心识能产生唯识智，唯识智又反过来可以断灭心识。为什么如是说呢？因为心识所生之境虚假不实，所以心识也就无所谓能生之义，这正与幻虎反过来食灭幻师之譬相同。如提婆法师所说偈中云：

> 意识三有本，诸尘是其因。
> 若见尘无体，有种自然灭。

四所谓执正与邪。正，是指修习观唯识之理已登通达之位，能通达人、法二空无我之理。邪，即指尚未进入通达位之前，没有见道。为了远离此正、邪二边之执，佛立以两木生火为譬。如佛经中说：迦叶，譬如两木相互摩擦即能生火。火生之时，又反过来烧毁两木。修习正、邪两种观行也是如此，修习正观可以对治邪见，产生圣智之根。圣智一旦证成，又反过来断除邪、正之分别，达到无分别之智。就像火烧两木一样，如果两木烧尽，火也无从所依。证达圣智，则无邪、正二观之别，所以谓之中道。

五所谓执有作、无作。有作之执，是说执着于这样一种思想：要修得智慧，必须首先起证道之心念，而后方能通过修习之事功而成就。无作之执，是执着于这样一种思想：要成就智慧，并不需要刻意追求，假借修习之功就自然可得。为什么呢？因为智慧与妄惑相对立，二者不可并存。如果智慧产生，妄惑自灭，并非通过智慧之力所灭，所以说智慧没有灭惑之功能。为了远离这两种边见之执，佛立以油灯为譬。如佛经中说：迦叶，譬如燃灯，灯光既起，黑暗即灭。对于灯光来说，其虽不刻意要除黑暗，认为必因我起，黑暗才灭。但并不能说灯光就没有灭暗的功能。智慧也是如此，其并不刻意要断灭妄惑，但妄惑必须由智慧生起才能断灭，所以又不能说智慧没有灭惑的功能。如果说刻意以追求断惑为目的，此即是增益谬执，即堕入有作的边见妄执。如果说智慧生起之时，无明妄惑自然断灭，智慧无断惑之功能，此又名损减谬执，即堕入无作的边见妄执。为了远离此二边见之执，所以才说智慧产生不作意，又非不作意，从而摆脱增益、损减两种边见，这就名之为中道。

六所谓执不生同生二边。一、所谓不生执，譬如烦恼在凡夫心中恒起不断，未曾见道。由于这种烦恼妄惑所碍，凡夫未来也是如此，永远无证道解脱之期，这即是不生的边见执着。二、所谓同生执，是说一切妄惑无始以来就长久存在，如果灭惑之道也与惑一样同时生起，并长久存在，此道方有可能断灭妄惑。如果道生时短暂，其道行之力必软弱而不能灭惑，所以凡夫修道，也永远不能灭惑得解脱。为了远离此二种边见执着，佛又立以灯譬。

佛经中说：迦叶，如崄暗山岩及庙堂房舍，其中黑暗沉寂无数千年，未曾有人于中燃灯照明。如果有一人于中燃灯，能否照明除暗？迦叶答曰：可以。佛对迦叶又说：此中诸暗能否作如是想：我住此已久，既使灯来，我也不去。诸暗能作如此想吗？迦叶答曰：不可。佛说：这是什么原因呢？因为灯光既明，黑暗不得不去。迦叶，烦恼业障也是如此，其虽然缠缚凡夫众生有无数时劫，但若众生能生一念之正确观念，那么长久以来存在的烦恼，全都可以断灭。迦叶，灯光者，即比譬无分别圣智。黑暗者，则比譬众生的烦恼业障。

通过这一灯譬，已可以破除证道解脱不生的边见执着。为什么呢？因为证道必须假借一定条件和因缘方能成就，如果因缘不成熟，证道则不成。因缘具足，道即能成，就如同通过燃灯方能除暗一样。黑暗除灭，又可以比譬破除修道不能灭惑的同生妄执。因为黑暗本身就软弱无力，所以只要修习正道，即可灭除。如果远离一切边见执着，就可以达到无颠倒的真实理境，显现出白净光明最强有的真实境，所以才说离六种二边见执着，显六种中道。

原典

四离障相者。障有三种：一烦恼障[①]，能离此障，得慧解脱阿罗汉[②]。二禅定障[③]，由离此障[④]故，得俱解脱阿罗汉[⑤]及独觉等。三一切智障[⑥]，是菩萨道所破，离此障故，得成正觉[⑦]。如来法身在三位[⑧]中，虽有三障，非所染污。

五法身界清净相者。凡有四譬，譬各四义。初四义者：法身不改[⑨]如金，如如清净如水，第一义谛无相如空，大般涅槃显了如觉。二四义者：神通转变如金，慈悲润泽如水，自性不舍众生如空，般若解净[⑩]如觉。三四义者：因本清净无染如金，胜道洗浣[⑪]如水，解脱无累如空，果体显现如觉。四四义者：乐性利益如金，净体清洁如水，常德无坏如空，我义无着如觉。[⑫]

问曰：此五相各显何义？

答曰：初无为相者，为显种类义。何以故？如来法身以无为为种类相故。二无别异者，为显相义。明如来相者，应知不一不二[⑬]为相故。三离二边相者，为显足趺义。足者，即菩萨一切圣道[14]。趺者，圣道所依止处[15]。舍离二边，能依中道之理，得至法身故。四离一切障相者，为显法身功德，无诸染污，智障永度[16]故。五清净法身相者，显法身果，无垢澄寂故。

复次，五相次第义应知。初无为相者，显常住。二无别异相者，显真实义。三离二边相者，显对治[17]义。四离一切障相者，显解脱义。五法界清净者，显自性清净义。如是相生，亦得从前向后，从后向前故[18]。复次，五义次第者：一自性故，说无为。二无分别故，说不一不二。三圣智境界故，说离二边。四自性清净故，说离一切障。五究竟成就故，说法界清净。是名五相。

复次，五德者：一不可量[19]。二不可数[20]。三不可思[21]。四无与等[22]。五究竟清净。一不可量者，有四义：一由时节久故不可量。二功用大故不可量。三无余[23]不足故不可量。四无中间[24]故不可量。如佛问舍利弗：汝能如量通达如来功德不？舍利弗言：不能，世尊。又问：汝云何得信如来功德？舍利弗言：我今依声闻能观见如来戒等功德[25]，无处不生希有。譬如有人行天园路，见宝庄严树，生希有心。我今亦尔，世尊。譬如有人在大城外见彼诸人出入，无不可怜[26]，作如是计：此城中人皆应可怜[27]。我亦如是，依声闻故，能观如来戒等功德，无非希有，以信知故。

二不可数者，是不可量功德为一为多，其数无穷，过恒沙数。如《马先行经》中说偈：

若人有千头，头头有百口。
口口百言舌，舌舌百言声。
十力[28]等一分，穷劫说不尽。

三不可思者，非觉观[29]境界故。

四无与等者，不与声闻、独觉、菩萨三乘等共得故。

五究竟清净者，无明住地[30]永灭无余故。是名法身五德。

注释

① **烦恼障**：指贪、瞋、痴等诸惑烦恼，能使众生流转于生死苦海，障碍成就涅槃寂静之理，故名烦恼障，此障由我执所生。

② **慧解脱阿罗汉**：指钝根之阿罗汉，唯离烦恼之障，尚未得灭尽定，还有解脱证涅槃之智慧障未除，故名此。

③ **禅定障**：此指有碍得到灭尽定的障碍。

④“障”，碛砂本无。

⑤ **俱解脱阿罗汉**：指利根阿罗汉，既离智慧之障，又离一切禅定之障，得到灭尽定之极定，即离慧与定二障而得自在者，故以此名。

⑥ **一切智障**：指愚痴迷暗等，有碍了知诸法实相之菩提妙智，故名为智障。

⑦ **正觉**：梵文Sambodhi，又译为三菩提，指能证悟一切诸法之真正觉智。又，成佛即名成正觉。

⑧ **三位**：此指慧解脱阿罗汉、俱解脱阿罗汉及菩萨三位。

⑨ **不改**：不变灭。

⑩ **解净**：指解脱清净之义。

⑪ **洗浣**：此喻法身能断灭尽净一切烦恼。

⑫ 此数句义谓：分别以金、水、空、觉四义，比譬法身常、乐、我、净四胜妙之德相。

⑬ **不一不二**：指如来法身与一切现象，即真与俗不一不二。

⑭ **圣道**：圣者所修习之道，本指三乘圣人所行之道。此唯指大乘菩萨所行之道。

⑮ 此句义谓：一切圣道唯依法身才能存在。

⑯ **度**：度脱、了脱之义。

⑰ **对治**：此指法身之境已断灭一切二边之见。

⑱ 此数句义谓：法身五相之间也有次第关系，先有无为之相，方有无一异相；有无一异相，才能说有离二边相；有离二边相，才能说有离障之相；有离障之相，才能说法身界清净之相，反之亦然，故说五相相生，有次第关系。

⑲ **不可量**：指法身功德不可计量，广大无边。

⑳ **不可数**：指法身无量功德，其数过无穷，不可数尽。

㉑ **不可思**：指法身境界非思虑之境，胜妙无比。

㉒ **无与等**：此指法身境界非声闻、缘觉及菩萨三乘人所行境界可比，唯佛境与之相应。

㉓ **无余**：指事理之至极，已没有任何残余未尽。

㉔ **无中间**：指法身没有生灭变异之过程，所以也无所谓前、后、中间之异。

㉕ **戒等功德**：指持如来所制戒律、禅定、智慧等所具之功德。

㉖“怜”，碛砂、金陵本均作“憐”。此处义指可爱。

㉗“怜”，碛砂、金陵本均作“憐”。

㉘ **十力**：指如来所具有的十种力用，其分别为：（一）知物之道理非道理之智力。（二）知三世业报之智力。（三）知诸禅解脱三昧之智力。（四）知种种解智力。（五）知种种界智力。（六）知一切至所道之智力。

（七）知天眼无碍之智力。（八）知诸根胜劣智力。（九）知宿命无漏之智力。（十）知永断习气之智力。

㉙ **觉观：** 此指妨碍禅定之心念，其中觉为粗思，观为细思。

㉚ **无明住地：** 指根本无明。

译文

四、离障相。所谓障有三种，其分别为：一、烦恼障，如果能了脱此障，便可证得慧解脱阿罗汉果。二、禅定障，如果能了脱此障，得到灭尽定的境界，就能证得俱解脱阿罗汉及独觉果。三、一切智障，此障唯有菩萨境界方能破除，了脱此障，即证契佛智。如来法身在不同阶位，虽有上述三障缠缚，但其本性清净，不为此障所染污。

五、法身界清净相。关于此相共有四种譬喻，每一譬喻又分别有四义。第一四义如下：法身恒常不灭，犹如真金。法身如如清净，犹如净水。法身无相，犹如虚空。其显涅槃极境，犹如正觉。第二四义如下：法身具足神通变化，犹如真金。慈悲润物，犹如水性。自觉觉他，犹如虚空。智慧清净，犹如正觉。第三四义如下：法身本性清净无染，犹如真金。洗净一切烦恼，如水洗垢污。解脱无碍，犹如虚空。证得正果，犹如正觉。第四四义如下：法身极乐，犹如真金。清净无垢，犹如净水。恒常不变，犹如虚空。真实不虚，犹如正觉。

问曰：法身此五相究竟为了显了何义？

答曰：一、法身无为相，是为了显了种类之义。为什么呢？因如来法身以无为为其类之根本相。二、无一异相，是为了显了相之义，表明如来法身与一切现象，真与俗不一不二之相。三、离二边相，是为了显了足跌之义。所谓足，即指大乘菩萨所修习之道。所谓跌，即指法身为菩萨修道之根据。如果舍离二边妄见，行中道之理，即可证得法身极境。四、离障相，是为了显了法身功德，表明法身不为一切虚妄所染污，永远了脱一切智慧的障碍。五、法身界清净相，是为了显了法身之果报，表明法身极果没有垢染，清净寂灭。

再则，应当了知，法身五相之前存在逻辑上的依次关系。首先，无为相，是显现法身常住之义。二、无一异相，是显现法身真实不虚。三、离二边相，是显现法身之境已断灭一切边见妄执。四、离一切障相，是显现法身已臻解脱之境。五、法界清净相，是显现法身自性清净无染。此五相由前至后，或由后至前可相依相生。此五相之间的依次关系如下：一、由法身自性而说有无为相。二、由法身无分别之境，而说有无一异相。三、由法身为圣智所证契，而说有离二边相。四、由法身自性清净，而说有离一切障相。五、由法身为究竟之极境，而说有法界清净相，是称五相。

再则，所谓法身的五种功德分别指一、不可量。二、不可数。三、不可思。四、无与等。五、究竟清净。一、所谓不可量，有四种含义：一指法身存在恒常不灭，时间久远，不可限量。二指法身功用广大，不可限量。三指法身之境至极，没有任何缺漏不足，不可限量。四指法身无前后变异，不可限量。如佛问舍利弗：你能否完全了达如来功德？舍利弗回答说：不能，世尊。佛又问曰：那你又凭什么能信如来具足无量功德？舍利弗回答说：我现在依我所闻所见，能了解如来所制定的戒、定、慧等功德无量，为世罕有。譬如有人行于天堂花园，见其中树木珍贵庄严，从而能判定此园为世稀有。我也是如此，世尊。譬如有人在大城之外，见出入此城诸人无不可爱，因而推想，此城中人都应可爱。我也是如此，依我所闻所见，能断定修持如来戒、定、慧等功德无量，从而产生信仰之心。

二、所谓不可数，是指法身所具功德，非数能穷尽，如《马先行经》中偈云：

若人有千头，头头有百口。

口口百言舌，舌舌百言声。

十力等一分，穷劫说不尽。

三、所谓不可思，是指法身境界，非思虑所能测知。

四、所谓无与等，是说法身境界，非声闻、缘觉及菩萨三乘人所行境界可比。

五、所谓究竟清净，是说法身境界，已断灭一切根本无明的妄惑。这些就是法身五种功德。

原典

复次，应身者，势用广大故。此身本有三德：一大般若。二大禅定。三大慈悲。大般若者，无分别圣智是其体相。大禅定者，无作意是其体相，已离出入意[①]故。大慈[②]悲者，能拔能救是其体相。如众生意令得圆满，故须此三：一为法乐[③]。二为六通[④]。三为拔济[⑤]。是故大悲为拔三恶道[⑥]苦，安置人天[⑦]。大定能显六通，令生信乐。般若为受法乐，能成熟解脱，是名应身。

复次，化身者，大悲为本，禅定为变现，般若能令有五种能：一令生厌怖[⑧]。二令入圣道。三令舍昔执[⑨]。四令信乐大法。五令受大菩提记[⑩]。此三大法[⑪]

在因地[12]中熏修[13]如如，安立本愿。由此本愿[14]至道后[15]时，随于三身能作利益众生之事，是故出现五浊世[16]中。

事有十四：一现本生事[17]。二现生兜率天[18]。三从天下处中阴[19]。四入胎。五出胎。六学技[20]能。七童子游戏[21]。八出家。九苦行。十诣菩提树[22]。十一破魔军[23]。十二成佛。十三转法轮[24]。十四般涅槃。此十四事现五浊世，至众生尽。此十四事为五因缘：一为说无常、苦、无我、空[25]、涅槃寂静。由此正说音声，能令众生于三有[26]中而生怖畏。二生怖畏已，令入二乘圣道。三入圣道已，生究竟涅槃心。为破如此增上慢心[27]故，说大乘《法华》等[28]真实法教，令诸众生舍本所执，摄取慈悲、般若、方便。四摄已，于无上乘[29]中而成熟之。五成熟已，授其无上菩提道记[30]。是名化身事。

复次，依此三身，随一一身各有一德。法身微细故，甚深是其德。应身威神具足故，广大是其德。化身能济度凡夫等诸众生故，和善是其德。复次，此三身者恒能生起世间利益等事，故说常住。常住者，依十种因缘，十者：一因缘无边[31]。二众生界无边。三大悲无边。四如意足[32]无边。五无分别智无边。六恒在禅定无散。七安乐清凉。八行于世间，八法[33]不染。九甘露[34]

寂静，远离死魔。十本性法然[35]，无生无灭。

一因缘无边故常者，无量劫来，舍身命财，为摄正法。正法既无边际，无穷无尽，还以无穷之因感无穷果。果即三身，故得是常。

二众生无边故常者，初发心时，结四弘誓[36]，起十无尽大愿[37]。若众生不可尽，我愿无尽。众生若尽，我愿乃尽。众生既其无尽，是故化身常在世间，教导众生，无有穷尽。

三大[38]悲无边故常者，若诸菩萨分有大悲，尚能恒救众生，心无齐限，久住生死不入涅槃，何况如来众德圆满，常在大悲，救拔恒恩，岂有边际？是故言常。

四四如意无边故常者，世间有得四神足[39]者，尚能住寿四十小劫[40]，何况如来为大神足师，而当不能住寿自在亿百千劫，广化众生？是故名常。

五无分别慧无边故常者，远离生死、涅槃二执，一向与第一义谛相应，不动不出，故知是常。

六恒在禅定故常者，世间有人得禅定者，尚能不为水火烬溺，刀箭所伤，何况如来常在禅定而应可坏？是故名常。

七安乐清凉故常者，安乐即是金刚心[41]，能除无明住地最后念无常苦，以无苦故，故名安乐。佛果显成，故名清凉。是解脱道，故名为常。

八行于世间，八法不染故常者，佛身虽复在于道前生死相应，而不为彼烦恼所染[42]，无妄想缘，故是常住。

九甘露寂静，远离死魔故常者，甘露令人长仙不死，金刚之心能除无明最后念惑，故得佛果常乐。常乐故，寂静。寂静故，远离死魔。离死魔故，是常住法。

十性无生灭故是常者，法身非本无今有，本有今无。虽行三世，非三世法。[43]何以故？此是本有，非始今有，过三世法，是故名常。

注释

① **出入意**：此指出定与入定的意念分别。证得佛果后，无此出入分别，而是任运自在，行、住、坐、卧无非是禅。

②“慈”，碛砂本无。

③ **法乐**：对于欲乐而有法乐，指修习佛法所具之味乐。

④ **六通**：六神通。

⑤ **拔济**：指拔济众生之苦。

⑥ **三恶道**：分别指众生轮回六道中的地狱、饿鬼、畜生三道。

⑦ **人天**：六道中的人、天二道。

⑧ **厌怖**：指对于三界内的生灭之法生厌怖之心。

⑨ **执**：指各种虚妄执着。

⑩ **受大菩提记**：指从佛受当来必定成佛之记别，又名受记。

⑪ **三大法**：分别指大悲、禅定、般若。

⑫ **因地**：相对果地而言，指众生修道之位。

⑬ **熏修**：又名熏习，指身、口、意所造之善恶行法，其气分留于真如或阿赖耶识，如香之于衣。

⑭ **本愿**：本指于因地所立之誓愿，又指根本之誓愿，即指菩萨广大无量之誓愿。

⑮ **道后**：证道之后。

⑯ **五浊世**：指住劫运中人，在寿二万劫以后，而生有浑浊不净之法五种。即：（一）劫浊，指二万年以后，有浑浊之法生起之时。（二）见浊，指身见、边见等见惑。（三）烦恼浊，指贪、瞋、痴等修惑之烦恼。（四）众生浊，为见、烦恼二浊之结果，人间果报渐衰，苦多福少。（五）命浊，为见、烦恼二浊之结果，指寿命渐少。

⑰ **本生事**：此指佛陀过去世之行种种大悲之事。

⑱ **兜率天**：三界中欲界之天处，为释迦如来为菩萨时最后之处所，后下生人间而成佛。

⑲ **中阴**：又名中有，指神识在肉体变灭后，还未投生之前，这一中间的识身。

⑳“技”，碛砂本作“伎”。

㉑ **童子游戏**：指释迦如来童年时的生活。

㉒ **诣菩提树**：此指释迦如来修苦行后，到菩提树下禅坐思道。

㉓ **魔军**：恶魔之军兵。释迦如来成道之时，第六天魔王率诸眷属来妨成道，佛以神力悉降伏之。

㉔ **转法轮**：指释迦如来成道后，五十年间说法普度人天之相。

㉕ **无我、空**：指一切世间之法没有自性，故谓之性空。

㉖ **三有**：三界之异名，因三界为生死往来之境，有因有果，故谓之有。

㉗ **增上慢心**：指对于自己已得善法而起骄慢之心。

㉘**《法华》等**：此谓《法华》等经。

㉙ **无上乘**：大乘异名，以喻其教法之至极。

㉚ 此句义谓：为众生授当来必定成佛之记别。

㉛ **因缘无边**：此指要证得正果，必须具足无量无边的善因缘。

㉜ **如意足**：又名神足，指通过修习禅定，使能如己意而飞行无碍，及自在转变境界，化现人等之神力，

故名如意。

㉝ **八法**：此即指能扇动人心之八风，分别为利、衰、毁、誉、称、讥、苦、乐等。

㉞ **甘露**：梵语为 Amṛta，异名天酒、美露。味甘如蜜，天人所食，此喻如来境界之胜美。

㉟ **法然**：同法尔、自然之义。

㊱ **四弘誓**：四弘誓愿，为诸佛之总愿，一切菩萨发心时必发此愿。其分别为：（一）众生无边誓愿度，是缘苦谛而度无边众生之愿。（二）烦恼无尽誓愿断，是缘集谛而断无尽烦恼之愿。（三）法门无量誓愿学，是缘道谛而学无量法门之愿。（四）佛道无上誓愿成，是缘灭谛而成无量佛道之愿。

㊲ **十无尽大愿**：指菩萨于初观喜地所发十大之愿。其分别为：（一）众生界无尽。（二）世间无尽。（三）虚空界无尽。（四）法界无尽，即真如境界无尽。（五）涅槃界无尽。（六）佛出现界无尽，即佛出现说法度众生无尽。（七）如来智界无尽，即如来之智所照之境无尽。（八）心所缘无尽。（九）佛智所入境界无尽，即指佛智所证之境界无尽。（十）世间转法转智转无尽，世间转，指能摄入前所谓众生界、世间、虚空界。法转，指展转而摄入前所谓法界、涅槃界、佛出现界。智转，指展转而摄入前所谓如来智界、心所缘界、佛智所入境界。

㊳ **三大**：指如来法、应、化三身。

㊴ **四神足**：四如意足，指通过修习禅定而得四种如意之果。

㊵ **小劫**：劫，梵文为Kalpa，指无法推算之远大时间概念，其又有大、中、小三劫之分，分别用以指谓时间之长短。

㊶ **金刚心**：金刚喻定。

㊷ 此数句义谓：诸佛现身于世间救度众生，世间虽有生死，但世间生死烦恼不能染污诸佛应、化之身。

㊸ 此数句义谓：法身是本有，故无过去；法身恒常不灭，故无现在、未来。所以法身虽行三世，却不随三世变灭。

译文

再则，所谓应身，以如来应身势用广大，具有三种德相：一为大般若。二为大禅定。三为大慈悲。所谓大般若，是指如来应身具有无分别圣智。所谓大禅定，是指如来所行之禅定，已是任运自在，没有入定与出定的差别，无时不在禅定中。所谓大慈悲，是指如来应身能救拔众生于苦海之中。要令众生意得圆满，应身应具以下三德：一为能体味修道之乐。二为具足六神通。三为能拔众生之苦。所以，大悲可以拯救众生出离地狱、饿鬼、畜生三途之苦，获得人天福报。大禅定可以显现六种神通，令众生信乐佛法。大般若可以令众生体味修道之乐，成就解脱。这些就是所谓的应身。

再则，所谓化身，以大悲为根本，同时也具足大禅定与大般若，般若能产生五种作用：一令众生厌怖三界轮回之苦。二令众生修习正道。三令众生舍除谬执。四令众生信乐大乘正法。五令众生从佛受当来必定成佛之记别。大悲、禅定和般若三大之法，不仅有助于众生不断修习佛法，而且也可以实现如来成道前所发的广大誓愿。正是由于这一广大誓愿，才使如来证道之后，能以法、应、化三身成就各种利益众生之事，出现于五浊世中。

所谓如来利益众生之事可分为十四步骤：一、显现自身过去行种种大悲之事。二、出生于兜率天。三、从兜率天下至人间中阴之处。四、入胎。五、出生。六、学习各种技能。七、游戏童年。八、出家。九、修各种苦行。十、到菩提树下禅坐。十一、以神力降伏魔军。十二、成佛。十三、说法普度众生。十四、入涅槃。此十四事相将流播于五浊世间，直至众生度尽为止。显现此十四事是为了五种因缘：一、为了说明三界内一切法无常变灭，皆苦不乐，没有自性，而涅槃之法则寂灭清净。由此说法，能使众生对三界轮回之苦，生怖畏之心。二、既生怖畏之心，即修习二乘圣道。三、既入二乘圣道，生上求涅槃之心。既入二乘圣道，又要破除自己的骄慢之心，从而说大乘《法华》等真实法教，使众生舍弃骄慢之心，行慈悲、智慧方便之道。四、既已行慈悲、智慧方便之道，从而成就大乘佛法。五、既已成就大乘佛法，为众生授当来必定成佛之记别。这些就是化身所行之事。

再则，法、应、化三身各有不同德相。法身之境微细难知，所以以甚深为德。应身威神具足，所以以广大为德。化身能普度凡夫众生，所以以和善为德。再则，由于此三身不断生起利益世间众生等事，所以谓之常住世间。所谓常住世间是基于十种因缘，此十因缘分别为：一、因缘无边。二、众生界无边。三、大悲无边。四、如意足无边。五、无分别智无边。六、常处禅定，无散乱之心。七、安乐清凉。八、行于世间，不为八风所染污。九、甘露寂静，远离生死。十、本性常存，无生无灭。

一、所谓依因缘无边而说常住之义，是指如来在无量久远的时间以来，为了修得正法，舍身弃财。由于正法无边无际，无穷无尽，所以必须具足无量无边的善因缘，才能感得正法之果。此果即是法、应、化三身，故谓之具有常住之义。

二、所谓依众生无边而说常住之义，是指一切菩萨发心时，必发四弘誓愿和十大愿。如果众生不度尽，我愿亦无尽。众生度尽，我愿乃尽。众生既然无有穷尽，所以如来化身常来世间，教导众生，其亦无有穷尽。

三、所谓依大悲无边而说常住之义，是说如果菩萨大悲救世都可以常住世间，没有限量。久住生死，不入涅槃。何况如来诸德圆满，常有大悲救苦之心，其在世间，又岂有限量？所以谓之常住。

四、所谓依如意足无边而说常住之义，是说世间通过修行四神足而得如意自在之人，尚能住世四十小劫。何况如来为究竟大神足之人，其住世间亿百千劫，广化众生又有何难？所以谓之常住。

五、所谓依无分别智无边而说常住之义，是说如来已了脱对生死或涅槃的执着，与真理相契，不动不出，所以谓之常住。

六、所谓依常处禅定，无散乱之心而说常住之义，是说世间修得禅定之人，尚能不为水、火、刀、箭所伤，何况如来常处禅定，岂可坏灭？故谓之常住。

七、所谓依安乐清净而说常住之义，是说安乐即金刚定所生之心境，此定能断除根本无明最后念无常之苦，因为没有苦，所以名为安乐。如来已证得佛果，所以名为清净。其已得解脱轮回生死之苦，故谓之常住。

八、所谓依行于世间，不为八风所染而说常住之义，是说诸佛虽现身于世间救度众生，但并不为世间生死烦恼所染污，没有任何虚妄因缘，所以谓之常住。

九、所谓依甘露寂静，远离生死而说常住之义，是说甘露能令人长生不死，金刚喻定能断除根本无明最后念惑，证得佛果，恒常快乐。由于常乐，才有寂静。由于寂静，才说远离生死之法。由于远离生死之法，才说其常住。

十、所谓依本性无生无灭而说常住之义，是说法身本有，非修习始有，其常存不灭，横三世而不随三世生灭。为什么呢？因为法身本来存在，并非现在才存在，且其将来也永在，所以谓之常住。

原典

问曰：佛说大乘诸经，一向皆言显诸法空，如云、梦、幻。烦恼能障故，以云为譬。一切诸业不真实故，以梦为譬。一切五阴果报，烦恼、业所起故，故以幻为譬。前说此经显于此义，云何更说一切众生皆有佛性[①]？

答曰：已如初说五种功德除五过失，明有佛性，是故言有。

复次，此九种譬[②]为显佛性有五义应知。五义者：一真实有。二依方便[③]则可得见。三得见已，功德无穷。四无初[④]、不应[⑤]、相应、壳[⑥]。

释曰：无初者，谓烦恼、业、报并皆无始，故言无初。不应者，由此三[⑦]故，违逆法身，故言不应。相应者，由依法身得起此三，故说相应。壳者，此三能藏[⑧]法身，故名为壳。

五无初[⑨]、相应[⑩]、善性为法[⑪]者。

释曰：无初者，以性得般若、大悲、禅定法身，并本有故，故言无初。体、用未曾相离，故言相应。是名无初相应。善性为法者，法身自性无改，由般若故。性有威德，由禅定故。性能润滑，由大悲故。故称善性为法。如是九譬，释无前后际变异义竟。

二无染净变异者，法身不为生死阴界[⑫]入等所污，故言无染。非智数所作，故言无净[⑬]。三无法变异者，法身无生，故非起成[⑭]。非起成故，非是始有，不论变异。四无老变异者，法身无动转故，无所改异，故言无老。五无依住变异者，若法有依[⑮]有住[⑯]，即有变异。法身不由他故，无依无所的在，故言无住。六无灭变异者，法身常住，不可破坏，故言无灭变异。是名无变异，六种别义究竟。

复次，合六为三者：一前后寂静，谓无前后际异。

二无流，即无染净异。三无为，谓无四相[17]生住灭等，故无有变异。是故一切妄想诸法有三变异：一果报尽故变异[18]。二对治所破故变异[19]。三刹那念念灭故变异。法身不尔，离三过失[20]故：一前后寂静故，无果报尽变异。二无流故，无对治破变异。三非有为法故，无念念坏变异。故名无变异。

注释

①此句义谓：既然说一切法没有自性，虚假不真，又怎么还能说一切众生都有真实的佛性呢？

② **九种譬**：指上文九种烦恼譬。

③ **方便**：此指修道之功。

④ **无初**：此指无明烦恼产生无始久远之时间。

⑤ **不应**：指烦恼等染法不能染污法身，故谓之不应。

⑥ **相应、壳**：指烦恼等染法虽不能染污法身，却是从法身真如所缘起，从这一角度而说其相应。此烦恼一旦从法身缘起，又能障蔽法身，故谓之壳。此为典型之真如缘起论。

⑦ **此三**：指烦恼、业、果报三染法。

⑧ **藏**：此指障蔽之义。

⑨ **无初**：此指法身本来具有大智慧、禅定和慈悲，

并非始有，故谓之无初。

⑩ **相应**：此指法身之体具足各种善用，如大智慧等，可以广救众生，此用与法身之体不能相离而独有，故谓之相应。

⑪ **善性为法**：此指法身具有智慧、禅定、慈悲等善法，故谓之以善性为法。

⑫ **阴界**：指五阴与十八界。五阴，即是色、受、想、行、识五法。十八界，分别指六根、六境、六识，总为十八界。

⑬ 此二句义谓：法身本净，并非假借智慧修习始净，从这一角度而说其无净。此无净指无始净。

⑭ **起成**：指通过起修习之功而成就。

⑮ **依**：指依赖他物而存在。

⑯ **住**：指止住于他物之中。

⑰ **四相**：指一切有为法所具有的生、住、异、灭四相。

⑱ 此句义谓：一切世间之法都是在因果轮回中展转不穷，其果报断尽即此法断灭。

⑲ 此句义谓：一切妄想之法可以通过修习正法所破，故谓之有变异。

⑳ **三过失**：指果报尽、对治所破、念念灭三变异。

译文

有人问：佛陀说大乘诸经中，一向主张一切法皆因缘所生，本性是空，如云、梦、幻。因为佛性为烦恼所障蔽，故以云为譬喻。因为一切法皆不真实，故以梦为譬喻。因为一切五阴的果报皆由烦恼、业所起，故以虚幻为譬喻。既然一切法性是空，又为什么要说一切众生皆有佛性呢？

回答说：已如前所说过的，如来法身具足五种功德，可以除灭五种过失，所以说有佛性的存在。

再则，上文所说九种烦恼譬喻，是为了显了佛性的五种义蕴。此五义分别指一、佛性是真实的存在。二、通过修道之功可以证见佛性。三、证见佛性后，可具有无边无量的功德。四、佛性无初、不应、相应、壳。

解释曰：所谓无初，是说烦恼、业、果报的产生时间，极其久远难测，所以说无初。所谓不应，是指烦恼等妄染之法不能染污佛性，故谓之与佛性不相应。所谓相应，是指烦恼等染法是依真如法身而缘起所以说相应。所谓壳，是说此烦恼等妄法一旦缘起，又能障蔽法身真如，故谓之壳。

五、佛性无初、相应、善性为法。

解释曰：所谓无初，是指法身本来具足大智慧、大慈悲和大禅定等，并非修习而始有，故谓之无初。此法身具足各种胜妙善用，故说体用相应不二，这即所谓无初相应。所谓善性为法，是指法身自性具有智慧、禅定、慈悲等善法，所以具有不变、威德、润泽的功德；故以此名。这也就是佛性所具有六种无变异之相的初无前后变异之相。

下面说其他五种无变之相。即二、无染净变异相，此指法身不为一切生死之法所染污，故谓之无染。法身又非修习智慧始有，故谓之无净。三、无法变异，指法身本来无生，所以非假借修为而有。非修为而有，故其非是始有，所以没有变异。四、无老变异，是指法身寂然不动，无所变异，故谓之无老。五、无依住变异，是说如果一法依住于他物而存在，则此法即有变异，法身不由他法而成，所以无依，其无所不在，故谓之无住。六、无灭变异，是指法身常住不灭，故以此名。这就是佛性六种无变异之相。

此六相可归结为三点：一、法身前后寂然不动，故说其无前后变异。二、法身无流，即指法身无染净变化。三、无为，即指法身无生、住、异、灭四有为相，所以无有变异。一切虚妄之法则有三种变异：一、在因果轮回中展转变异。二、通过修道所破除之变异。三、念念生灭之变异。法身则远离此三种变异之法，因为

一、其前后寂然不动，故无因果轮回之变异。二、其无染净变化，故非修道所破。三、其非有为生灭之法，故无念念生灭之变异。这些即名之为佛性无变异之相。

佛性无差别相

原典

佛性论[①]辩[②]相分第四中[③]无差别品第十

复次，无差别义应知。无差别者，此如来性已至极清净位。若略说是无流界[④]中，约如来性有四义，因此四义，故立四名[⑤]。约于四人[⑥]显以四德[⑦]。四义者：一者，一切佛法前后不相离[⑧]。二者，一切处皆如[⑨]。三者，非妄想倒法。四者，本性寂静。

释曰：一切佛法前后不相离者，如《胜鬘经》说：世尊，如来藏不空，过恒沙数等不相离、不舍智、不可思惟诸佛功德。故知如来藏由如来功德故不空。不空者，即明佛具足一切功德故。此性一切处皆如者，一切诸法无自性故，如《无上依经》说：一切众生有阴、界[⑩]、入胜负[⑪]种类，内外所现，无始时节相续流转，法然所得，至明妙善。[⑫]以是义故，故知一切处皆如。非妄想颠倒法者，如《解节经》中说：佛告无尽意菩萨，善男子，如来性者，是真实谛[13]。若如来[14]出世及不出世，性相常然，非虚妄法。由此经故，知无妄想倒法，名真实谛。本性寂静者，如《文殊师利遍行经》说：佛言，文殊师利，诸佛如来本性自般涅槃，不生不灭。以是义故，故知本来自性寂静。

复次，立四名者：一由佛法不相离故，说名法身。二由性一切处如，故名如来。三由无虚妄颠倒故，名真实谛。四由本来寂静，故名般涅槃。是四义、四名于如来性无有差别，故说无差别相。

注释

①“佛性论”，金陵本无。

②“辩”，碛砂本无。

③“第四中”，碛砂本无。

④ **无流界**：指如来境界已没有变灭之相，寂然恒常。

⑤ **四名**：分别指法身、如来、真实谛、涅槃。

⑥ **四人**：分别指身见众生、二乘人、始行大乘菩萨、十地菩萨。

⑦ **四德**：分别指佛性之一切功德、无量功德、不可思惟功德、究竟清净功德。

⑧此句义谓：佛法自始至终都具足不可思议的

功德。

⑨ 此句义谓：佛性无论在染在净，即在一切众生中皆无差别，故谓之如。

⑩ **阴、界**：五阴与十八界之总称，此指染未证道之众生。

⑪ **胜负**："负"，碛砂、金陵本均作"相"。胜相，即指在净位众生。

⑫ 此数句义谓：一切众生虽有在染与在净，证道与非证道之不同，但其本性则无所变更，始终妙善，无有差别。

⑬ **真实谛**：真谛，指真实无妄之理。

⑭ **如来**：指如来性、佛性。

译文

再则，应当了知佛性无差别之义。所谓无差别，是指如来性已至极清净位的相状。如果简略来说如来无差别境界，其中共有四种含义，由此四种含义而分别立以四种名称。又分别从四种阶位的人，来显现佛性四种德相。所谓四种含义分别指一、一切佛法自始至终都具有不可思议的胜妙功德。二、佛性遍及一切众生心中，无有差别。三、佛法非妄想颠倒之法。四、佛性本来寂静。

解释说：所谓一切佛法自始至终都具足不可思议的功德，正如《胜鬘经》中所说：世尊，所谓如来藏不空，是指如来藏永远不相离、不舍智、不可思惟的诸佛功德，所以谓之不空。不空，即表明佛具足一切功德。所谓佛性遍一切处，没有差别，是说一切诸法因缘而生，没有自性。如《无上依经》中所说：一切众生，虽有五阴、十八界、十二入障自本性，从而无始以来流转生死之中，但其本性则清净无染，至明妙善。由于此义而说，佛性遍及一切染净众生心中，没有差别。所谓非妄想颠倒。如《解节经》中所说：佛告诉无尽意菩萨说，善男子，所谓如来之性，即是真实无妄之理。如来之性无论是如来出世人间或不出世人间，其本性恒常不变，所以不是虚妄之法。由于此经所说，故知佛性无妄想倒法，此即名为真实之理。所谓佛性本来寂静，如《文殊师利遍行经》中说：佛告诉文殊菩萨，诸佛如来本性即是涅槃，不生不灭。由于此义，故知佛性本来寂静。

再则，所谓四种名称分别指一、由佛法始终具足不可思议功德之义，而说名为法身。二、由佛性遍一切处，没有差别，而说名为如来。三、由无虚妄颠倒之法，而说名为真实谛。四、由佛性本来寂静，而说名为涅槃。对于如来性而言，这四种含义，四种名称虽侧重不同，但并无根本差别，故谓之无差别相。

原典

复次，约四人者：一者非身见[①]众生境界。由此真性，是邪执对治[②]故，为身见人，说名法身。

问曰：云何对此人以真如名法身？

答曰：是诸凡夫色等诸阴无有此性[③]，强横执有我[④]及有我所。由此人法二执，染污其心。身见灭处是甘露界[⑤]，不能信乐何能通达如来法界？若见此界，身见执灭。虽复身见已除，未除此界恒尔，[⑥]是故此界乃名真身。凡夫所执既非真实，故不俱在[⑦]，不得名身。为对如是身见凡夫，立名为身。

二者对颠倒人说名如来。颠倒人者，谓二乘人[⑧]。如来常住应修应行，而翻倒修无常[⑨]想等。何以故？此修[⑩]依于虚妄境起，故名倒修。乐、我、净等亦复如是，由倒行故，一切二乘不能进修得与如来道果相称。[⑪]是故常等真如，非其境界。此真如者，不如无常等世间对治故[⑫]。此真如非如中有，如无非如。亦如二乘如者，是非如中如，无非如中非如。[⑬]云何如此？二乘之人约虚妄观无常等相，以为真如。此虚妄观，唯因中有，果地则无[14]，是故此如或成或坏。因中则成，果地则坏。

菩萨如者，离于虚妄，约真性以观真故。如此如于因果中二处无异故[15]，唯成不坏。是故二乘人如逐其定灭[16]去而不来，菩萨如者，因果恒有，去来不异。舍因到果，故称如去[17]。从果出用，故曰如来。是故如来非二乘境界，故对二乘立如来名。

三者对散动心人，说名真谛。真如者，是无增减法。散动心人者，始行大乘菩萨。迷如来藏[18]有二种人：一者唯信灭除诸法，名之为空[19]。一切诸法未分析时，是名为有。若分析竟，乃名为空。二者谓有实法[20]，名之为空，我今应修应得。此二人者，迷如来藏。前则执无故迷，后人执有故迷。如来藏者，道理何相？如偈说言：

无一法可损，无一法可增。
应见实如实，见实得解脱。
由客尘故空[21]，与法界相离。
无上法不空，与法界相随。

如来性者，自清净故。能染客尘者，自性空故，故言无一法可损。[22]真如者，与清净因不相离，过恒沙数等不舍智，不可思惟诸佛功德，恒相应故，故言无一法可增㉓。若法无㉔，因此无法观真如空。以余法㉕有故，观如不空。故言真如亦空不空。何以故？以离增减二边故。无一法可损故是空，无一法可增故非空。若作是观，名真实观，故得远离增减二边。为始行菩萨不能得见此藏理故，为对此人，说真实谛。从初地至十地是其境界㉖，观于此理行十地行，是故非关始行境界。

四者对十地菩萨，说名涅槃。唯佛一人能得涅槃，余诸菩萨不能至故。如《胜鬘经》说：世尊，由得涅槃故。世尊，成就如来阿罗诃三藐三佛陀㉗，得一切、无量、不可思惟、究竟清净诸佛功德。是故涅槃四种功德无差别相。

注释

① **身见**：五见之一，指执身有实我、自性之邪见。

② **邪执对治**：此指对治身见邪执。

③ **此性**：此指自性。

④ **执有我**：执我为实有，此为人执。我所有，谓自身以外之物皆为我所有。即执一切现象有实性，此为法执。

⑤ **甘露界**：法身、涅槃境界，此界胜美，味甘如

蜜，如以此名。

⑥ 此数句义谓：若证法身极境，自可断除身见邪执。身见虽断灭，但法身境界常恒不灭，故谓之恒尔。

⑦ **不俱在**：指凡夫所执境界不能与法身境界共存。

⑧ **二乘人**：声闻、缘觉二乘。

⑨ **倒修无常**：此指二乘所修观法，以一切法虚妄不实，迁流无常为所观之境，从而速求出离，而不能了知一切法都具有如来性于其中，即真俗不二之理。

⑩ **此修**：指二乘倒修之法。

⑪ 此数句义谓：大乘如来所修正法，则以观涅槃常、乐、我、净为道果，故与小乘人修无常等苦法不同。若修小乘法，不能证得如来极果。

⑫ 此二句义谓：如来常、乐、我、净等境，与小乘人所修对治世间无常等法境不同。

⑬ 此数句义谓：大乘如来所说之真如，并不只限于涅槃境界（果地）真如，而是说一切法的本性无非真如，从本性层面看，真俗不二。而二乘人所说之真如，则只是就破邪（非如中）而显说有真如，而不了解一切法本性皆是真如，即究竟真如之义。

⑭ 此二句义谓：二乘人只就因地中破邪显正而说有真如，即只知破除无常等法是真如，而不了解常、乐、我、净等果地真如。

⑮ 此数句义谓：大乘菩萨所观之境，则不仅就真而说果地有常等真如境，且观因地一切法皆本性真如，即真俗不二之理，故谓之二处无异。

⑯ **定灭**：指断除无常等法，故谓去，即去除妄法是真如境。

⑰ 此二句义谓：二乘所观之境，只是破妄显正，即舍因到果。故以去（去除妄法）为如来境，而不能进一层由正显妄不虚，本性是真如，即了达真俗不二极境，所以不能谓之如来。

⑱ **迷如来藏**：指不了解如来藏真义。

⑲ 此二句义谓：以空等同于诸法断灭。其实，这种空是顽空，不是真空。大乘佛法所说空，是指一切法因缘假合而有，没有自性，故名为空，并非指一切法灭后为空。

⑳ **实法**：指真实之法，即真如。

㉑ 此句义谓：如来藏佛性就其为烦恼所障，不能证得而说其为空，并非指其根本不存在。

㉒ 此数句义谓：如来自性清净，尽管为客尘烦恼所覆不显，但并不为此所染污。又因为一切烦恼没有自性，不能染污真性，所以说没有一切可损。

㉓ 此数句义谓：真如自始至终都具足无量功德，所以无一法可增。

㉔ **法无**：指无一法可损。

㉕ **余法**：指无量不可思惟功德法。

㉖ 此句义谓：非空非不空，是从初地至十地菩萨所行境界。

㉗ **阿罗诃三藐三佛陀**：阿耨多罗三藐三菩提，指一切真理之无上智慧。

译文

再则，所谓四种阶位之人分别指：一、非执有身见之众生境界。由于真如之性可以断除一切身见邪执，所以对有身见之人，而说真如为法身。

有人问曰：为何针对此身见众生而说真如之名为法身呢？

回答曰：一切执有身见的凡夫，执着色、受、想、行、识等五阴假合之身为实有自性，强横执着有我及我所有，从而产生人、法两种妄执，污染本心。只有断灭此人、法两种邪见妄执，才能达到胜美的法身境界。如果不信这点，怎么可能了达如来法身境界呢？如果证契法身境界，则可断灭一切身见执着。尽管断除了身见执着，但法身境界则恒常不灭，所以名法身境界为真身。凡夫所执境界虚妄不实，所以不能与法身境界相提并论，不能谓之为身，为了针对此执有身见的凡夫，而说真如名为法身。

二、对于颠倒之人，而说真如名为如来。所谓颠倒之人，即指声闻、缘觉二乘之人。他们应修如来常、乐、我、净等法，而二乘人却以一切法无常为所观之境。为什么呢？因为二乘人所修行法是以一切法虚妄不实，故是无常为主，与如来所观真如常等之修为方法相反，故谓之为倒修。由于二乘人修倒方法，所以其不能修得如来之果境，常、乐、我、净等真如，非是二乘人所得之境。真如之境，与小乘人所修无常等法境截然不同。大乘所谓真如，并非只限于涅槃果地之真如，而是说一切法的本性无非真如，从本性层面看，真俗不二。二乘人所谓真如，则是就破邪而显之真如，即出俗之真如，其并不了解一切法本性即是真如之理。为什么这样说呢？因为二乘人只观一切法无常，并以此为真如理境。这种观法只知破除无常是真如，而不了解涅槃果地之真如。所以，这种真如只在因地中有，在果地中无，是有成坏之真如，非究竟之真如。

三、大乘菩萨所谓真如，则是离于虚妄现象，直观一切法真性而说。这样的真如无论在因地或果地没有根本差别，（只是在因地为烦恼所覆，在果地自然显现）只有成没有坏。所以，二乘人以断灭无常之法为真如，这是只有去除，而无来义。菩萨所说真如，则因果二地皆有，无论无常烦恼之法是否去除，一切法之本性皆是真如，没有差别，所以去来不异。舍除因地中的无常烦恼，证得寂静之果，此称为如去。再进一层，能于烦恼无常法中见出本性之真如，此才名之为如来。所以，如来非二乘所能了达之境界，故对二乘之人而说有如来之名。

三、对于散动心人，而说真如名为真谛。真如无增无减，所谓散动心人，是指刚开始修习大乘佛法，还不真正了解如来藏真义的人。此人分为两种：一为把空理解为一切法之断灭，认为一切法未断灭时，即名为有，若断灭尽，则名为空。二指把空理解为有一实法，认为应以修得此理为目的。这两种人都没有真正理解如来藏的真义，前一种人把如来藏误解为虚无，所以才生谬见。后一种人又把如来藏错解为实有，所以才生迷惑。如来藏的真正意义，如下面偈语所云：

无一法可损，无一法可增。
应见实如实，见实得解脱。
由客尘故空，与法界相离。
无上法不空，与法界相随。

如来之性，本来清净，一切烦恼客尘都是不真实的假有，所以无损于如来之性，此即谓之无一法可损。真如不离清净，其自始至终都具足无量功德，所以无有一法可增。正是因为真如无有一法可损，所以谓为空。正是因为其具足不可思惟的胜妙功德，所以又谓之不空。这样来看，真如亦空亦不空。为什么呢？因为真如已远离增与减二边，本无增减，如如不变。没有一法能损减真如，故谓之为空。又无一法可增加真如之功德，故谓之非空。如果能如此观照真如，这就叫做真实观，可以远离增、减二边。由于刚开始修行的菩萨尚不能对真如作如是观照，所以对于这种人才说真如为真实谛理。从初地至十地之间的菩萨，可以观照真如非空非不空之境，所以谓之非刚开始修行菩萨之境。

四、对于十地菩萨而说真如名为涅槃。唯有佛才能证得涅槃之境，其他菩萨尚不能证得。如《胜鬘经》上说：世尊，由于证得涅槃，才能成就一切真理的无上智慧，获得无量不可思议的，究竟清净的诸佛功德。所以涅槃具足四种功德，与真如没有差别。

原典

复次，四功德者：一一切功德。二无量功德。三不可思惟功德。四究竟清净功德。由得涅槃，故成如来，是故如来与于涅槃无有差别。何以故？若离佛者，无得涅槃。若离涅槃，无得佛故。

释曰：功德者，初一切功德，即是第八不动地位[①]。无分别、无穿漏[②]、无中间[③]自然成，菩萨圣道恒相应故，诸佛如来无流界中一切功德皆得成就。二无量功德者，是第九善慧地位[④]。无数禅定陀罗尼[⑤]门海，能摄无量功德，智所依止故，无量功德皆得成就。三不可思惟功德，是第十法云地位[⑥]。一切如来秘密法藏，证见明了，智慧所依故，故不可思惟皆得成就。四究竟清净者，一切惑及习气，一切智障已灭尽故。由灭尽智障故，究竟清净，功德圆满，成就涅槃。与此四功德相摄不相离，故唯佛得涅槃，余人未得。

是故如来性于此四义、四名、四人、四德无有差别，故言无差别德。

以是因缘，此自性等十相[⑦]为显三义：一显本有不可思议境界[⑧]。二显依道理修修行可得[⑨]。三显得已能令无量功德圆满究竟。故造斯论。

注释

① **第八不动地位**：大乘菩萨修习十地中之第八地。此

地成就愿波罗蜜，断除修惑，作无相观，任运而无功用。

② **无穿漏**：无漏、无烦恼等。

③ **无中间**：指无前后之变灭。

④ **第九善慧地位**：大乘菩萨修习十位中之第九地。此地成就力波罗蜜，断修惑，具足十力，知何处人可度、不可度，善说法。

⑤ **陀罗尼**：Dhāraṇi，译作能持、总持。指持善法不使散，遮恶法不使起之力用。

⑥ **第十法云地位**：大乘菩萨修习十位中之第十地。此地成就智波罗蜜，断修惑，具足无边功德，出生无边功德，如大云覆虚空，出清净之众水。

⑦ **十相**：指此文所说佛性之十相。

⑧ 此句义谓：佛性本有不可思议境界，非假修习而有。

⑨ 此句义谓：佛性虽本有，但为烦恼所覆，但须通过修道方能显现。另，第二个“修”字，碛砂、金陵本无。

译文

再则，所谓四种功德分别指一、一切功德。二、无量功德。三、不可思惟功德。四、究竟清净功德。由于证得涅槃之境，方能成就如来智慧，所以如来与涅槃没有差别。为什么呢？因为如果没有佛，就没有涅槃之境，如果没有涅槃，就没有佛可成。

解释曰：所谓一切功德，即是指大乘菩萨修习到第八不动地时，已无分别之心，没有烦恼，没有变灭，可以自然成就佛道。因为此地菩萨已与圣道相应，所以诸佛如来的一切功德都能成就。二、所谓无量功德，是指大乘菩萨修习到第九善慧地，通过各种禅定之功，可以成就无上妙智与无量功德。三、所谓不可思惟功德，是指大乘菩萨修习到第十法云地，能证见、了解如来的一切秘法，因依于智慧，所以得以成就不可思议的功德。四、所谓究竟清净功德，是指断除一切烦恼妄惑及其残余习气，断除一切智慧的障碍，由此而能成就究竟清净的圆满功德，证得涅槃。由于具足这四种功德，所以唯佛能证得涅槃，其余的人未能证得涅槃。

如来之性对于上文所说四义、四名、四人、四功德来说，没有差别，故谓之具有无差别之德相。

此论所显佛性之十种相状，是为了显了下面三种旨趣：一、为了显了佛性本来具有不可思议的境界。二、为了显了通过修习正法，可以证得佛性。三、为了显了证得佛性以后，具足无量无边的胜妙功德，获得究竟圆满的境界。所以造本论。

源流

《佛性论》题为世亲所造，但其论旨与世亲其他重要论典不尽相合，故而有学者疑其非世亲之作。我们认为，《佛性论》虽然深受唯识学派的影响，但严格说，其学说归宗，乃如来藏系。该论以如来藏思想为主旨，同时又广泛会通了印度佛学的各家学说，尤其是唯识学的某些思想，这就使其源流问题变得更为复杂，可谓众源异流。为了厘清《佛性论》的思想源流，我们拟从以下诸方面加以疏说：

（一）从如来藏思想源流看《佛性论》。《佛性论》的宗旨是讲如来藏思想，这不仅从其广引《胜鬘经》《无上依经》等如来藏系经典可以看出，而且其中许多思想，也都可以直接在如来藏的不同典论中找到依据。如来藏、如来性、佛性、佛界等，这一类名词，在意义上虽各有倚重，但作为成佛的可能性，众生与佛的本性不二来说，有着一致的意义。在印度，如来藏学说的兴起，约在公元三世纪，它不是直承“原始佛教”的法流，而是继承了“初期大乘”佛教思想，并加以独到阐发而成。在公元四、五世纪中，此说非常流行，有关如来藏说的各种经典，也纷纷流传出来。在中国译经史上，从公元三世纪末起，到七世纪止，所译出的如来藏系经论也为数不少。不过，此说在印度后期大乘佛教学说中并未见发扬光大，反倒在中土佛学史上得以盛传不断，这主要是如来藏学说与中土固有的儒道心性学说颇为切近的缘故。

现汉藏所存有关如来藏的主要经典，共有十六种，论有三种。[①]这些经论，大多早于《佛性论》而译出，且对《佛性论》思想有许多直接的提示，故可视为《佛性论》思想的活水源头。下面分别从几部与《佛性论》思想密切关联的经论，来透视《佛性论》思想的形成：

1.《大般涅槃经》，共四十卷，从北凉玄始十年（公元四二一年）十月起，昙无谶在姑臧译出。昙无谶先译前十卷，与法显所译《大般泥洹经》是同本异译。以下三十卷，是昙无谶再到西域去，访求得来而再译的。[②]

《涅槃经》的中心论题是讲“如来常住不变”，涅槃有“常、乐、我、净”四德，“一切众生悉有佛性”。其所说的涅槃，也就是“佛性”与“如来藏”。《大般涅槃经》卷七中说：“我者，即是如来藏义；一切众生悉有佛性，即是我义。”

《涅槃经》讲佛性，除了以四德来说，还结合了般若空宗理论加以论究。如其以“佛性者名第一义空”，来解答什么是佛性的问题。而其思想来源，则无疑受到了龙树《中论》的影响。《涅槃经》卷二十七中说：

“中道者名为佛性，……不得第一义空故，不行中道；无中道故，不见佛性。”

“佛性者即第一义空，第一义空名为中道，中道者即名为佛，……”

可见，“第一义空”、“中道”与“佛性”原是名异而实同的。

这些看法都影响到《佛性论》。《佛性论》不仅分别从如来藏、涅槃、法身、真实谛等角度来名佛性，而且也同时结合涅槃四德和般若空性之义来讲佛性。《佛性论》卷二中就佛性极果之四德而作如是说：

“如来法身是常等四波罗蜜：以如来法身一切烦恼习气皆灭尽故，是名极净；一切我无我虚妄执灭息故，故名大我；意所生身因果究竟尽故，故名大乐；生死涅槃平等通达故，故名大常。”

此外，《佛性论》还广引《中论》等中观学说的“缘起性空”理论，来论说一切法无自性，空为佛性之义。其卷一中说：

“佛性者，即是人法二空所显之理。”

“一切法如实无自性，唯真实空是其体性。”

而且，《佛性论》以各种譬喻拟比佛性之相时，也显然直接吸收了《涅槃经》的说法。如《涅槃经》之《迦叶菩萨品》中对众生都有佛性，举“贫家宝藏”为喻来加以解说；而《佛性论》卷四中对此命题，则以“贫女宝藏”为譬③，其殆同出一辙。

《佛性论》不仅大量吸取《涅槃经》中的“佛性”说，且对《涅槃经》前后有关“佛性”的不同讲法加以会通。《涅槃经》“后续部分”，即后译三十卷，对于“初出部分”，即前出十卷中所提出的“一切众生悉有佛性”的命题，作了重要的修正，明确地指出“一切众生悉有佛性”，是说众生将来可以“成佛”，而并非说他们现在的烦恼身中已经有“佛性”的存在。如其卷二十七中说：“佛性者，实非我也；为众生故，说名为我。”这显然与其“初出部分”所主张的我就是佛性的论旨相反。对于这个问题，《佛性论》在说到菩萨为利他不舍生死处，以究竟不究竟，即了义不了义说加以融贯。《佛性论》卷二中说：

“会此二说，一了一不了，故不相违。言有性者，是名了说；言无性者，是不了说。故佛说若不信乐大乘名一阐提，欲令舍离一阐提心故，说住阐提时绝无解脱。若有众生有自性清净永不得解脱者，无有是处。”

所以，在《佛性论》看来，《涅槃经》的后续部分说有无佛性众生，只不过是为了适应具有“我见”的凡夫而作的一种权便的说法，与“一切众生皆有佛性”的究竟根本论旨并无矛盾。

值得注意的是，《佛性论》中颇有特色的三佛性说，从学理上看，也很可能是从《涅槃经》中把“佛性”分为“因性”和“体性”二义中引申出来。《涅槃经》所谓“佛的因性”，是指成佛的基因，成佛的内在根据，这相当于《佛性论》中的“住自性性”。而《涅槃经》中所谓“佛的体性”，是指佛的“果德”，即就佛果而言，这与《佛性论》中的“至得性”也是同一个意思。不过，《佛性论》还提出一个“引出性”，作为由“住自性性”证得“至得性”的中间环节，这就使“佛性”的意义更为圆满。

2. 胜鬘经类，《胜鬘经》，二卷，宋元嘉十三年（公元四三六年），求那跋陀罗初译。唐神龙二年到先天二年间（公元七〇六—七一三年），菩提流志重译，编为《大宝积经》第四十八《胜鬘夫人会》。像《胜鬘经》

这类说法意义相似的还有《不增不减经》，一卷，元魏孝昌元年（公元五二五年），菩提流支译，和《无上依经》，真谛译[④]。这几部经的经文与经义，在《佛性论》中可谓引述得最多，可见其对《佛性论》思想形成影响之大。

这类经的主要内容都是讲"佛性"，特别以"如来藏"为主题，说法基本上与《涅槃经》的后出部分相一致，但着重结合心性来讲。这是《胜鬘经》等的一个大发展，把佛性扩展到心性，实际上是佛学的人性说，表达了他们对于人性的理解以及人生根据的说明。《胜鬘经》等认为，心的法性，即心的本质，是以"清净"为本的，由此本质来说心，就是"自性清净心"。这一重要说法在《佛性论》中也多次出现。《佛性论》在讲"佛性"之"自体相"时，就说到佛性无论在染、出染都是"清净"为本的，其卷二中说"自性清净是其通相义"。《胜鬘经》又提到如来藏，也把它限定在这个清净的范围，这即构成其特定的如来藏五名："如来藏者，是法界藏、法身藏、出世间上上藏、自性清净藏。"[⑤]如来藏的这五种特殊含义，全都为《佛性论》所采用。《佛性论》卷二在讲佛性"自体相"中，明确提到有五种如来藏，其分别为"如来藏"、"正法藏"、"法身藏"、"出世藏"、"自性清净藏"。

《胜鬘经》等还结合心性与客尘的关系来讲如来藏。一方面如来藏是“心性本净，客尘所染”[⑥]，即一切众生本有之清净之心，因烦恼障蔽，现时不能觉察。另一方面，“净心”与“客尘”虽是同时并存的，但两者性质不同，又是分离的，即所谓在染不染，“与客尘俱，而性相离”[⑦]。要了知这种相离，就必须借助空性智的理解，“由智而见其不实”[⑧]，了解到染妄无实，从而把客尘断掉。《佛性论》也讲佛性为“烦恼客尘”所染，但其同时又是“两法”而可相离。其卷三中说：“是心有自性清净及有烦恼惑障，如此两法无流界中，善心、恶心独自行故。”“无流界”，即是通过修习“如理智”，穷源达性，了解到一切法“本来妙极寂静为性”[⑨]，没有生灭的境界。

如来藏自性清净而又在染不染，一切烦恼客尘本来空寂，没有自体，其中蕴含了生灭与寂静，心与法性本来平等不二的深义。《不增不减经》《无上依经》就充分表达了“生死即涅槃”、“烦恼即菩提”的“佛性”论。如其经云：“甚深义者，即是第一义谛；第一义谛者，即众生界；众生界，即是如来藏……。”[⑩]《佛性论》也反复引申其义，认为“佛性”平等遍满一切众生界，无有差别，从而把“真”与“俗”，“生灭”与“不灭”统一起来。这只要从下面引文中就可以得到理解：

《佛性论》卷三中说：

“遍满者，凡夫、圣人及诸如来，无分别性次第三位中。……此三处平等通达，相并随道理遍满故。譬如土、银、金等器中，虚空遍满，平等无差别。如来法界遍满三位中亦复如是，是故从位次第，说此遍满。如《无上依经》说：阿难，是如来界于三位中一切处等，悉无罣碍，本来寂静。”

其卷三又说：

“如如者，俗如即真如，真如即俗如。真俗二如无别异故。”

“……非为灭除一法故名为灭，以本来不生故名为灭。如《无上依经》中说：阿难，于无生无灭法中，心意及识决定不生故。”

3.《楞伽经》，共有三个汉文译本，宋元嘉二十年（公元四四三年），求那跋陀罗初译，名为《楞伽阿跋多罗宝经》，四卷。异译有二本：一为元魏菩提流支在延昌二年（公元五一三年）译，名《入楞伽经》，十卷。二为唐实叉难陀在长安四年（公元七〇四年）译，名《大乘入楞伽经》，七卷。

如来藏说，到“《胜鬘》等经”的出现，开始与“心性本净”——“自性清净心”合流。“《胜鬘》等经”在讲清净如来藏与生灭现象界的关系时，说到如来藏是生灭法的依持，但自身又不是生灭法。如《胜鬘经》上说“生死者依如来藏”，又说“非如来藏有生有死，如来藏离有为相，如来藏常住不变”。那么不变无为的“如来藏”究竟怎样“缘起”生灭的现象？即是说“自性清净”之心，怎样流转出有生有灭的现象世界？这一点，单以“烦恼客尘”所染来讲，就显得过于简单。所以才有《楞伽经》等结合唯识学的八识之说来加以说明。在“《胜鬘》等经”中，只讲心性，并没有提到阿赖耶识，而《楞伽经》恰恰是以阿赖耶识来会通如来藏说，形成著名的“如来藏与藏识”理论。如来藏为依止，阿赖耶识为依止，本为不同的两种思想体系。无著、世亲论著中，虽以真如解说如来藏，也没有与阿赖耶识结合起来，而《楞伽经》把如来藏与阿赖耶合为第八识，则是依于“心性本净，客尘烦恼”而来。这一思想明显影响到《佛性论》。《佛性论》一方面讲“净、不净品，皆以如为本故”⑪的如来藏义，同时又结合八识来解说无分别的如来藏佛性。其卷三在解说不生不灭的佛性义时说：

“释曰：心者，即六识心；意者，阿陀那识；识者，阿梨耶识。于此三中不得生故。此中若无三识，则无分别；分别既无，亦无不正思惟等。既无三识，则不得起无明，是以如来法身离不正思惟故，则不起无明。”

当然，由于《楞伽经》中所谓“如来藏藏识”这一概念的含义与解说，本身就极为复杂而隐晦[12]，《佛性论》对此也没有作明晰深入的阐释，直到《大乘起信论》讲“一心二门”，并创造性地把阿赖耶识规定为染、净“和合”，才基本上把这个问题作了圆融的解决。

阿赖耶识虽然依“如来藏”而有，但《楞伽经》所说阿赖耶识，是不清净的杂染根本。所以要实现“转依”，就必须转舍阿赖耶识，才能获得离垢清净的如来藏。这在三种译本的《楞伽经》中都可以找到印证。

如宋译本卷四中说：

“欲求胜进者，当净如来藏及识藏名。若无识藏名如来藏者，则无生灭。”

唐译本卷五也说：

“欲得胜法，应净如来藏藏识名。”

魏译本卷七也说：

“离阿赖耶识，无生无灭。”

《佛性论》在阿赖耶识的性质问题上，显然也是主张以阿赖耶为无明妄识，正如上引“论”文所说“既无三识，则不得起无明”。其卷三又云：“阿黎耶者，依隐为义，是生死本，……”所以《佛性论》讲离染成净的“转依”，即在“拔除阿黎耶”[13]，把杂染的第八识彻底断除。这些思想源流都可以上溯到《楞伽经》。

4.《究竟一乘宝性论》，四卷，元魏正始五年（公元五〇八年），由勒那摩提所译。这部论有本颂和解释，但没有标明造论者的名字。汉译以外，现存有梵本与藏译本。古来传说此论为坚慧菩萨造，但西藏译本又说它是弥勒的著作，无著所造的释论，并尊为弥勒五论之一。对于本论的作者，近代有不同的看法。不过一般学者都认定本论是世亲之前的坚慧所造，关于坚慧的生平，还有待进一步考证。

《宝性论》、《佛性论》以及《大乘无差别论》的思想非常接近，一般认为是公元四世纪末，论师们将当时流行的如来藏经典加以贯摄而成的论集，如来藏是这一学系的主题。《宝性论》提出"一切众生皆有如来藏"这一命题。成立这一命题的依据，就是认为一切众生皆有法界，并把"法界"具体规定为佛的功德法，因此，所谓一切众生皆有法界，皆有如来藏，即无异于说一切众生皆有佛性。如《宝性论》卷三说："法身遍、无差，皆实有佛性，是故说众生，常有如来藏。"讲众生皆有佛性，并结合如来藏加以融通，显然也是《佛性论》的一大主旨。

《宝性论》约"法身遍在义"、"真如无差别义"、"佛种性义"三个方面来解说如来藏，其卷三中说：

"有三种义，是故如来说一切时，一切众生有如来藏。何等为三？一者，如来法身遍在一切诸众生身，偈言法身遍故。二者，真如之体，一切众生无差别，偈言无差故。三者，一切众生皆悉实有真如佛性，偈言皆实有佛性故。”

这三种含义与《佛性论》所说如来藏，有“所摄”、“隐覆”、“能摄”三义，殆为相近。所摄藏，是指“佛果能摄藏一切众生”，“一切众生悉在如来智内”，即众生皆为如来所摄藏，这相当于《宝性论》所说的“法身遍在”义。能摄藏，是说如来应得性，约没有发心修道以前的众生说。指在众生位，已经摄尽了“果地一切过恒沙数功德”，这相当于《宝性论》所谓的“佛种性”义。

虽然《佛性论》中也提到与《宝性论》之“真如无差别”义相当的真俗无碍说，这一点上文已有引述。但其如来藏之“隐覆藏”义，则是另有所承，明显是受到唯识学派，尤其是无著《摄大乘论》的影响。《摄大乘论》以“能藏”、“所藏”、“执藏”三义来规定阿赖耶识，《佛性论》以三藏解释如来藏，也是比合阿赖耶三藏的。尤其是“隐覆藏”与“执藏”是有着共同性的。从这里可以看出，《佛性论》深受《宝性论》的影响，但也还是有自己抉择的宗义与发展的。

这一点从《佛性论》与《宝性论》在转依理论上的

异同，也可以体会出来。“转依”是唯识学派所讲，《宝性论》说“转依”，虽然依止如来藏，讲“从生死而转为涅槃”，但其“转依”，其实就是“净化”如来藏，而并没有结合第八阿赖耶识来说。《宝性论》卷四中说：“如来藏不离烦恼藏所缠，以远离诸烦恼，转身得清净，是名为实体。”《佛性论》所讲“转依”之境，与《宝性论》相同，都以涅槃为境，即所谓“由佛性故，起厌恶生死，乐求涅槃事用得成”[14]。但《佛性论》并非依止如来藏讲转依之法，而是以杂染的阿赖耶识来讲转舍，这显然是站在了唯识学的立场，而与《宝性论》有所异趣。为此，要讲清《佛性论》的思想源流，就不能忽视唯识学的重要影响。

（二）唯识学对《佛性论》的影响。《佛性论》是如来藏系的典论，但明显结合了唯识学的许多内容来讲“如来藏”、“佛性”。尽管有学人疑此论非世亲所造，不过其中也渗透了大量无著、世亲思想的影子，这一点是不容怀疑的。唯识学对《佛性论》的影响，主要表现为以下几个方面：

1. 以“三性”解说“佛性”。“分别”（或译遍计）、“依他”、“真实”（或译圆成实）三性与“无相”（或译空相）、“无生”、“无真”三无性，是唯识学理论的重要支柱之一。与如来藏经典大约同时流行一类新大乘经，对唯识理论的形成起了重要作用，也直接或间接影响到《佛性论》。

《大乘阿毗达磨经》就是唯识学的重要经典，可惜原本已失，只能从《摄大乘论》和唐窥基的《成唯识论》中探得此经的消息。此经所涉及的内容十分重要，从《摄大乘论》有关部分看，它是以“十殊胜语”（即十法句）概括大乘所有的方面。此经除了在“所知依”，即说一切法的总依据时，首先提到阿赖耶识外，还在“所知相”里，指出一切法或真理的自相有三种，这也就是所谓“遍计”、“依他”、“圆成实”，“三自性”理论。其认为遍计执是染性的，圆成实是净性的，依他起本身既不是染也不是净，同时又可以是染或是净，这要看它与谁结合。如果认为因缘生法是实在的，这便与“遍计执”结合，这不是真实的认识，是染位的阶段。如果认为因缘生法只不过是唯识所显，这便是与“圆成实”结合，达到了对真实的认识，是净位阶段。这些提法，都是其他经内没有的新内容。

与《大乘阿毗达磨经》具有同样性质的《解深密经》，以抉择的形式对大乘经的奥秘义理，加以解释决定。此经对阿赖耶识作了更切实的补充，主要提出了第七阿陀那识的概念。《佛性论》在讲心、意、识的作用时，也明确把“意”规定为阿陀那识。这一点，上文已引，不烦赘述。关于三性，《解深密经》不仅讲遍计、依他、圆成三自性，而且结合“三无性”来说。其认为三自性是了义说，三无性是不了义说，并以此三性理论来进行判教。根据这种说法，释迦一代说法有三个层次：先讲四圣谛，是对小乘、声闻人说的，这是偏于“有”的方面。其次，讲无相、无性等法门，是对大乘人说偏“空”的方面。最后，讲三自性法门，是向一乘人说的究竟之法。

无著、世亲对于三性说的应用又有进一层的发展。无著以“三自性”来通摄“三无性”。尤为值得注意的，是世亲结合“三性”说来讲佛性实相，这一思想可视为《佛性论·三性品》的直接源头。如世亲在《辨中边论》中以三自性来解说非有非空之中道万有实相：

“颂曰：唯所执依他，及圆成实性，境故分别故，及二空故说。

“论曰：依止虚妄分别境故，说有遍计所执自性；依止虚妄分别性故，说有依他起自性；依止所取能取空故，说有圆成实自性。”

世亲的《唯识三十论》则不仅举“三自性”来说诸法实相，更配对以“三无性”加以阐释。此论先建立“遍计”、“依他起”、“圆成实”三自性来说明万有的体相。依世亲的看法，宇宙万有可分为“体”与“相”二种，其体为“圆成实性”，其相为“遍计”、“依他起”二性。《唯识三十论》说：

“由彼彼遍计，遍计种种物，此遍计所执，自性无所有。依他起自性，分别缘所生，圆成实于彼，常远离前性。故此与依他，非异非不异，如无常等性，非不见此彼。”

为了显示“三自性”的主张不偏于“有”的一边，而是契于究竟中道，世亲又举“三无性”来表明其实相学说不偏空有，是最巧妙的实相论。《唯识三十论》中说：

“即依此三性，立彼三无性，故佛密意说：一切法无性。初即相无性，次无自然性，后由远离前，所执我法性。”

《佛性论》卷二中的《三性品》，就明确以“三自性”、“三无性”相结合，详细解说“佛性”实相。其卷二中说：

“三性所摄者，所谓三无性及三自性。”

又认为三性学说可以概尽一切实相真义：

“此三性摄尽如来性。何以故？以此三性通为体故。”

“由此三性，通能成就一切诸余真谛，或二三四七谛等法故。诸真谛不出三性，是以三性为诸真谛通体。”

《佛性论》发挥了唯识学所谓“依他起性”非染非净，同时又染又净的思想，把“依他起性”分为“染浊依他”与“清净依他”两种。认为“依他”若结合“分别”则成染浊；若结合“真实”则成清净。如其卷二中说：“染浊依他，缘分别得成；清净依他，缘如如得成。”这些都可在唯识学论典中找到依据。

不过，《佛性论》讲三性说也有自己抉择与发展的宗旨，它并不是一味因循传统唯识学说，而是借唯识之义来阐发自己的主题。如其对“三自性”中之“真实性”一义，就别有一番新解。其认为“真实性”也可分为“净”与“不净”两义，并主张这两义最终是以如来藏、佛性为根本的，这显然又回到如来藏学说的基点而有别于唯识之学。《佛性论》卷二说：

“(真实性)不可得说定净不净。……若定净者，则无凡夫法。若定不净者，则无圣人法。何以故？净、不净品，皆以如为本故。若其定净，不即无明。若其不净，不即般若。此两处如性不异故，此真如非净非不净。”

2.“假说自性”与“离言自性”。传说弥勒所造之《瑜伽师地论·本地分》十七地之一的《菩萨地·真实义品》[15]，在讲到真实的内容究竟如何的问题时，认为一切事物、现象都有两种性质：一为“假说自性”，即指人们对于事物、现象借助名言来了解。二为“离言自性”，即指离开名言的事物自身。其目的在于说明，一方面必须看到名言假说的不真实性，自性是超言绝虑，不可言诠的。但同时也应了解，真实又必须假借言说来表现，不能把言说施设彻底否定，而要把二者统一起来，这就叫“无二”。如果执着于“假说自性”为实，是名有见；执着于“离言自性”，又堕无见；此二均是边见，不是“无二”的中道。这实际是对龙树等中观学说的一种发展。后来《解深密经》也发挥此义，在“胜义谛”里，提出真理标准，也是在“离言自性”的基础上安立言说，主张只有把二者结合起来，才能认识真理。这种思想在《佛性论》中得到明确的反映。《佛性论》把“法身”（即真理）分为两种：一种名为“正得法身”，此即相当于“离言自性”，非名言可诠表。如《佛性论》卷四中说：

“言正得法身者，最清净法界，是无分别智境，诸佛当体是自所得法。”

“正得法身者，体是真如，世间无物可为譬者。”

另一种名为“正说法身”，此即相当于“假说自性”，可以安立各种言说，“因指见月”，方便众生见性。如《佛性论》卷四说：

“二正说法身者，为得此法身清净，法界正流从如所化众生识生，名为正说法身。……约真俗二谛，安立二乘十二部等种种法藏。”

“正说”虽是方便的设教，但也不可废弃，而应和“正得”的证契了悟相结合，这样才是圆满无二的。

《大乘阿毗达磨经》曾用《菩萨地·真实品》所讲“假说”、“离言”二性对照来说三自性中的二自性，其中“遍计执”相当于“假说自性”，“圆成实”相当于“离言自性”。《佛性论》借用“假说”与“离言”的意思来说三性，不过其说更有发展。《佛性论》不仅认为“遍计执”（即分别性）是假说的“不了义”，纵使“依他”与“真实”二性，也不过是方便的权宜之说，而并非“离言”的究竟实义。只有真正了达一切法的无言、无相的本性，才能称为“离言自性”。《佛性论》卷二中说：

“诸佛说法有二种：一了义经，二不了义经。不了义经者，由此三性是故，佛说不了义经。如缘有灯故，知物在暗中，后时因灯能照了现暗中之物。如来亦尔，由有着三性者，故说不了义经。达三性者，自然显了，名了义经。”

3. 因明方法的使用。佛家的逻辑方法通称“因明”，它是从印度一般逻辑学说的“正理”说发展出来的。“正理”学说的形成很晚，约在公元二世纪起顿然开展，并有了专门的著作和“十六谛”严整组织的学说。佛家大乘空宗理论，对于此种逻辑方法，基本上是采取批判的态度，如龙树的五部主要著述里，就有两部是专破正理的。[16]但在后来大乘佛教唯识学的代兴，弥勒、无著、世亲等则认为“正理”学说与晚出的许多唯识经典并不相违，所以对之广泛摄用，并改名为“因明”。

晚出的唯识学经典都谈到“正理”方面的学说。如《瑜伽师地论》中的《菩萨地》，就把世间各方面学问，像“声论”、“因论”（即因明学）、“医方论”、“工巧论”等都包括在菩萨所学的范围，再加上本宗的学说，构成所谓“五明”。《解深密经》最后一品讲到佛所作事问题，即对别人的言教问题，其中就讲到四种道理，其一即“证成道理”，说要用种种量能来证明道理，这显然是因明一类的方法。

世亲对“因明”方法作了许多发展和应用。传说世亲所造的因明著作就有三部[17]，他认为应该用“因相”来表示充分理由的性质，并且又补充了“三相”之说来发展因明方法。另外，世亲晚年著作，如《二十唯识论》中，建立唯识学说，驳斥异见和构通疑惑等，都应用了因明这一工具，可见，在方法论上使用因明，是唯识学说的一大特点。

《佛性论》中也大量使用因明方法，破邪显正，尤其是在破斥外道学说过程中，因明方法的运用殆臻精熟，这一点显然是受到唯识学风的熏染。《佛性论》提出，对一切现象、事物的分析研究，必须以因明中的证、比二量为依据，所谓“物若是有，不离二量所得”[18]。因明方法的证、比、圣言三量，在《佛性论》中都有应用与说明。关于证量，《佛性论》卷一中说：

“今我立证量，显了二空。诸法空故，自性不可得。……由证量故，不无。……以证量故，假有不失。”

关于比量，《佛性论》卷一亦云：

“若汝说若无可比，比量亦得成。如比有四句：一有比无。二无比有。三有比有。四无比无者。”

关于圣言量，同是卷一中云：

“汝谓无物先自性者，是义不然，自性无住处故。若无处所，则违汝圣言故。”

如此等等因明方法的应用，在《佛性论》中还可以找到很多，兹不具引。

从上文的分析，我们大抵可以得出这样的结论：《佛性论》是以如来藏佛性思想为主体，同时又广泛吸收了其他大乘佛教，尤其是唯识学的许多思想、方法，扬榷百家，融贯而成。此论题为世亲造，但在佛教唯识学的传承中并未得到十分的重视。其虽为真谛所译，但在中土佛学发展史上，也不及《摄大乘论》《俱舍论》

那样影响之广。尽管如此,《佛性论》在佛学发展史,特别是如来藏思想发展史上的作用是不容忽视的。从学理上来看，它至少直接提示了像《大乘起信论》这样影响深远的论典[19]，如其结合八识来讲佛性、如来藏；以体、相二大来组织佛性实相论；以“应得”和“至得”不二来调和折中“佛性当现”之争，如此等等思想创意，都在《大乘起信论》中得以更完全的发挥[20]，从而为中国佛学开辟了一个新的境地。为此，充分开显《佛性论》思想及源流，重新评定它在佛学史上的地位，就已经势在必行了。

注释:

①此十六种经分别为:《如来兴显经》《大哀经》《大方等如来藏经》《大般泥洹经》《大般涅槃经》《大云经》《大法鼓经》《央掘魔罗经》《胜鬘师子吼一乘大方便方广经》《楞伽阿跋多罗宝经》《宝积三昧文殊师利菩萨问法身经》《如来庄严智慧光明入一切佛境界经》《不增不减经》《无上依经》《胜天王般若波罗蜜经》《大乘密严经》。三论分别为:《究竟一乘宝性论》《佛性论》《大乘法界无差别论》。此外,《楞严经》《大乘起信论》的思想宗致，也是如来藏思想，由于此经论的是非、真

伪问题历来就争论不休，大多学者疑为中土伪造，故不列入于中。

②参见《出三藏记集》卷十四《昙无谶传》。

③《佛性论》卷四中，有关“贫女宝藏”的譬喻作如是言：“五、为显无明住地，故立贫女宝藏譬。譬如贫女宅中地下有金宝，为地覆故，受贫穷苦。二乘亦尔，为无明所覆，不见佛果，故受四种生死之苦。”

④此经译时，有不同说法。一种说法认为其译于陈永定二年，即公元五五八年。还有一种看法，是认为译于梁代。此外，该经分为六品，其中《校量功德品》第一，与失译的《未曾有经》，唐玄奘译的《甚希有经》，是同本异译。

⑤、⑥、⑦、⑧均见《胜鬘经》。

⑨见《佛性论》卷三。

⑩见《不增不减经》。

⑪见《佛性论》卷二。

⑫《楞伽经》义，隐晦难明，如欧阳竟无先生在《楞伽疏决·序论》中说：“名相代有不同，与惯见异，则异生误，难一。句法颠倒，虚字全无，文既改观，义无从得，难二。句义略极，文少义多，隐晦涩艰，思索不得，难三。”

⑬见《佛性论》卷三。

⑭ 同上。

⑮《瑜伽师地论》一百卷，唐玄奘译，此论西藏分为八种，题为无著造论。汉土则题为弥勒菩萨说，此论在汉译中，复有别行本之异译，兹不赘述。

⑯ 这两部指《回诤论》和《广破论》，后一部只有藏译本。

⑰ 这三部分别指《论轨》《论式》《论心》，此三部书梵本不存，汉译亦无，只能从其他书的引用中略窥一二。

⑱ 见《佛性论》卷二。

⑲ 关于《大乘起信论》的真伪，历来颇有争议，我们仍认它为出现于中土陈、隋之际的著作，故可谓其受《佛性论》之影响。此种观点，可参照拙作《大乘起信论与佛学中国化》一书，该书将由台湾文津出版社，大陆地区博士论文丛刊推出出版。

⑳ 如《大乘起信论》以“本觉”与“始觉”不二来调和“佛性当现”之争，以体、相、用三大来组织佛性学说，以阿赖耶识的“和合”性来会通染净、佛性与生灭现象的关系。这些都可在《佛性论》思想中找到端倪。

解说

《佛性论》虽为不少学人视为如来藏系之论典[①]，但其也结合了般若中观与唯识学的义理来组织学说，因而此论具有广泛的兼容性。《佛性论》题为四卷，从其内涵上来分析，可有三大部分：一为缘起。二为破斥。三为实相论。

（一）缘起。此通常为说明佛家造论的缘由、目的及其宗旨，乃佛学论典的一般通式。《佛性论》在其《缘起分》开宗明义就点出此论的目的是要断除自卑、高慢、虚妄、诽谤正法和我执五种过失，长养正勤、恭敬、智慧、正行和慈悲五种功德。其宗旨，乃是重新阐释、说明《大般涅槃经》所提出的“一切众生悉有佛性”的命题。

（二）破斥。世亲为了显示大乘佛教的究竟深义，往往使用所谓破邪显正的手法。大体就世亲的破斥思想论典而言，除《佛性论》外，尚有《唯识三十论》《唯识二十论》《涅槃经本有今无偈论》《摄大乘论释》及《俱舍论》等，其破斥思想，主要是针对小乘八部，与外道数论、胜论、正理三派。其中，部派的犊子部、正量部、经量部、有部、大众部，与外道的数论、胜论二派，尤为世亲所特别着力批判的对象。下面就具体落实到《佛性论》中的破斥要义，加以概说。

《佛性论》第二《破执分》，就佛性问题，对小乘、外道、大乘所存在的谬执，进行了逐一破斥。其中就小乘之执，举出分别部与毗昙萨婆多部等之说。分别部认为一切众生皆有佛性，佛性之体即是空，万象皆从空出，"若依分别部说，一切凡圣众生，并以空为其本，所以凡圣众生者皆从空出。故空是佛性，佛性者即大涅槃。"② 本来，由分别部建立的这种无为法（空）有作用（出众生）说，以真如法性为本体来说明一切现象的存在，颇契如来藏系所主张的真如缘起论，与《佛性论》的宗旨亦无二致，但为何要予以破斥呢？在世亲看来，分别部所说虽不违大乘宗旨，但其过于执持而不能圆通。即其不能会通佛陀说有定无佛性、不定有无两种众生存在的方便设教。佛陀说此二种众生的存在，虽是不究竟之说，但其乃针对不同根器的众生而因材施教，意在策励修习正道，速离无明之苦。

毗昙萨婆多部等，则执着于佛陀的方便说法，认为并非所有众生都有佛性，而且执持佛性不是众生本有，而是修得后有的“始有佛性说”。如《佛性论》卷一引其义说：“若依毗昙萨婆多等诸部说者，则一切众生无有性得佛性，但有修得佛性。”这种执方便之说为究竟了义的思想，严重背离了《佛性论》所要说明的，“一切众生悉有佛性”的宗旨，自然列于破斥之中。从《佛性论》对小乘偏执的批判来看，即使对于佛陀的经教，也不能拘执不化，而应会通观照。

自古以来，“诸行无常，诸法无我，涅槃寂静”称为佛法的三法印。其中“诸法无我”印，可以说为佛教历来破除印度各宗教思想的一大利器。佛教对于外道所执之“我”，提出“无我”的主张，此种争论在世亲的时代颇为激烈。如世亲论典中，随处可以见到其争论的片鳞半爪。《佛性论》就外道所执，举卫世师与僧们二派。此二派观点虽各有不同，但对主张诸法有自性之点，都是一致的。《佛性论》卷一引述其义说：

“一切诸法，皆有自性，等有不空，性各异故。若诸法悉空，无自性者，则水火色心，生死涅槃，并无自性。自性既无，应可转火为水，转于涅槃更作生死。……若互可转，则修道无用。故知诸法各有自性，是故不空。”

对此，《佛性论》从自性与现象的关系，即假有性空的理论，对此二外道之说予以破斥。其分别从一、声无自性义。二、诸法之因缘生义。三、能量所量之义。四、色与瓶之相对关系。五、因中有果说之批判。六、现象生起之问题等诸多角度，详辩诸法无自性之义。

《佛性论》批判外道主张一切法皆有自性的偏执，主要是依据大乘中观空宗理论的缘起性空说。其认为，外道之所以讲一切现象是有，乃因其把现象的存在“假有”，误看成有自性的“真有”，因而产生种种执着。以中观理论说，一切现象都由不同因缘、条件和合而成，如果实有待于种子、土壤、气候等多种因素的合理调治，才能形成。因此，一切现象的存在，不是独立而成，而是有待因缘和合，若因缘散灭，则现象之存在亦归于无。从这层意义上说，一切存在是有条件的、相对的，这就是所谓“假有”。“假有”的现象是没有独立自性的，故又谓之“性空”。所以，《佛性论》在破斥外道过程中，反复加以申述的主旨，就在于说明“一切法如实无自性，唯其实空是其体性”[③]的命题。

如果我们真能窥破世间生活的这层假相，就不会对于人生中的各种成败得失，斤斤计较，作刻意的追求，而是戏剧人生，生于世间而同时了悟世间的假有不真，随遇而安，自在快乐。

《佛性论》破斥外道所使用的方法，通常是因明逻辑的方法，其大量运用证量、比量与圣言量三量来破邪显正。如其在说明一切色法自性是空时，就是采取这一方法。《佛性论》卷一中云：

“又如自性离色等诸尘不可得比，瓶亦如是。若汝云先须证见，后则比知，如先曾证见火与烟相应，有火比烟。后时见烟，虽不见火，而由于前曾见火故，比度前时，知有火者，是义不然。何以故？汝谓由色等尘能比知自性，先来未见，云何由色等而得比知？……是则由证量故有比量，此义不成，证既不成，比譬圣言等量皆失。”

印度的这种因明逻辑，很早在佛学以外的学派中就有了组织，特别是正理派，即以逻辑思想做为他们学说的中心。后来佛教也广泛采用这种方法。初期大乘如龙树、提婆在方法上就多少运用了因明方法，不过反对外道过分重视其中“量”的作用。到了无著、世亲的时代，则不仅广泛应用因明方法，且对此有详细的说明与发展。尤其在世亲的著作中，以此驳斥异见，沟通疑惑等等，已成为他学说中的一大特点，《佛性论》只是一个例证而已。运用因明方法，往复辩难，以充足的理由来证明真理，这本来有助于人们的理性思惟，可惜这一方法在中国佛教的传承中，除了玄奘一系的唯识理论有所介绍外，殆成绝响。这也就难怪《佛性论》不为中土佛学所垂重了。

破除了外道偏有的执着，达到“二空所显”之佛性，但这尚不是究竟了义的佛性说，还必须进一步扬弃空观佛性，会通空有，既不偏执有，同时也不偏执空，这才是究竟的佛性。为此，《佛性论》对大乘空宗所执，也进行了破斥。即对其所谓“一切有皆由俗谛，一切无皆由真谛”[④]的二谛说进行批判。

在《佛性论》作者看来，二谛之说的谬执，就在于它把“有”、“无”截然分开，使“无”变成空无所有。实际上，所谓的“真空”，是非有非无，是有与无的完美统一，所以不论谈“真”或说“俗”，都不可以把“有”与“无”割裂开来。《佛性论》卷一中云：

“二谛不可说有，不可说无，非有非无故。真谛不可说有，不可说无者：无人法故，不可说有；显二空故，不可说无。俗谛亦尔。”

“人、法”的实体是不存在的，所以不可说有，此是破外道之执。但“人、法”实体不存在之“理”则是存在的，所以又不可说空，此乃破大乘空宗之执。只有双遣空有，而又空有两存，方是“佛性”至理。《佛性论》的斥空之说，还有着更深一层的义涵，即弘阐大乘摄世，自觉觉他的情怀。其要破除虚空三昧，乃意在以“空”来容纳“妙有”，证入绝对真空的境界之后，还要慈航返驾，回到现实的世间，去摄化众生。这一思想在《佛性论》中反复出现，所以《起信论》在《佛性论》以体、相两方面来讲佛性的基础上，更进一层提出“用”。来讲“法性无住”，“起于大悲”的菩萨情怀，也就理有所本了。

值得注意的是《佛性论》在破斥大乘所执的同时，结合了唯识学的三性说。如其说俗谛非有非无，就分别以依他与分别二性加以诠释：“俗谛亦尔，分别性故，不可说有；依他性故，不可说无。”⑤

（三）实相论。超越虚妄的迷执，便可以见到最高、最真实世界的存在，这即是所谓佛性实相。当然，若从究竟层面来说，实相本来是只可冥契，而不可施以直说的。但为了救度迷情的众生，佛、菩萨又以“因指见月”的种种方便；施以“巧说”，这样才有所谓经、律、论三藏。《佛性论》所叙述的，正是开显此宇宙的神秘，可以说是世亲实相论的一部代表作。

《佛性论》对于佛性实相的说明，是分别从佛性之“体”与“相”两个方面出发的。

《佛性论》在其《显体分》中，从三个方面阐述佛性之“体”。

1. 从“三因”上讲“三种佛性”。所谓“三因”，即指“应得因”、“加行因”与“圆满因”。其中，“应得因”以无为为体，是一切众生能证成菩提，成就佛道的内在根据。其又分别包含了三层含义，即“住自性性”、“引出性”与“至得性”。“住自性性”乃一切众生本有之佛性，为常住不变者，无论善恶众生，都同等具有此性。“引出性”指假借修行之功，而使本有之佛性渐为引出，一切修习佛道之众生具有此性。“至得性”即通过修因满足，使本有之佛性了了显现，这也即是所谓证得之佛性。“加行因”指众生依据本有佛性，如理修行的一切宗教实践活动，包括三十七道品、十地、十波罗蜜等一切修习法门。“圆满因”指众生的“加行”，即勤奋修道，以助成达到最后圆满的原因。“加行”与“圆满”二因，均以了达“应得”之本有佛性之理为目的，故以有为为体。此“三因”佛性之说，巧妙地把众生成佛的依据与修行实践结合起来，理行兼济，形成较圆满的宗教体系，显示了《佛性论》作者的运思之精。

2. 从“三性”上讲真谛佛性。结合“三性”等唯识之义来解说佛性，是《佛性论》的一大特点，表明世亲之学不守一宗，而是广泛会通如来藏等佛性实相之论。《佛性论》认为，唯识学的“三性”不仅可以解释“唯识无尘”的现象世界，还可以说明作为本体的佛性之理，“此三性摄如来性尽。何以故？以此三性通为体故。”⑥“由此三性，通能成就一切诸余真谛，……诸真谛不出三性。”⑦

“三性”分别指“无相性”、“无生性”、“无真性”的“三无性”，和“分别性”、“依他性”、“真实性”的“三自性”，是印度佛教唯识学派用以组织学说体系的两大支柱之一，《摄大乘论》和《三无性论》对此有更详尽的阐述。在这里主要用以说明对世界的认识程度。一切凡夫，由于不出人、法二种偏执。故其所认识的世界，只是一种假象，并执着这些假象而认其为真实的客观存在，这就叫作“分别性”。此种“分别性”是由于不同的名言概念所幻现出来的，并没有实际的体相，如《佛性论》卷二中所说“随名言假说故立分别性”，又说“但名言所显，自性无相貌故”，所以又叫其为“无相性”。若从圣人的眼光来看世界，则世界的一切现象都是没有自性，虚幻无实的，因此圣人所观之世界就叫“无真性”。能窥破世界虚幻无真的本身，即是了达了一种真实的存在，这种存在，就叫“真实性”。作为圣凡“俗智”的共同认识对象名为“依他性”，具体说，“依他性”是说世间一切现象的存在都是假借因缘而有。既然一切现象为因缘而生，这就表明其既不是“自生”，也不是“他生”，而是各种条件和合而有，所以名之为

“无生性”。这种“依他”又分为两种，一指“染浊依他”，即形成作为凡夫认识之境的“分别性”；一指“清净依他”，即形成作为圣人认识之境的“真实性”。所以“依他”既是世间知识的基础，也是出世间圣智的依据。因此，在三性说的中心就是“依他性”，它作为其他二性的依持和枢纽。“依他起”就是指一切法，树立了“依他起”便把一切法都系归于一心。所谓“他”，无非是说一切法都依心识而存在，《佛性论》卷二上说“有似尘识”，“譬如幻化”，也就是把一切法（似尘）看作心（识）所变现的境相。如果把“似尘”的虚假存在执为实有“自性”，即谓之“分别性”或“无相性”；认为“似尘”中，人、法二空，因缘假有，实无“自性”，此即谓之“真实性”或“不真实性”。所以一切法存在于认识中，佛性与魔性，永恒与生灭，快乐与痛苦，都操之于我们心中，只在于我们一念之差，所谓一念向善即是佛土，一念向恶便成地狱。一切修持，必须从自心开始，唯有体认自心之实境，才能找到生命的源头。

3. 从“如来藏”上讲“佛性”。“如来藏”原是《胜鬘经》从“四圣谛”中提炼出来作为众生“生死涅槃”依据的概念。《佛性论》则用以说明佛性与人、法的关系。具体而言，“如来藏”有以下三义：首先是“所摄义”，以所摄，即一切众生名“如来藏”，这是约一切众生住自性如如，即修道前之凡夫位佛性而言，其义指一切众生虽为迷妄所覆，不能见自本性，但其无论贤愚，本性都同是真如。《佛性论》对“如来藏”作了明确规定，所谓如有“如如智”与“如如境”二义。因其没有妄想，没有颠倒，故名为如如。所谓来，约从自性来，至来至得。因此，“如来”有从众生本有佛性到觉证常住的意味。本来，如来性虽然有在因位名“应得”，在果位名“至得”之说，但二者之体不二，唯有清浊之异。在因位修道前，与人、法二空相违，故起无明，而为烦恼所杂，所以名为染浊。佛性虽然不能即显，但将来必定显现，所以名为应得。若至果位时，与人、法二空相合，不为惑累，烦恼不染，说名为清净。果已显现，故名至得。此修道前后之二佛性，是同一真如而非异体。所谓藏，指一切众生悉在如来智内，均为如来之所摄持，称此如来所藏之众生为“如来藏”。此外，“藏”有三种，即正境、正行、正果。这三种都为其他现象所无法比类的，能摄藏一切众生，故名之为“如来藏”。

其次为“隐覆义”，指如来之性在众生修道之前为烦恼所隐覆，众生不能证见而言。

再次为“能摄义”，即指如来性虽在修道前的因位为烦恼所覆，但其已经摄尽本有果地一切过恒河沙数功德。

此外，从真谛译《佛性论》中“如来藏”的特殊意义来看，似乎已暗含了对《涅槃经》中佛性本、始二有说的进一步解释。《大般涅槃经》传入中土后，佛教学人一般都信奉“一切众生皆有佛性”的说法，但众生是本来就有佛性，还是将来当有，《涅槃经》并无明确说法，致使佛性本有、始有的争论（或谓“佛性当现”之争）绵延不绝，一直到隋唐也没有定论。《佛性论》讲如来之性的“应得”（即本有）与“至得”（即始有）二者之体不二，唯有清浊、觉迷之异，是对这一问题作折衷圆融的解决，本有很重要的意义，可惜并未引起学人的充分注意。

关于佛性之“相”，《佛性论》分别从佛性之自体相、因相、果相、事能相、总摄相、分别相、阶位相、遍满相、无变异相、无差别相等十个方面，加以详细分疏。但其要义不外乎从境、行、果三大来组织显现佛性之相，正如《佛性论》卷四所说：“此自性等十相为显三义：一显本有不可思议境界。二显依道理修行可得。三显得已能令无量功德圆满究竟，故造斯论。”

《佛性论》在阐释佛性十种相的过程中，有以下几个问题，颇有特色，值得我们注意：

1. 自觉利他的大乘情怀。《佛性论》在佛性十相之

“因相”品中，提到四种修习证道的方法，此四法既有所立，也有所破。其中“信乐大乘”，旨在破除一阐提、凡夫乐着世间生死现象。“无分别般若”，是通过修习般若空观，破除外道说一切法有自性的谬执。“破虚空三昧”与“菩萨大悲”，乃是进一步扬弃对“空观”的执持而升入到“妙有”的境地。即是说，通过般若空观的修习而达到自觉、自悟之后，还要广行摄世化他的大乘情怀。

《佛性论》在多处破斥了声闻、缘觉等小乘行法只有自利、自觉、自度，而无平等度人的偏执：

“一声闻人自利修行，但为自度，不为利他。二独觉人于利他心无乐、无事，但起舍心。无乐者，不乐利他。无事者，了无度人之事，唯为自觉自利故。但起舍心者，舍是平等住心，不愿利人，亦无所损，独自觉悟，故言独觉。”⑧

在《佛性论》看来，真正的大乘行法，应是既破凡夫对世间的贪着（俗、有），又破二乘之人对世间的逃遁（真、无），“真俗双观”，实现自觉与利他的统一。所谓既不同凡夫“乐生死有”，又不堕二乘，不乐大悲，而是“具行生死、涅槃平等之道，住无住处。虽行生死而不染，虽行涅槃亦非净。但为大悲故，不舍生死；为般若故，不舍涅槃。”⑨这才是自在通融，无碍无着的大乘极境，此说与中土儒家所追求的“极高明而道中庸”的玄旨，殊无二致。

2. 转依之法与境。转依，指转舍烦恼无明而得真智涅槃。“转依”为唯识学讲修习成道的重要概念，《佛性论》以此来讲证得佛性，显然是采用了唯识学的方法来讲如来藏的学说，就如同上文所说以“三性”来讲佛性一样，表明了《佛性论》义理上的包容性。

《佛性论》所说转依，可从“法”与“境”二方面来看。其讲转依之法，不离“如理智”与“如量智”二修。所谓“如理智”，指不坏人、法，而契合人、法的本来妙理，即认识到人、法本来妙极而以寂静为性，一切现象从本性层面来观照，都是清净无染，离有离无的。这样就能于现象中体悟真常，不为现象的生与灭所扰惑，当下即是解脱，世间中就能证至涅槃，不执着于境遇的优劣与变迁。“如量智”，又名“后得智”，为顺应诸法事相之俗谛智，其能究竟穷知一切境界。初地菩萨得此二智，能通达遍法界之理，能俱知生死、涅槃二法。

转依之“依”，通指第八阿赖耶识，问题在于这个阿赖耶识是一切杂染的根本，还是杂染与清净的混合识，历来就有不同说法，真谛译本对这一问题的解释也颇不一致，以致后世学者为此产生许多争议，形成不同的宗说。从《佛性论》的思想来分析，所讲的阿赖耶识还是杂染根本，为一切无明烦恼所依，其卷三中说："阿黎耶者，依隐为义，是生死本，能生四种末故。"所说"四种末"，即分别指无明、贪爱、业和果报。所以《佛性论》要转舍净除的是整个第八识，所谓"拔除阿黎耶"[10]。从这点看，《佛性论》维持了虚妄阿赖耶识的立场，比较合于印度唯识学的原义。

至于转依之境，也即是证契如来法身。这个法身，《佛性论》分为"有相"与"无相"两种，认为"有相"是方便说法，不是了义说，唯有"无相"是其根本。不过，"无相"又不是凡夫所执的虚无，而是指法身之相微细难知，非凡夫所见，唯"无分别圣智"才能契悟。可见，《佛性论》对于各种经说，是有所会通的。

3. 三种自性概念。《佛性论》详细讨论了三种自性的概念。所谓三种自性，分别从不同角度丰富了佛性的内涵。"三种自性者：一者法身，二如如，三佛性。"[11]"法身"又分为"正得"与"正说"两种。"正得"法身，是无分别智才能证契的佛性本体，此极境乃言语道断，行思路绝，只可证会，不可言表。"正说"法身，与"正得"法身虽无二体，却是从第二义层面，即世俗的，可以言诠的智识层面加以规定的。具体就表现为佛陀所说二乘十二部等种种经典。此经典中，为小乘所说者，其义“粗浅”；为大乘所说者，其义“深妙”。这些经典，我们不可执为法身之本体，却可借此而了达法身真义。佛陀所谓“因指见月”，其“月”为法身之极境，“指”乃言诠之经典。我们切不可“因指见指”，抱着经典而忘了自性反观。

“如如”有三义，即性无变异、功德无穷和清净无二，其旨在说明自性之体的胜妙。尤其值得注意的，是《佛性论》对“佛性”与三身佛关系的诠解，由“佛性”而引出三身佛，可谓此论的一大特点。该论认为，“佛性”可分为“住自性性”和“引出性”两种。由“住自性性”而说有“法身”的存在；由“引出性”而说“应身”和“化身”的存在。

《佛性论》以“佛性”为主体而广泛论议，几乎同时囊括了印度所传大乘佛教的各宗精义，并加以富有新义的组织与阐释，自成系统。可惜由于各种原因，此论在中国佛学史上没有得到应有的垂注。这种历史的遗憾，既为我们当今学人对其理解造成不少困难，同时也为我们破除门户之见，不以前人之意害己意，进行新的诠释与觉解，留下了广阔的空间。

注释：

①吕澂、印顺法师都认定《佛性论》为如来藏思想的典论，可参看吕澂之《印度佛学源流略讲》与印顺法师之《如来藏之研究》二书。

②见《佛性论》卷一。

③同上。

④同上。

⑤同上。

⑥、⑦见《佛性论》卷二。

⑧同上。

⑨同上。

⑩见《佛性论》卷三。

⑪见《佛性论》卷四。

参考书目

1.《佛性论》 梁·真谛译 《卍正藏经》卷四十一

2.《佛性论》 梁·真谛译 影印宋碛砂大藏经本卷四百三十七

3.《佛性论》 梁·真谛译 金陵刻经处本

4.《大般涅槃经》 北凉·昙无谶译 《大正藏》卷二十一

5.《胜鬘师子吼一乘大方便方广经》 刘宋·求那跋陀罗译 《大正藏》卷十二

6.《楞伽阿跋多罗宝经》 刘宋·求那跋陀罗译《大正藏》卷十六

7.《摄大乘论释》 梁·真谛译 《大正藏》卷三十一

8.《究竟一乘宝性论》 北魏·勒那摩提译 《大正藏》卷三十一

9.《大乘起信论》 梁·真谛译 金陵刻经处本

10.《高僧传》 梁·慧皎撰 中华书局一九九二年版

11.《续高僧传》 唐·道宣撰 金陵刻经处本

12.《印度佛学源流略讲》 吕澂著 上海人民出版社一九七九年版

13.《中国佛教史》第三卷 任继愈主编 中国社会科学出版社一九八八年版

14.《婆薮盘豆法师传》 梁·真谛译 影印宋碛砂大藏经本卷四百三十七

15.《中国佛学源流略讲》 吕澂著 中华书局一九七九年版

16.《现代佛教学术丛刊》 张曼涛主编 台湾大乘文化出版社一九八一年版

17.《印顺佛学思想研究》 郭朋著 中国社会科学出版社一九九一年版

18.《佛学大辞典》 丁福保编 上海书店一九九一年版

出版后记

星云大师说："我童年出家的栖霞寺里面，有一座庄严的藏经楼，楼上收藏佛经，楼下是法堂，平常如同圣地一般，戒备森严，不准亲近一步。后来好不容易有机缘进到藏经楼，见到那些经书，大都是木刻本，既没有分段也没有标点，有如天书，当然我是看不懂的。"大师忧心《大藏经》卷帙浩繁，又藏于深山宝刹，平常百姓只能望藏兴叹；藏海无边，文辞古朴，亦让人望文却步。在大师倡导主持下，集合两岸近百位学者，经五年之努力，终于编修了这部多层次、多角度、全面反映佛教文化的白话精华大藏经——《中国佛教经典宝藏》，将佛教深睿的奥义妙法通俗地再现今世，为现代人提供学佛求法的方便途径。

完整地引进《中国佛教经典宝藏》是我们的夙愿，

三年来，我们组织了简体字版的编审委员会，编订了详细精当的《编辑手册》，吸收了近二十年来佛学研究的新成果，对整套丛书重新编审编校。需要说明的是此次出版将丛书名更改为《中国佛学经典宝藏》。

佛曰：一旦起心动念，也就有了因果。三年的不懈努力，终于功德圆满。一百三十二册，精校精勘，美轮美奂。翰墨书香，融入经藏智慧；典雅庄严，裹沁着玄妙法门。我们相信，大师与经藏的智慧一定能普应于世，济助众生。

东方出版社